YE BOOK

让思想流动起来

Les grands thèmes de la sociologie
par les grands sociologues

多维视域下的社会学手册

［法］让·埃蒂安　亨利·孟德拉斯 编

佘振华 译

Jean Etienne
Henri Mendras

四川人民出版社

目录 Contents

中文版序言

我们身处跨学科时代

蔡 华

　　读什么书？怎样读书？这是学子们代复一代提出的问题。这部文集可以视为对这个永恒问题的几类答复之一。

　　四川人民出版社邀我对此文集中文版撰写一个序言，鉴于编者在前言和各章的引言中已经对该文集的主旨做了简明扼要的介绍，我想，就编者在书中提到的几个问题做一回应或许是有意义的。

　　人类不同群体的生活方式呈现出极大的多样性。每一类生活方式（甚至某些个别案例）均构成社会科学的一个基本主题。以节选的形式，让·埃蒂安和亨利·孟德拉斯在本书中展示了社会学迄今铸就的一些重大主题。

　　编者是在最宽泛的意义上使用"社会学"这个概念的。在他们看来，"四位伟大先贤（托克维尔、马克思、迪尔凯姆和韦伯）①的研究传统涵盖了从民族学到历史学，再到实验社会心理学的广阔领域。"②编者举例道："当那些伟大的历史学家在还原一个时代或者社会变迁过程时，他们就是社会学家。当民族学家分析从田野中带回的民族志素材时，他便使之理论化，确定概念的定义，并且提供一些可供比较的要素，这也正是为了更好地理解其他社会。"③

　　作为呼应，我们要说的是，反之亦然。史家的经验显示，各类史料较少记录其作者所处时代的社会生活细节。缘何如此？基于田野经验，我们可以认定：不言而喻者无须言说。与历史的记录者不同，相较之下，民族志者专司对于土著而言不言而喻的事物的探微与记录。恃此，优秀的民族志刻下的是其作者田

---

①　亨利·曼德拉斯（Henri Mendras）和让·埃蒂安（Jean Etienne）：《社会学巨匠：托克维尔、马克思、涂尔干和韦伯》，巴黎：阿蒂艾出版社，1996。

②　引自本书法文版前言。

③　同上。

野工作时代作为研究对象的那个民族社会生活不同领域的一张张全息照片。昨天已逝，明天尚未发生，一切既成的书写都只能是对过往的记录。一部民族志写就，便是一部史书。故民族志者亦为史家。

　　人类的任何经历都发生在时空两个维度上，意欲认识并解释其每一个横截面，都不仅需要研究者通过观察获得的共时性经验事实，也需要历时性的知识。这纯系事物发生的自然状态使然。这样，在寻求对人类行为理解的过程中，作为经验科学的社会学和人类学与人文科学结构性地互为依托。故文化和社会研究者需要跨学科的视野与能力。我们眼前的这部文集的特点之一正在于它提供了不同学科处理人类活动的样本，其中展示了各自的路径、方法和结果。

　　此外，文集呈现了部分社会学领域不同时期提出的理论假说，这便于中文世界的青年学者在前人理论假说的基础上继续推进：或者借鉴、发展，甚至超越既有假说；或者诘问、质疑，乃至证伪它们，在挑战与被挑战中前行，以繁荣中国社会科学、参与人类的科学游戏。

法文版前言

　　对于青年学者的成长而言，经常性地阅读社会学经典著作很有必要。我们相信，把近八十篇重要著作汇集在一本书里，将让更多的人受益。这些入选的社会学经典文本各自阐明了社会科学的科学态度和思维方式，同时还提供了一个世纪以来社会学家积累的重要知识。选择这些文本基于两种考虑：我们希望它们在传授知识的同时还能指导思维。

　　此外，在选择这些文本时，我们坚持了一条基本标准，即注重社会学的基本知识①，因为社会学是经验科学，而不是关于社会的空谈。换言之，尽管大多数作者都明确地提出某种社会哲学或社会学说，但他们的思想并没有完全展现于本书收录的文章中。近年

---

① 要了解每篇文章的具体内容，请参照《社会学基础》的相关篇章。

来，已经出版了关于社会学思想史的许多书籍[①]，如果想要了解这些社会学家在近两个世纪以来社会政治哲学以及思想史中的地位，不妨参看这些业已问世的书籍。

我们之所以在此强调社会学是一门经验科学，是想说明这些选文所呈现的社会学都与某项具体研究联系在一起，无论它是田野的、统计的或是文献的研究。社会学家从某个具体和历史的现象展开分析，并进一步构建自己的理论。如默顿所言，这种理论应该有边界，而且范围要适中。反过来说，社会学家通过理论建构了自己的研究对象，并且规范地表述着自己的观察，从而让这些对象变得有迹可循。而且，对社会学家共享的知识来说，这些研究对象本身也具有重要的意义。这条日复一日的研究之路遍布荆棘，因此，为了提醒年轻学者，本书最后一部分特意汇集了一些有关社会学知识论和方法论的文章。总之，田野以及回到田野，这就是本书所呈现的社会学之全部。

然而，社会学并不局限于过度社会学化后的狭

① 例如，米歇尔·拉勒曼（Michel Lallement）：《社会学思想史》（两卷本），巴黎：纳唐出版社，1993年。

隘前景。事实上，恰恰相反，四位伟大先贤①的研究传统涵盖了从民族学到历史学，再到实验社会心理学的广阔领域。当那些伟大的历史学家在还原一个时代或者社会变迁过程时，他们就是社会学家。当民族学家分析从田野中带回的民族志素材时，他便使之理论化，确定概念的定义，并且提供一些可供比较的要素，这也正是为了更好地理解其他社会。社会心理学家的实验和调查则发现了可供同行们参考的一些新领域与新机制。的确，社会科学是一个整体，若局限于某位专家的研究领域或者观点时，就人为地缩小了它的范围。

这本选集是为社会学初学者而编撰。我们所选取的皆是涉及社会学具有普遍性研究主题的文本，而没有深入探讨任何专门的研究领域，除非这项专门的研究能够提供普遍性的范例。

我们或许可以给这本即将出版的书取名为"先贤之鉴"，也就是说，青年学者可以通过阅读来学习著

① 亨利·曼德拉斯（Henri Mendras）和让·埃蒂安（Jean Etienne）：《社会学巨匠：托克维尔、马克思、涂尔干和韦伯》，巴黎：阿蒂艾出版社，1996。

名社会学家的作品，甚至可以批判、反驳他们，因为科学的进步就是通过颠覆失效的理论来完成的。旧理论是新理论成长的土壤，而且命运轮转，新理论也终将过时。

选文作者简介
（按英文姓氏排列）

雷蒙·阿隆 Raymond ARON （1905—1983）

　　雷蒙·阿隆毕业于巴黎高等师范学院，曾是萨特的同窗。从1931年至1933年，他前往德国学习社会学。回国后，发表著作《当代德国社会学》（1935），向法国读者详细介绍了德国的社会学研究。1955年起，雷蒙·阿隆先后在索邦大学和巴黎高等实践研究学院任教授，并最终当选为法兰西学术院（Collège de France）教授，此后在该院一直工作到1980年。与此同时，雷蒙·阿隆还在多家报社开辟了社论专栏，出版了诸多关于时政的书籍。雷蒙·阿隆的研究主要探讨工业社会的特点和演变，批判极权主义意识形态，分析国际关系等。重要作品有《工业社会十八讲》（1962）、《国家间的和平与战争》

（1962）、《阶级斗争：工业社会新论》（1964）、
《民主与极权》（1965）、《社会学思想的主要阶
段》（1967）等。

白乐日 Étienne BALASZ（1905-1963）

白乐日出生于匈牙利，早年在柏林大学求学，博
士论文主要研究唐朝经济史（从公元7世纪到公元10
世纪）。当纳粹统治德国后，白乐日便移居到法国，
在巴黎高等实践研究学院担任研究员。因为早年阅读
了马克思和韦伯的大量作品，所以他主要从历史和社
会学的角度分析中国古代帝国的社会结构。

霍华德·贝克尔 Howard BECKER（1928—）

霍华德·贝克尔，美国社会学家，早年求学于芝
加哥大学，师从埃弗里特·休斯、赫伯特·布鲁默和
劳埃德·华纳，并在该校完成博士论文《芝加哥小学
女教师的工作和职业生涯》。后来，在教育和艺术社
会学领域，他主持了多项大型田野调查，主要作品有
《圈外人：关于越轨的社会学研究》（1963）、《艺

术界》（1982）等。

丹尼尔·贝尔 Daniel BELL （1919—2011）

美国社会学家丹尼尔·贝尔早年接受马克思主义的影响。后来，他在《财富》杂志担任主编，主要负责评论经济时事，并通过《公共利益》杂志在美国呼吁自由主义左翼思想。他是当时最早预言美国前景的思想家之一，并且提出了后工业社会模式。主要作品有《后工业社会》（1973）、《资本主义的文化矛盾》（1976）、《意识形态的终结》（1997）等。

彼得·伯格 Peter BERGER （1929—）

彼得·伯格，美国社会学家，师从阿尔弗雷德·舒茨，现任波士顿大学教授，并在该校经济文化研究院担任领导工作。其研究兼顾宗教、认知社会学和经济社会学，主要作品有《理解社会学》（1973）、《现代意识中的宗教》（1971）、《现实的社会建构》（1986）和《资本主义革命》（1992）等。

赫伯特·布鲁默 Herbert BLUMER
（1900—1987）

赫伯特·布鲁默毕业于芝加哥大学，师从米德。他继承了米德的研究，并从中提出社会互动的概念，指明交际参与者在互动中的阐释过程。1969年，他的论文结集出版，书名为《符号互动主义》。

雷蒙·布东 Raymond BOUDON（1934-2013）

雷蒙·布东师从拉扎斯菲尔德，致力于将数学方法引入社会科学当中。1967年，出版《社会事实的数学分析》一书，并于1973年通过为社会流动过程建模以呈现丰富的社会事实。此后，其研究主要集中于个体主义的方法论和社会变迁分析，发表了《反常效果与社会秩序》（1974）和《无序的广场》（1984）两部著作。近年来，他把自己的社会现象理性阐释模型扩展到有关价值和集体信仰的研究上，并发表《意识形态》（1986）、《劝说的艺术》（1990）和《正义与真实》（1995）等作品。

塞雷斯坦·布格勒 Célestin BOUGLE
(1870—1940)

考取法国哲学教师资格后，布格勒获得了赴德国学习的奖学金，并得以师从格奥尔格·齐美尔。后来，他与涂尔干合作，参与创建了重要学术期刊《社会学年鉴》。然而，他对涂尔干的社会学至上论有所保留。1900年，布格勒在图卢兹大学任教授。1908年，调任索邦大学教授。从1935年起，布格勒升任巴黎高等师范学院院长，并组建"社会文献中心"（Centre de documentation sociale）。该机构后来接纳了许多年轻学者，他们在二战后都成长为知名的社会学家，其中有乐布拉（Le Bras）、斯托佐尔（Stoetzel）、弗里德曼（Friedman）、雷蒙·阿隆（Raymond ARON），等等。至今，布格勒的《种姓制度随笔集》仍然是该领域的经典著作。

皮埃尔·布尔迪厄 Pierre BOURDIEU
（1930–2002）

　　自巴黎高等师范学院毕业后，布尔迪厄首先在阿尔及尔大学担任助教，后来又转至索邦大学任教，1964年起在巴黎高等实践研究学院担任研究员。1982年，布尔迪厄当选为法兰西学术院教授。早期研究主要涉及民族学，发表了《阿尔及利亚社会学》（1961）、《阿尔及利亚的劳动与劳动者》（1964）、《背井离乡》（1964）等。后来，他的研究重点转移至教育社会学和文化社会学，主要作品有《继承人》（1964）、《中等艺术》（1965）、《再生》（1970）、《区隔》（1979）、《学院人》（1984）、《国家贵族》（1989）等。为了超越结构与行动者二元论，他引入了惯习和场域等概念。与此同时，他还经常观察和批判法国社会，并在该领域发表了《实践的意义》（1980）等作品。

蔡华　CAI Hua（1954— ）

中国人类学家。早年在云南省社科院从事东南亚研究。后任北京大学人类学教授。主要在中国云南省宁蒗县纳人地区进行田野工作。早期致力于婚姻、家庭和社会结构的研究。随着这些研究结果的自然延伸，二十世纪末以来，主要致力于社会科学哲学中的知识论研究。作为社会科学的终极理论——信仰理论的倡导者，他阐述了信仰与制度和社会结构，以及与行为的因果关系。主要著述有《无父无夫的社会 中国的纳人》（法文版1997年出版，英文版2001年出版）《人思之人》（法文版2008年出版；中文版2009年出版）《纳人亲属制度的结构与婚姻家庭悖论的终结》（2000）《当代民族志方法论》（2014）和《二十世纪社会科学的困境与出路》（2015）。

让·夏贝尔　Jean CHAPELLE（1905—1986）

让·夏贝尔曾是骆驼骑兵军官，在提贝斯提地区服役多年。如他所言，"第一次见到土布人的营地是在1930年。他们的至善和纯洁给我留下了深刻影响"，夏贝尔对生活在该地区的土布人进行了深入研究。其作品《撒哈拉的黑色游牧部落》（1958）是英、法国殖民地军官和行政官员所撰专题著作之典范。他们对自己管辖的族群往往有着深刻的认识。

刘易斯·科塞 Lewis COSER（1913-2003）

刘易斯·科塞出生于柏林，长期在纽约州立大学担任社会学教授。其社会学研究主要集中在冲突领域，并深受格奥尔格·齐美尔的影响。主要作品有《社会冲突的功能》（1956）等。

米歇尔·克罗齐耶 Michel CROZIER（1922-2013）

米歇尔·克罗齐耶毕业于法国巴黎高等商学院。1951年，他前往美国研究工会组织。1961年，创建了"组织社会学中心"，并将该中心发展为名副其实的组织社会学学派。通过在法国烟草工业开发公司和一家会计事务所进行的两次田野调查，他指出法国科层制度模式的恶性循环阻碍了任何在危机形式外进行改革的可能性。《行动者与系统》（1977年与E.
Friedberg合著）一书的研究方法更加系统，并且聚焦
于权力关系。该书中，他把这些关系定义为组织中不
确定性领域的控制关系。主要作品有《科层制度的现
象》（1967）、《被封锁的社会》（1970）等。

拉尔夫·达伦道夫 Ralf DAHRENDORF
（1929-2009）

拉尔夫·达伦道夫，英国社会学家，出生于德
国。早年在汉堡大学完成了以马克思著作中法律概
念为研究对象的博士论文。之后，他先后在德国、
美国和英国多所大学任教，并在政府机构中担任重
要职位，曾任英国政府的外交国务秘书、欧洲专员
等。1974年，担任伦敦经济学院院长。其研究主要
涉及工业社会中的权力关系和社会冲突的转化等方
面。主要作品有《工业社会中的阶级与阶级冲突》
（1957）等。

路易·杜蒙 Louis DUMONT（1911–1998）

路易·杜蒙，法国民族学家，师从马塞尔·莫斯。早年主要研究民俗活动，后来转向分析印度的种姓制度，晚年致力于从认识论角度思考结构主义和西方个体主义起源。主要作品有《阶序人》（1967）、《平等人》（1977）等。

爱米尔·涂尔干 Émile DURKHEIM（1858—1917）

1887年，涂尔干在波尔多大学教授教学法和社会科学。1896年，他创建了《社会学年鉴》。1898年，他积极地为平反"德雷福斯案件"而奔走。因此，他被视为法国社会学派领袖。1902年，索邦大学聘请他担任教授。为了让社会学从哲学中独立出来，他为前者找到了特定的研究对象（即"社会事实"），并在自然科学的启发下建立了一套经验分析方法。主要作品有《社会分工论》（1893）、《社会学方法的准则》（1895）、《自杀论》（1897）、《宗教生活的基本形式》（1912）等。

诺贝特·埃利亚斯 Norbert ELIAS（1897—1990）

埃利亚斯早年在布雷斯劳大学学习医学和哲学。1925年后，他开始频繁参加阿尔弗雷德·韦伯（马克斯·韦伯的弟弟）和卡尔·曼海姆在海德堡举办的社会学研讨会。为了躲避纳粹德国的追捕，1935年，埃利亚斯移居英国。1962年至1964年间，他前往加纳大学任教。此后直至1990年去世前，他一直定居在阿姆斯特丹。为了超越个体主义和整体主义的对立，他提出了"构型"（configuration）概念。其研究主题主要围绕国家的成因、权力的结构和习俗的动力等方面展开。在习俗方面，他研究了各种不同类型的人类活动，如饮食方式、体育运动、死亡仪式等等。其主要作品有《习俗的文明》（1973）、《宫廷社会》（1974）、《西方的动力》（1975）、《个体社会》（1991）、《排斥的逻辑》（1997）等。

欧内斯廷·弗里德尔 Ernestine FRIEDL
（1920-2015）

欧内斯廷·弗里德尔，美国人类学家、民族学家，曾在纽约和杜克任教，并在美洲（研究印第安部落）和希腊多次进行田野考察。在人格形成和男女性别角色定义等方面，她做出了许多重要的比较研究。其代表作为《瓦西里卡：一个现代希腊村庄》（1962）和《女人和男人：人类学家之见》（1975）等。

保罗·福科奈 Paul FAUCONNET（1874-1938）

保罗·福科奈师从涂尔干，法国人类学家、社会学家。早年在图卢兹大学担任哲学教授，1921年后在索邦大学担任社会学教授。其博士论文细致地研究了人的责任。

菲斯泰尔·德·库朗日 FUSTEL DE COULANGES
（1830-1889）

菲斯泰尔·德·库朗日，法国历史学家，早年在希腊希俄斯岛主持考古发掘，后来在斯特拉斯堡大学担任历史学教授。1880年起，库朗日担任了巴黎高等师范学院院长。得意门生爱米尔·涂尔干把自己研究孟德斯鸠的博士论文题献给这位老师，以致敬意。菲斯泰尔·德·库朗日让法国历史学研究开始重视细致的文献研究，并提倡以人类学和民族学的方法研究古代史。其一生著作等身，尤其是1864年发表的《古代城市》，成为历史学研究的经典著作之一。

安东尼·吉登斯 Anthony GIDDENS （1938- ）

安东尼·吉登斯，英国社会学家，早年在莱切斯特大学任教，后来在剑桥大学担任教授。1997至2003年，他担任了伦敦经济学院院长。作为社会结构化理论的倡导者，安东尼·吉登斯把研究重点放在社会结构和社会现实参与者之角色上。近年来，他主要关注现代性极端化的后果，并阐明当代社会中全球化的各个要素。主要作品有《社会的构成》（1984）、《现代性的后果》（1990）等。

尔文·戈夫曼 Erving GOFFMAN（1922-1982）

尔文·戈夫曼，加拿大裔美国社会学家。早年在芝加哥大学学习社会学。他认为，社会交际世界在某种程度上类似戏剧，每一个体都是表演中的演员。通过一年的参与式观察，他在《避难所》一书中描述了精神病人对精神病医院各种约束的再适应模式。在后来的著作中，他主要研究日常生活场景中不同个体之间面对面的交际关系。主要作品有《日常生活的自我呈现》（1956）、《避难所》（1961）、《污点》（1963）、《互动的仪式》（1967）、《框架分析》（1974）等。

杰克·古迪 Jack GOODY（1919-）

杰克·古迪，英国民族学家，剑桥大学教授。早年主要在田野考察中研究加纳的部落，之后主要研究书写的功能，比较性地思考远东和欧洲文明。其主要作品有《图像的理由》（1979）、《欧洲婚姻和家庭的演化》（1985）、《书写的逻辑》（1986）、《西方中的东方》（1999）等。

皮埃尔·格雷米翁 Pierre GREMION（1937- ）

皮埃尔·格雷米翁曾任法国国家科学研究中心研究员，师从米歇尔·克罗齐耶。20世纪60年代，他是"组织社会学中心"的研究项目负责人之一，主要关注权力分散化问题，并完成相关著作《周边的权力》（1976）。

弗朗索瓦丝·艾莉铁 Françoise HERITIER （1933- ）

弗朗索瓦丝·艾莉铁，法国人类学家、民族学家。她主要在非洲进行田野考察，研究亲属和婚姻制度以及符号象征。师从列维·斯特劳斯，并从后者手中接任法兰西学术院教授，领导法国社会人类学研究所的相关研究工作。主要作品有《亲属关系的实践》（1981）、《两位姐妹和她们的母亲》（1994）等。

拉扎斯菲尔德 Paul LAZARSFELD
（1901-1976）

拉扎斯菲尔德，美国社会学家，出生于奥地利。早年在维也纳大学学习法律、经济和数学。1932年，出版《马林塔尔的失业者》一书，该研究被视为分析经济困境的先行者。后来，他移民美国，和罗伯特·金·莫顿一起从事科研工作。1940年，他在哥伦比亚大学担任应用社会研究所主任，该研究所是美国最重要的经验科学研究中心之一。在美国，他重点分析了政治选择的决定因素（主要作品有1944年出版的《人民的选择》和1954年出版的《选举》），研究了广告和宣传的影响（1955年发表了《个人的影响》）。与此同时，他还尝试在社会科学领域运用定量分析的方法。

弗雷德里克·勒普雷 Frédéric LE PLAY
（1806-1882）

弗雷德里克·勒普雷早年毕业于巴黎综合理工大学和巴黎矿工学院，曾以工程师的身份组织了1855

年和1867年的巴黎万国博览会，1862年又当选为参议员。他被视为社会学田野考察的开创者，发表多部有关工人家庭的专著，分析各种生活模式的家庭开支（1855年发表了《欧洲的工人》）。他的研究主要是服务于他称之为"保守的社会改革"之愿景。在其杂志《社会改革》中，他提出要回归"根系式家庭"，认为这是维持社会稳定的关键点。

埃德温·勒迈特 Edwin M. LEMERT
（1912–1996）

埃德温·勒迈特，美国社会学家。1943年起，他任教于洛杉矶加利福尼亚大学，是越轨社会学的主要奠基人之一。其研究主要关注各种越轨行为的形式，如酗酒、卖淫、毒品等，以及社会控制的各个过程（如对未成年人司法审判的比较研究）。主要作品有《社会病理学》（1951）、《人类越轨、社会问题与社会控制》（1967）等。

克洛德·列维-斯特劳斯 Claude LEVI-STRAUSS (1908-2009)

克洛德·列维-斯特劳斯早年学习哲学，1934年前往巴西任教，并在那里研究纳姆比库瓦纳人。1940至1948年，前往新纽约社会研究学院任教。1958年，他入选法兰西学术院。1973年又当选为法兰西学院院士。主要作品有《亲属关系的基本结构》（1949）、《忧郁的热带》（1955）、《结构人类学》（1958）、《野性的思维》（1962）等。

拉尔夫·林顿 Ralph LINTON (1893-1953)

早年在芝加哥田野博物馆担任民族学助理。在该机构，他使用三年时间研究马达加斯加的两个部落，即贝希略人和塔纳拉人。他被视为文化与人格学派最重要的代表人物之一。主要作品有《人论》（1936）、《人格的文化背景》（1943）等。

大卫·洛克伍德 David LOCKWOOD
（1929-2014）

大卫·洛克伍德师从托马斯·马夏尔，毕业于伦敦经济学院。早年在剑桥任教，后来被聘请为埃塞克斯大学教授。1958年，他发表了题为《穿着黑西装的工人》的博士论文。该论文把无产阶级的概念相对化，认为这些工人就是今天所说的"白领"。后来，他和约翰·格尔德斯洛普合作，致力于研究新工人阶级。1972年发表代表作《富裕的工人》。

托马斯·卢克曼 Thomas LUCKMANN
（1927-2016）

托马斯·卢克曼出生于斯洛文尼亚，早年就读于哥伦比亚大学，学习阿尔弗雷德·舒茨教授的相关课程。曾先后任教于法兰克福大学和康斯坦茨大学。1986年，他和彼得·伯格共同出版《现实的社会构建》（1986）。

卡尔·曼海姆 Karl MANNHEIM（1893-1947）

卡尔·曼海姆，匈牙利裔社会学家，早年任教于法兰克福大学，后来又任教于伦敦经济学院。作为认知社会学领域的专家，他指出所有的社会认知都既依赖于历史背景，又取决于社会地位。只有毫无束缚的知识分子才可能摆脱认识世界之方式的社会局限。主要作品有《代际的问题》（1928）、《意识形态和乌托邦》（1929）等。

卡尔·马克思 Karl MARX（1818-1883）

著名的经济哲学家、社会学家和政治活动家，其作品形式多样，难以分类。马克思早年在波恩和柏林学习哲学和法律，与黑格尔学派的青年成员联系紧密。当了几年记者后，他于1843年移居法国，1849年又前往伦敦定居，过着流亡的生活。1847年，他参与创建了共产主义者同盟。1848年，他和恩格斯共同为该同盟撰写了《共产党宣言》。其法文作品有《法国的阶级斗争》（1850）、《路易·波拿巴的雾月十八日》（1852）和《资本论》（1867）等。

马塞尔·莫斯 Marcel MAUSS （1872-1950）

作为涂尔干的侄子和合作者，马塞尔·莫斯被视为"法国民族学之父"。他曾在巴黎高等实践研究院担任"未开化民族宗教史研究"领域的教授，1930年后入选法兰西学术院。他引入了"总体社会事实"的概念，分析了组成这一概念的各个部分，如司法、经济、宗教和审美等。主要著作有《论早期的几种分类形式》（1903年与涂尔干合作出版）、《论礼物》（1925）等。

麦克莱兰 McCLELLAND （1917-1998）

1956年，麦克莱兰担任哈佛大学心理学教授，1987年后前往波士顿大学任教。通过严格的定量分析，他指出了"追求成就的需要"和经济发展之间的联系。主要作品有《成功的社会》（1961）等。

乔治·赫伯特·米德 George Herbert MEAD
（1863–1931）

乔治·赫伯特·米德，美国社会心理学专家，任教于芝加哥大学。他被视为"符号互动主义之父"，即便"符号互动主义"一词是在他去世后由赫伯特·布鲁默提出。主要作品有《心灵、自我与社会》（1934）。

亨利·孟德拉斯 Henri MENDRAS
（1927–2003）

亨利·孟德拉斯的博士论文题目为《农民的终结》，该文发表于1967年，成为农村社会学的经典著作之一。后来，他还主持了诸多有关法国社会发展趋势的研究（路易·迪恩模式），比较分析了欧洲不同国家的社会变迁。著作有《社会学要素》（1967）、《法国第二次革命》（1994）、《农民社会》（1995）、《欧洲人之欧洲》（1997）等。

罗伯特·金·莫顿 Robert King MERTON
（1910-2003）

罗伯特·金·莫顿，美国社会学家。20世纪30年代，就读于哈佛大学，师从塔尔科特·帕森斯，成为拉扎斯菲尔德的同事及好友。他详细说明了使用功能性分析的条件，提出"中等规模的理论"，这些理论介于帕森斯的普遍理论和经验社会学之间。除此之外，他还有许多独特的、关于科学史和认知社会学的研究。主要作品有《社会学理论和方法的基本知识》（1965）等。

罗伯特·米歇尔斯 Robert MICHELS
（1876-1936）

罗伯特·米歇尔斯师从马克斯·韦伯。1907年以前，他一直是德国民主社会党的活跃分子。一战结束后，移民意大利。1928年起，米歇尔斯在佩鲁贾大学担任教授。他提出了"寡头铁律"的理论，主要作品有《政党》（1911）等。

中根千枝 Chie NAKANE（1926）

中根千枝，日本民族学家，曾在英国留学，师从雷蒙·费思。后来，她曾经在东京大学担任教授，也曾先后在伦敦和芝加哥任教。

曼瑟·奥尔森 Mancur OLSON（1932-1998）

1963年，曼瑟·奥尔森在哈佛大学获得经济学博士。他从1969年起任教于马里兰大学。他深深地改变了关于集体行为的研究，并把理性行为的范式运用于该研究领域。主要作品有《集体行为的逻辑》（1965）等。

维尔弗雷多·帕累托 Vilfredo PARETO （1848-1923）

维尔弗雷多·帕累托，意大利工程师、经济学家和社会学家，后来继任莱昂·瓦尔拉斯在洛桑大学的政治经济学教授席位。他区分了逻辑行为和非逻辑行为之不同，认为前者属于经济学范畴，并在后者中进一步分析出两个组成部分。其一是恒定要素，即剩余，对应着人的情感；其二是变化要素，即衍生，也就是社会学所要关注的领域。主要作品有《社会主义的体系》（1902-1903）、《政治经济学手册》（1906）、《普通社会学》（1916）等。

塔尔科特·帕森斯 Talcott PARSONS
（1902-1979）

塔尔科特·帕森斯曾任哈佛大学教授，成为二战后至20世纪60年代最著名的美国社会学理论家。其第一部重要著作是《社会行为的结构》（1937）。在该书中，他试图概括欧洲思想家（马夏尔、涂尔干、帕累托和韦伯）的观点，从而制定行为理论的各个要素。20世纪50年代，其观点逐渐成熟，该时期发表的代表作有《社会体系》（1951）和《关于普通行为理论》（1951年，与希尔斯合著）。

让-达尼埃尔·海诺 Jean-Daniel REYNAUD
（1926- ）

让-达尼埃尔·海诺师从乔治·弗里德曼，曾在法国国立巴黎工艺技术学院担任教授。他主要研究劳动社会学和职业关系，在该领域培养了一大批法国社会学家。他将自己的知识和方法概括于《游戏规则：集体行为和社会调适》（1989）一书中。

阿尔弗雷德·舒茨 Alfred SCHUTZ
（1899-1959）

阿尔弗雷德·舒茨，奥地利裔美国社会学家、哲学家。1939年移居美国后，在新纽约社会研究学院任教。他被视为"社会现象学之父"，并把哲学家胡塞尔的观点纳入到马克斯·韦伯的方法论思考中。主要作品有《研究员与日常生活》（1987）等。

格奥尔格·齐美尔 Georg SIMMEL
(1858–1918)

格奥尔格·齐美尔，德国社会学家、哲学家，曾在柏林大学任教。1914年起，齐美尔前往斯特拉斯堡大学任教。他把社会视为"互动的整体"，致力于从不断变化的内容中找到互动的形式。其作品范围很广，涉及历史哲学、认识论和美学等领域，分析各种社会类型如穷人、冒险家、外国人等。此外，他还研究了各种主题，如爱情、献殷勤、交谈和秘密社团等。他的影响曾一度风靡美国，现在也蔓延至法国。主要作品有《社会学与认识论》（1981）、《历史哲学的问题》（1984）、《金钱的哲学》（1987）等。

亚历西斯·德·托克维尔
Alexis DE TOCQUEVILLE （1805–1859）

亚历西斯·德·托克维尔早年学习法律，曾短暂担任法官职务。从政后，他多次当选议员，于1849年被任命为外交部长。1831年，在好友古斯塔夫·德·波蒙的陪同下，他前往美国游历。也就是在此次游历之后，他开始反思现代民主中平等的作用。在其后半生当中，尝试分析法国大革命的原因，并在旧制度本身的结构中找到大革命的根源。主要作品有《论美国的民主》（1835-1840）、《旧制度与大革命》（1856）等。

阿兰·图海纳 Alain TOURAINE （1925-）

阿兰·图海纳，法国社会学家，师从乔治·弗里德曼。1955年，他发表了关于雷诺汽车厂劳动演变的研究论文，该文成为劳动社会学的经典之作。后来，主要致力于研究新的社会运动，同时还关注工业社会向后工业社会的转变。现在，他担任法国高等社会科学研究院（EHESS）研究员，并领导社会学干预及分析中心（CADIS）的工作。主要作品有《行为社会学》（1965）、《工人意识》（1966）、《社会生产》（1973）、《声音与目光》（1978）、《现代性批判》（1992）、《民主是什么？》（1994）等。

约翰·沃特伯里　John WATERBURY（1938- ）

约翰·沃特伯里，美国民族学家、经济学家，曾任普林斯顿大学教授，美国贝鲁特大学校长。他主要研究地中海和近东的社群，发表多部关于经济增长和公共领域的著作。

马克斯·韦伯　Max WEBER（1864-1920）

获得法律史博士学位（1891）后，马克斯·韦伯于1894年在弗莱堡大学担任政治经济学教授，后来又前往海德堡大学任教。他的研究范围非常广泛，涉及历史、经济学和宗教社会学等领域。在社会科学的方法和概念上，他也做出了巨大的思想贡献，并对当代社会学研究产生了深远的影响。主要作品有《新教伦理与资本主义精神》（1905）、《学者与政治》（1919）、《科学理论随笔》（1904-1917）、《经济与社会》（1922）、《经济史》（1920）等。

第一章

文化与文明

本章引言

　　本章还可命名为"从民族到帝国，再到民主国家"，或者被称为"从奴隶到农民阶层，再到资本主义"。默多克曾经鉴别出三百多种文明，因此，要在寥寥数篇文章中呈现所有的文明并不现实。很遗憾，本章不得不舍弃关于某些伟大文明的研究，尤其是埃及文明、拜占庭文明、伊斯兰文明，以及哥伦布发现新大陆之前的美洲文明。但是，我们将聚焦于西方文明和某些重大问题，这也是自马克思和韦伯以来历史学家们所思考的核心问题：即资本主义工业文明是什么？它是如何在西欧被创造出来的？为了更好地指明它的主要特性，即资本主义合理的劳动组织，我们还收集了几篇有关其他文明模式中家族社会的文章，分别涉及古代奴隶制、中国古代帝国和农民社会等方面。

　　本章伊始是两篇关于涂尔干所说的基本社会或者说家族社会的选文。这两篇选文都以家族为主要结构。选文1是关于马达加斯加的塔纳拉人，他们从必须周期性迁移的火烧地耕种文化，转向了更稳定的、以水稻耕种为基础的初级农民社会。与这种根本性转型的案例相对照，选文2的研究对象土布人则是提贝斯提地区的游牧民族，他们似乎不受时间的影响，没有改变，仍然保留了种姓、氏族、家族、范围狭小的家庭群体和粗野的个体主义。在这些土布人当中，权力几乎完全不存在。前一篇关于塔纳拉人的研究是由美国著名民族学家拉尔夫·林顿完成；而后一篇关于土布人的分析则源自法国一位骆驼骑兵军官的研究成果。这位法国军官在撒哈拉地区度过了自己的主要职业生涯。读者还可以在后面的章节里阅读到其他与众不同的家族社会，例如对努尔人和对中国纳人亲属关系的分析等。

　　古罗马帝国的覆灭曾经是18世纪所有伟大思想家思考和研究的对象，这也许是因为他们感觉到自己也生活在衰落的社会之中。孟德斯鸠试图在罗马人的道德沦丧中寻找罗马帝国衰败的原因。相反，马克斯·韦伯（选文3）从古代奴隶制的消亡和稳定，以及在经过重新调适的新型奴隶制之诞生中，找到了古罗马帝国衰落的内在原因。这种新型奴隶制已经预示中世纪农奴（即个人份地所有者）的诞生。在后面的章节中，菲斯泰尔·德·库朗日还展现了古罗马文明的其他两个方面——家庭和个人所有制。另外，在下一章，我们还可以了解美国的奴隶制，它存在于民主制度和正在向资本主义转变的商业经济之中。

选文4主要研究古代中国的帝国制度。它历经几千年，却没有改变自己官僚体制的结构。尽管有些学者持不同的看法，但是我们得承认，这种官僚体制无法与西方封建制度或现代官僚制度相提并论。中国古代官员依靠自己管理的农民阶层而生活，他们并没有形成英国式的绅士阶层，也没有形成法国式的行政制度。

西方社会源自西方的封建制度。马克·布洛赫（选文5）最终把这种封建制度模式化。在研究社会关系的第四章中，我们还将阅读有关当代新型庇护关系的内容。领主和农民的关系为经济生活提供了保障，农民在适应商业资本主义和工业资本主义、绝对君权和共和政体的同时，以封建主义的方式继续生存下来。选文6解释了农民适应不同形式整体社会的能力，就像在后一章中马克思分析19世纪法国的情况一样。

选文7是基础性的。马克斯·韦伯在该文中阐明了资本主义的理想类型及其两个重要支柱：利润和劳动组织。今天，经济学家和社会学家都在思考后工业、后福特时代、后现代社会，以及民族国家的解体问题。但是，单纯地为了展现不同观点而提供纷繁杂乱的各类文章，这种做法并非正确。

最后，本章以一篇研究日本的文章（选文8）作为结束，因为日本是唯一从19世纪末就成功跻身于西方阵营的亚洲国家。众所周知，马克·布洛赫曾认为，这一成功是因为日本的封建制度与西欧的封建制度更加接近。

塔纳拉人是怎么变成农民的？

拉尔夫·林顿

塔纳拉人（les Tanala）是马达加斯加西部地区的山地部落。两百多年前，他们生存的经济基础是旱稻耕作文化，即通过火烧地的方法耕种。这种方法能够确保用火烧地后的第一年里获得好收成。随后的五六年中，在同一块地上的收获尚可接受。可是，再往后至多二十到二十五年里，人们就必须放弃这块地，直到这里又重新长出茂密的灌木<u>丛</u>。既然通过火烧开垦出来的新田地能够带来最好的收成，那么塔纳拉人惯用的方法就是把能满足村寨耕作需要的、离村中心又不是很远的灌木林开垦完毕，然后把村寨迁移到新的定居点，周而复始。在这种条件下，个人土地所有制不可能出现，只有作为整体的村寨才掌握一块可以满足不断迁移需要的土地。在森林里的劳动所获，例如在该领土上打猎得来的猎物属于打猎者，而人们在灌木林开垦出的田地上所获得的收成则属于大家庭。当然，人们尽可能公平地分配有待开垦的土地。村子里的老人把待开垦之地分成几个相等的部分，然后每个大家庭各分一块，人们把这种做法视为传统。根据这一传统，家庭成员共同开垦土地，直到开垦出来的田地能够满足整个家庭的需要为止。如果其中某个家庭某年的收成不好，那么来年这个家庭将得到更多的照顾。这样的话，在各个大家庭之间就不易产生明显的经济不平等。用来出售剩余劳动成果的市场并不存在，所以人们不会试图开垦更多不需要的土地。而且，收成由大家庭的家长来分配，每个小家庭都能收到满足自己需要的那一份。

塔纳拉人从贝希略人（les Betsiléos）那里学会了水稻耕作。这种耕作方式首先出现在塔纳拉人领土北部边境的氏族当中。刚开始，灌溉耕作只是作为旱稻耕作的辅助而已，而且适用于山谷里的湿地地区。似乎从一开始，这种劳动方式就是通过小家庭而非大家庭来完成的。灌溉耕作的工作量比较小，不需要整个群体的相互协作。后来，又出现了梯田耕作，这也是从邻里部落那里学来的。但是，在塔纳拉人接受这种改良的耕作方式时，小家庭耕作的模式早已深入人心。于是，大家庭很少修建梯田，也就不会参与劳动收成的分配。

甚至在引入水稻耕作方式之前，塔纳拉人就已经拥有一些健全的个人所有制模式。而且，与这些模式相结合的还有家庭短期拥有土地权的概念，即家庭可以短时期内提高自己的收成。于是，这些模式也就得以催生出土地个人所有制以及小家庭对自己开垦耕种的田地享有专有权的观念。水田可以在一年的大部分时间提高收成，而且在换季间隙还需要维护，因此，这些田地一直处于使用中，也就无须返还给村寨进行再次分配。可灌溉耕种的土地面积是有限的（这取决于许多因素，如土壤、用于灌溉的水源，以及其他自然因素等），那些一开始既无精力也无远见去寻找耕地的小家庭最终陷入无水田可种的境地。不知不觉地，在这个之前没有阶层划分的社会内部最终也形成了地主阶层。而且大家庭的组织形式也相应地衰退下去，因为对大家庭的忠诚是建立在成员间经济上的相互依赖和长期协作基础上。与此相对，如果小家庭在没有援助的情况下也可以耕耘自己的灌溉田，那么该家庭就自然不愿意和没有参与耕作的他人分享自己的劳动成果。

　　一开始，土地个人所有制的出现并没有严重影响那些没有水田的人，因为这些人仍然可以通过旱稻耕作来开垦无法灌溉的土地。但是，当村寨周边的土地越来越贫乏时，没有水田的小家庭就不得不去越来越远的地方寻找灌木丛。通常，那些田地是如此遥远，以致一天内无法往返，于是这些没有水田的小家庭就在新田地周围修建房舍。去遥远的田地耕作也就逐渐成为小家庭自己的工作，而不再是大家庭的事务。也许，当这一体系建立起来后，大家庭合作模式的消亡也就提前到来；大家庭也可能不愿意让许多人远离村寨去冒险，以避免敌人分隔攻击一小队村民。

　　当村寨分裂成需要迁移的贫困家庭和不愿放弃资产的土地所有者两个群体后，深深扎根于村寨的迁移惯例又将何去何从呢？导致的结果就只能是基于大家庭上的体系不断崩溃。也许，以前也有村寨分裂形成新的单位，但是，这种分裂一直以大家庭的形式产生。至多不过是同一支系的三四个小家庭在各自领头人的带领下离开原来的群体，去新的村寨里建立支

系。因此，当村寨分裂之时，离开的人并非土地的所
有者，迁移的群体不过由分裂后的不同支系组成罢
了。在新的地方，同样的进程重复发生，直到某个村
寨周围率先布满了同根同源的其他村寨，而村寨的成
员又因为遍布四周的水田而留下来不再迁移。

定居生活的发展和大家庭的分解还带来了其他的
后果。从社会层面上看，流动的村寨是自主的、实行
内婚制的单位，而定居村寨往往并非如此。大家庭维
系着自己宗教信仰的重要性，即对共同祖先的崇拜。
甚至大家庭失去自己的重要功能，而构成它的小家庭
又相互分离后，这一宗教信仰的重要性也依然如此。
在举行某些仪式的场合下，定居在不同村寨里的家庭
成员还是可以聚集起来。这种来往可以打破村寨与世
隔绝的古老模式。族内通婚变得逐渐流行起来，尤其
是在梅纳贝（Menabe）分支的氏族里。这些氏族往往
限制不同村寨间的族内通婚，而实行交表婚模式。因
此，最初的独立村寨模式就逐渐转变为部落模式。

这些新情况还对战争的模式产生了重要影响。
流动村寨的防御工事只是一条简单的壕沟和一道栅
栏。人们没有兴趣在不久之后将被放弃的地方大费周
章。通过突袭的方式，一小队敌军就足以攻占这样的

村寨，夺走大量的牲口和年轻漂亮的女人，并把群体赶出被兼并的领土。因此，每当某个村寨觉得自己人口过剩时，就会去兼并其他的土地。于是，当人们长期定居于某个地方后，他们就把防御工事修得非常牢固。东部的一些村寨最先掌握水稻灌溉耕作技术，定居的时间也最久。当欧洲人来到这里的时候，甚至连配备火炮的军队都很难攻克这些村寨。它们由三条圆形环绕的壕沟保护着。每条壕沟宽七米，非常深，沟壁也异常陡峭。各壕沟之间还种上仙人掌作为藩篱。这种防御工事很可能是塔纳拉人定居后从贝希略人那里学来的。新出现的条件让塔纳拉人熟知并采用了这种很有必要的防御技术。

由于土著人没有攻城器械，这些异常牢固的工事反而让战争变得不可能。进攻者只能通过内奸来攻占村寨，因此，早期的大规模战争逐渐退化成小规模的抢劫袭击，而且目标是那些远离村寨的人。这个趋势在奴隶具有经济价值之后变得更为强烈。尽管阿拉伯人、欧洲人和伊梅里纳人的奴隶贩子一直都存在，他们用火枪来交换奴隶，但是这种交易的规模并不大。至少在一定程度上还要等到奴隶具有经济价值后，抢劫袭击才变得越来越频繁。以前，奴隶的经济价值有限。后来，人们才把奴隶与水田耕作结合起来。另外，奴隶制的发展还催生出各种勒索赎金的方法。比如后来，为了让女性奴隶和主人的关系合法化，奴隶家庭需要支付她一半的身价，这样才可以让她升级为合法的妻子。通过这种方式，村寨间一些新的关系得以建立。甚至，当村寨又分属不同的氏族时，整个部落就变得越来越统一。

这种变化的最后环节是在不到一个世纪前才发生的。在第一个时期，当群体还是流动之时，塔纳拉人的组织完全民主。村寨里某个支系的首领只是评判者和执行者。首领没有任何的授职仪式，也没有真正的权力。出了村寨，其权威也不被承认。与此相反，在东部的定居部落中，国王已经存在好几个世纪。而且这些部落正在建立封建体系以加强中央权力，甚至该权力超越了不同氏族之间长期存在的界限。公元1840年前后，塔纳拉人的一个氏族确立了自己对北部其他氏族的统治，他们声称被赋予了国王的权力，并宣布其最古老支系的世袭首领从此就是塔纳拉梅纳贝人的国王。另外还需要指出，这位国王的权力依然非常薄弱，他只是对定居氏族才拥有真正的权力，无法对那些迁移的群体发号施令。尽管在适合的政府体制被建立或者说被借鉴之前，王国就已经消失了，但是，首任国王还是创造出两个新的文化要素，这些新文化要素都是从贝希略人那里借鉴而来：第一，国王给自己修建了个人陵墓，这与塔纳拉人长期建立的丧葬习俗迥异；第二，在国王死后，塔纳拉人接受了一个新的信仰，即过世之后国王的灵魂便化身为蛇。

选自拉尔夫·林顿，《人论》，子夜出版社，1968年，第378-383页

土布人的氏族、种姓与奴隶

让·夏贝尔

特达（les Tédas）和达扎（les Dazas）氏族构成了社会中人数最多、地位最高的阶层。其中，部分氏族的优势地位或因出身，或源战功。这种贵族身份不能完全按照我们赋予"贵族"一词的表面意思来理解，因为它没有催生种姓制度，甚至也没有形成与众不同的阶层。它只是用来表明氏族的某种品质，尤其适用于那些精力旺盛、勇武好斗、名副其实的游牧部落。关于这些氏族，土布人（les Toubous）会说："这是一群土匪。"也就是说这些氏族能够依靠武力让人印象深刻。但是任何特达氏族或者达扎氏族都不会向其他氏族征收贡品或者发号施令，也没有任何禁令阻止他们和其他氏族相互通婚。

1. 种姓

除了特达氏族和达扎氏族之外，还有阿扎氏族（les Azzas）。后者人数要少得多，而且地位不高，这是因为其他氏族瞧不起阿扎氏族的劳动。他们的人身是自由的，但是会被认为是其他氏族的附庸。阿扎氏族或家庭会找一个特达、达扎氏族或家庭作为其领主。

在前文中，我们已经指出，阿扎氏族和其他土布人之间是不会相互通婚的。因此，阿扎氏族就形成了真正的种姓。这些人通常都是铁匠和猎人。但是只要生来就是阿扎人，即使不从事上述职业，即使是依靠畜牧为生，他也会一直受到歧视，被视为是该种姓的成员。

从前，阿扎氏族会以贡品的方式向他们的特达或达扎领主赠送毛皮、包袋、篮筐、簸箕、编席、绳索和干肉等。总之，他们凭技艺制造的产品要满足领主的需要。作为交换，后者会以礼物的形式，时而赠给他们一件衬衣或一条裤子，时而赠送一头牲畜。而且，作为保护者，达扎氏族还得尽力帮助阿扎氏族找回被盗的牲口，甚至以战斗的方式也在所不惜，否则

就会落下怯懦的名声。……①

　　至于低下的地位，还有一种奇怪的情结影响着阿扎氏族的精神生活。他们自认为是灵巧的手艺人、高水平的打铁匠和掘井工，并为此感到骄傲。但是，当阿扎氏族从事这些活动时，他们又会有一种受罚的情感。他们会因此感到自己地位低微，但不是受辱。任何一个阿扎氏族成员都不想改变自己的身份，更不想成为达扎氏族的一员。他们有一种独特的舞蹈，为此需要穿上特制的皮内衣，而且舞蹈时他们还会跳出通常女人才有的步伐。尽管他们非常喜欢该舞蹈，但还是会感到羞愧，而且只有在自己内部才会跳。他们从不在外人面前跳这种舞蹈，哪怕是其他土布人也不行。因此，阿扎人不仅有自己的氏族，也有自己的禁忌，这些禁忌并非是伊斯兰禁忌。如果不是因为低下、被人蔑视的地位，就真的没有方法把他们和其他土布人区别开来，因为在相貌上看他们都属同一类型。

　　至于奴隶就完全是另一回事。奴隶往往是从

_____

①　本书中的省略号皆系编者摘选省略之用。

市场上被买来的，或者是从南边抓获的黑皮肤外族人的后代，也有一些可能是从图阿雷格人（les Touaregs）那里俘虏的。最近在贾多和提贝斯提，还有一些白种图阿雷格人被俘虏后变成奴隶。

土布人虐待奴隶的情况非常严重。奴隶不仅要分担主人的不幸，而且只有少量避免饿死的食物，很少甚至没有衣服。而且，为了防止逃跑，主人会毫不犹豫地把奴隶致残，比如割断腘旁腱肌、跟腱，切掉脚趾，或者在脚板底钉入刺槐的大刺。被卖给土布人是费赞奴隶市场上可怜人最可怕的命运。土布人拥有的奴隶数量不多，其中一些人用来看管和喂养牲口，另一些则在耕种菜地和棕榈林。后者和他们的后代已经逐渐获得自由，这不是因为主人的宽宏大量，而是因为作为遗产的他们无法被分割罢了。这样，他们就催生出了"卡玛迦"（les Kamadjas）这个种姓。这些卡玛迦组成了新的村寨，而欧洲人现在已经让这些村寨恢复独立。而且，卡玛迦有自己的首领。在这些地方，游牧部落仍然是土地和棕榈树的主人，而卡玛迦则类似于佃农。土布人既不会和卡玛迦人通婚，也不会和奴隶的后人——即提耶尼人（les Tiyeni）通婚。他们不会和这些人发生性关系。

2. 土布人的氏族

为了更好地研究土布人的社会，我们必须抛弃关于游牧部落的普遍认识。……

土布人的氏族并不是严密的政治或社会基本单位，他们没有共同的游牧生活，也不会在首领的威权下生存。它实际上从来都不会聚在一起。在成员内，他们都是平等的，每个人都只尊重自己和妻子的直系尊亲。实际上，他们从不听命于任何人。

土布人氏族是自由独立的男女组成的整体。在空间上，他们是分散的。但是，在血缘上，他们又是统一的。之所以能构成氏族，首先是因为所有成员共有一个祖先。氏族的特征符号是姓名、别名、徽章记号、某条禁忌、某种宣誓之法、某处用于祭祀的圣地（提贝斯提）和某个概述了氏族起源或历史的传说。

出身决定了氏族归属。无论是婚姻、入籍或花钱都无法让人加入某个氏族。婚后，妇女还是属于自己出生的氏族，并对自己的原生氏族保留权利和义务。

土布人总是归属父亲的氏族，这是一种"既光荣又实际的本质归属"。但是，土布人偶尔也有归属母亲氏族的概念，只不过更加模糊。而且，只要能够推算得出祖先的氏族，他们都会为此感到骄傲，无论是按父亲的氏族来算，还是按母亲那边的来算，亦或是把父母两边的氏族加在一起算。另外，这不仅仅是自豪感。如果某个土布人能够证明自己与某个氏族的祖先有关联，那么他将可以取回落入该氏族成员手中的牲口。对于游牧族群来说，这个好处并非微不足道。

把氏族成员团结起来的不是权力关系，而是一种纯粹的、并非建立在物质惩罚之上的道德关系。氏族成员如果不履行自己的义务，将会使自己名誉扫地，也可能会受公共舆论或者仲裁措施所迫做出赔偿。另外，这还可能会给自己招惹来报复……

新郎要住在年轻妻子的营地，直到第一个孩子出生。然后，如果要带走他的妻子，新郎必须送上厚礼。有时候，新郎也会放弃带走他的妻子。那么，他的孩子们将在女方的氏族里被抚养成人。

远游的土布人会在异乡娶第二位妻子，但是他们不会把她带到第一位妻子身边，因为后者不会接纳。在这种情况下，孩子也是在母亲的氏族里长大。

当氏族和遥远旁系的亲属关系减弱时，相互间的义务也就无效。此时，如果没有新的联姻，这些遥远旁系就开始形成新的氏族。如今，古恩达人（les

Gounda）就是这样被细分为许多支系，每个支系都已拥有不同的徽章。而且，由于长期相互疏远，它们也许不久将会形成新的氏族。

土布人的某些制度和生活条件会形成强大的离心力。这样，氏族就注定散得越来越开，最终很快融入其他氏族。

由于这种分散性，当氏族失去自己的社会意义和实际功效时，它要么分裂成新的氏族，要么就解体，然后完全被其他氏族合并。还有一些氏族会遇到战祸，几乎完全被灭绝。但是，通常情况下，女人们会幸存下来，这时，她们就会给新丈夫的氏族带去一些被毁灭氏族的遗留。例如，某些已消失氏族的姓名会保留下来；他人也会根据这一点，了解今天某一氏族的源头。

3. 首领之职

在土布地区，我们发现，有一系列人物试图掌控各种指挥权，因此，我们把他们称为"首领"。

通常，"戴尔德（Derdé）"头衔指的是提贝斯提地区托马格拉人（les Tomagra）的戴尔德。托马格拉人不承认阿尔纳人（les Arna）有权拥有戴尔德。但是，阿尔纳人的戴尔德确实存在。在贾多，还有一种"考赫戴尔德（Derdé kore）"或者"小戴尔德"。许多小首领被称为"戴尔德"，这纯粹是出于礼貌。在加扎勒河地区、加奈姆，还有乍得湖西部，首领被称为"卡戴尔"或者"卡戴拉"，这与卡努里人（Kanouri）的词汇"卡切拉（katchela）"是相符合的。这是以前博尔努苏丹授予其在外省代理人的头衔。与此类似，瓦达伊苏丹也曾授予某些首领"杰尔玛（djerma）"头衔，这一头衔至今仍被柯雷达人（Kreda）分支的一位首领所使用。

在费赞，特拉根（Traghen）的黑人国王以前还有"玛伊"（Maï）的名号。在塞拉和卡瓦尔，人们还把首领称为"玛伊纳"（maïna）。在卡努里语中，这是"王子"的意思。许多人自封了这个头衔，因为它已经和贵族、自由人这些词语同义。

对于野外扎营的土布人来说，首领还被称为"布伊"（boui）、"布古狄"（bougoudi），这是"长者""老者"的意思。

从提贝斯提的"戴尔德"到最后提到的村寨"布伊"，所有土布人首领都会遇到的问题是治下的人会给他们制造难题。考虑到土布人爱好独立的性格、族长或家长权威的缺失、社会平均主义的特征、氏族无政府状态的本质和政治集团间缺乏团结等因素，这一难题就不难理解。

　　某年某季度在某个问题上联合起来的土布人通常相互之间并没有任何家庭关联，甚至也没有氏族关联。他们这样做只是因为心甘情愿，也许是出于习惯，也许是出于需要，或者干脆就是一个偶然。第二年，他们也许又在其他地方，和其他人在一起。他们在根基上完全不存在某种稳固的单位，也无法让更重要的首领树立起真正的权威。

　　首领本人也是土布人，也具有土布人的特点。他们很少会有公共服务的概念，也很少关心公共利益。在他们的职位上，他们只会为自己谋利，只考虑自己眼前的利益和亲友们的好处。他们依靠的是一群范围非常有限的拥护者。

　　在其他人看来，这些重要人物的影响力也非常小。获得首领职位所带来的影响力比他们之前凭功绩和名望所拥有的影响力大不了多少。服从这一影响力的个人和帐篷并不是为了忍受它带来的苦难，而是要从中获利。

　　那些不喜欢该首领的人会离开，或者组成一个分裂群体。那些接受其权威的人也不会一直保持忠诚，如果稍有不和，他们也会离他而去。如果首领想更加专制，那么他所面对的反对意见也就更强烈。

因此，所有的命令都在氏族下层系统中形成拥护方和反对方。当我们看见一方的失败变成现实时，这通常表现为建立在氏族之上的群体分裂。这样，我们可以发现，现实的社群将变得更小，更加紧密，同时也因此更有效率。

然而，又该轮到新群体的首领们去面对支持者和反对者。要么，这会带来彻底的分崩离析，事实上，这也正是土布人真实的政治制度；要么，这就促成新的重组，有时还会伴随着大量成员永久性或临时性的外流。最后，因为必须以某种方式来接受领导，家长们甚至会选择一位外族人来担任本氏族的首领。

面对这种无序状态，管理者都觉得非常头疼。但是土布人不觉得有什么不适，他们反而会在这种无休止的游戏中找到乐趣。

选自让·夏贝尔，《撒哈拉的黑色游牧部落》，普隆出版社，1958年，第341-347页以及第370-371页

古罗马世界衰落的社会原因^①

马克斯·韦伯

古罗马帝国并不是从外部被攻破的,其衰落的真正原因并非是敌人在数量上占优势,亦非自己的政治领袖无能。在其历史的最后一个世纪里,古罗马帝国并不缺乏铁腕的政治人物,例如众多英雄中的斯提里科,他既拥有日耳曼的勇武品质,又具备细腻的外交手腕。然而,为什么在随后的历史中,那些大字不识的墨洛温人、加洛林人以及撒克逊人能够成功抵挡撒

---

① 本文系在 1896 年韦伯对弗莱堡学术协会所做的公开交流讲稿基础上修改而来。法文译文是让·贝希勒尔于 1973 完成的,并发表在《回应》(Contrepoint)杂志上。

拉逊和匈奴等外族人的进攻，而罗马的英雄人物却失败了呢？这是因为古罗马帝国已经今非昔比，它也不是在某次沉重的打击下突然崩塌的。事实上，蛮族入侵只不过为这一长期的衰落过程画上句号而已。……

公元前287年平民革命胜利之后，古罗马实际上开始演变成农民征服者主导的国家，或者更确切地说是农民城邦。每次战争都意味着攻占更多的土地以供殖民。如果无法从父亲那里继承的话，罗马自耕民的儿子就只能依靠参军打仗为自己赢得土地，同时也只有如此才能获得充分的罗马公民权。古罗马帝国军事力量不断膨胀的秘密就在于此。然而，一旦罗马的征服行动扩张到海外，这种情况就戛然而止了。因为这种扩张已经不是古罗马农民的殖民兴趣，而是为了满足罗马贵族剥削海外领地的欲望。战争的目的变成了掠夺奴隶，以及将掠夺而来的土地充公；而这些土地又成为大型出租地产得以开发。罗马的农民阶层在第二次布匿战争中就损失了十分之一，该阶层衰落所导致的后果在一定程度上可以被视为是汉尼拔迟到的复仇。格拉古兄弟改革运动所激起的反抗决定了奴隶劳动在农业生产中的胜利。自此以后，只有奴隶主才能承担起提高生活水平、满足消费需求和制造贸易盈余的大任。这并不是因为自由劳动已经完全消失，而是说，依靠奴隶的经营方式已经成为发展的唯一动力。罗马的农业家们很自然地认为，奴隶劳动才是劳动的正常形式。……

我们讨论的中心就是奴隶。他们过着怎样的生活呢？让我们来看一下那些农业家所描绘的理想图景。"会说话的牲口"（会说话的工具）的栖所，或者说奴隶居住的马厩，就挨着牲口（半会说话的工具）的圈棚。它包括若干宿舍、一个诊所、一个囚牢，以及手工车间。凡是穿过军装的人对这种景象肯定都觉得很熟悉：这其实就是军营。事实上，奴隶生活的确与军营生活非常相似。在地主管事的监督下，奴隶们同吃同住。他们外出穿着的衣服则由管事的妻子另外保管，她相当于是管理寝室的士官，而且每月会举行一次点名检查。劳动是在严格的军事纪律约束下进行的，每天早晨他们都被编排成"班"，然后在奴隶工头的监视下，齐步前往工地。的确，要用非自由劳动力为市场生产的话，除了皮鞭之外别无他法。实际上，这种做法也屡见不鲜。在我们看来，类似军营的奴隶生活中，最主要的特点是，过着军营生活的奴隶不仅无产，而且也无家。

　　奴隶的两性生活以一种受控的、类似卖淫的方式进行。女性奴隶会有些额外的奖励，养育了三个孩子后，许多奴隶主会让她们重获自由。并非一夫一妻制家庭生活的后果显而易见。只有在夫妻家庭中人类才能自我繁衍，于是，奴隶营就无法自我延续。但是，奴隶营也需要补充人手，因此它就必须持续不断地购买新奴。事实上，当时的庄园主都把定期购买奴隶视为庄园的日常开销。古代依靠奴隶的经营方式注定需要消费奴隶，就像现代炼钢需要消费煤炭一样。因此，奴隶市场及其提供的充足奴隶资源，是维持市场生产之奴隶营的必要前提，而且奴隶的价格还必须低廉。瓦隆曾建议购买那些罪犯以及其他的便宜货。他还加了一条独特的理由："这些人渣通常都更加机灵。"

　　总之，这种经营方式依赖于能够持续供应人力的奴隶市场。一旦缺乏奴隶供应，那会导致何种后果？……

　　古罗马文化圈的内部和平，尤其是外部和平，减少了奴隶市场所需的、源源不断的人力供应。似乎早在提比略时代，和平就曾经造成相当严重的人力危机。皇帝不得不检查大庄园里的地牢，因为大庄园主已开始不择手段地四处抢人了。甚至，那些拦路打劫的匪徒要的也不是口袋里的钱，而是能够在他们渐渐荒芜的庄园里耕作的劳动力。

随之而来的是一种长期的、决定性的、进展缓慢但影响持久的后果，即无法维持以奴隶营为基础的生产了。因为后者需要不断补充奴隶，而这一点又无法得到保证。因此，当奴隶供应最终停止后，奴隶营也就注定崩溃。……

在古罗马帝国晚期的领主权中，我们已经发现封建领主式的庄园。在这些庄园中，两类佃农共同耕作土地。一类是非自由佃农（即奴隶），他们服从无限期的劳役；另一类则是自由佃农（即拓殖农或附庸农），他们以货币或实物的方式来缴纳严格规定的佃租。这种佃租后来甚至演变成缴纳一部分收成，于是，这就成为一种虽非永久性但也相当普遍的特定劳役。

一旦劳役成为古罗马时期的交换条件，那么庄园就不可能继续为市场而生产了。古罗马时期为市场而生产的必备条件是纪律严厉的奴隶营。在欧洲大陆更加如此，立足于份地之上的农民终结了为市场而进行的生产，也扯断了那张束缚在自然经济之上的商业细网。……

奴隶市场的崩塌导致了劳动力的持续短缺，这让在佃农中征募士兵变得十分困难。对于庄园来说，征兵简直就是最严峻的负担。这些庄园甚至会想方设法来逃避征兵。躲避征兵的人甚至愿意离开没落的城市，逃到乡下，当起了农奴。这是因为庄园主们受缺乏劳动力的困境所迫，会帮助这些流亡者躲避兵役。古罗马帝国晚期的皇帝竭尽全力地避免城市里的人逃往乡下，就像后来霍亨斯陶芬王朝全力阻止乡下农奴逃进城市一样。

帝国的军队也深受兵源缺乏的影响。从苇斯巴芗皇帝的时代起，意大利地区已经免除征兵义务；而自哈德良皇帝起，不同地方的士兵混编成军队的制度也终止了。为了节省费用，军队尽可能地在自己驻扎的区域征募新兵。这是古罗马帝国覆灭的最早征兆。另外，如果仔细研究几个世纪以来退伍士兵的籍贯，我们就会发现一个现象：即在帝国时期，我们称之为"军营之子"的士兵人数比例从最初的百分之几上升到后来的一半左右。一言以蔽之，罗马帝国的军队越来越依赖在自身内部征兵了。就像没有妻室的营中奴隶被有家室的农民所取代一样，军营中的单身士兵至少一部分都变成了已婚的雇佣兵，他们在事实上也就成了世袭的雇佣兵。

后来，帝国军队从蛮族招募越来越多的士兵，最主要的目的就是为了给大庄园节省劳动力。最终，还是通过自然经济的方式，一方面让这些蛮族守卫帝国的边境，另一方面则赠与他们土地以为回报。这一做法其实已经向我们宣告"采邑"制度之雏形了，而且这一制度还将变得越来越流行。由此，守卫帝国的军人变成了野蛮人的职业，同时这些军人与帝国人民的关系越来越疏远。这也就是为什么，当帝国境外的蛮族最终胜利入侵时，罗马外省的居民一开始并未发现异常，误以为只不过是简单的军队换防而已。而且，罗马的驻防制度也确实一直得以保留。在高卢，入侵的野蛮人并没有被当作可怕的征服者，很多人甚至把他们视为是解放者，认为是这些入侵的蛮族把自己从罗马政权的压迫中解放出来。至此，我们也就不难理解为何会出现这种情况了。

后来，查理曼大帝唤醒了西方在政治上的统一，这也正是建立在彻底的自然经济基础之上。浏览查理曼大帝对其领地管事的训令（即著名的"领地敕令"）就可以彻底明白了。这份领地敕令中事无巨细的态度和威严的语气，甚至会让我们想起腓特烈·威廉一世的那些法令。例如，在该敕令中，王后是国王身边最重要的角色。国王的家庭主妇就是他的财政大臣。这一论断非常有道理，因为财政管理所涉及的首先就是保证王室的饮食和家务。王室的财政也就是国家的预算。因此，"训令"规定的东西就是管事要上交给王室的东西：谷物、肉类、布料，还有数量巨大的肥皂，等等，总而言之，这些物品都是国王个人、家庭和亲信所需要的东西，以及公务所需要的东西，例如马匹、车辆，等等。在该敕令中，常备军和官吏的开支消失了，罗马帝国的税收也消失了，甚至连税收的概念都消失了。国王用自己的餐食来供养官吏，或者把土地赐给他们。军人必须自己提供装备，而且军队也基本上变成了一支由骑士组成的部队，亦即由大地主兼骑士组成的骑士团。跨地区的商品交换已经没落。连接各个独立经济单位的商业纽带也不复存在，贸易已经退化到流动小贩的水平，而且被交给那些异乡人、希腊人与犹太人来做。

城市也已经消失了。加洛林王朝已经完全无视作为特定司法行政实体的城市。乡下领主的庄园支撑着文明。以庄园为基础，人们得以建起修道院，拥有政治官员，即乡下领主。国王也是一个乡下领主，是最大的领主，总之是一个大字不识的乡巴佬。国王的城堡也在乡下，其实，他没有固定的居所。为了满足需要，这个君王得四处游荡，他比现代君主游荡得更频繁。加洛林王朝国王的人生就是如此，他从一个城堡游荡到另一个城堡，然后享用为自己储存起来的必需品。可见，西方文明已经变成乡村式的文明。

古罗马时期的经济就这样完成了轮回。它的创造天赋似乎完全干涸了。古罗马文明中城市里大理石的光辉和商业贸易一起黯然失色。和它们一起凋零的，还有建立在其上的全部精神财富：艺术、文学、科学以及形式细腻的古罗马法律。与此同时，在地主和领主的庄园上，行吟诗人的歌声仍未唱响。

选自马克斯·韦伯，《公开交流》，《回应》杂志，1973年

古代中国的官僚制度

白乐日

如果通览中国社会几千年的历史，我们会对一种永恒、稳固和持久的现象感到惊讶，我把它称之为"官僚体制"。中国社会最明显的特点在于"文人官僚"组成的统治阶级从未退出过历史舞台。从公元前3世纪秦始皇建立秦帝国到1912年清帝国覆灭，受过良好教育的"君子"所组成的统治阶级一直掌管着中华帝国的命运，控制着中华帝国的话语。从基层机构到穷乡僻壤，从文学到艺术，这些文人官员一直活跃在中华文明的每个角落。如何定义这个中国独有的、占据统治地位的社会群体？它是一种国家机关、种姓制度还是社会阶级？

这个社会阶层的首要特点源自一个惊人的对比，即个体成员的动荡生活和脆弱命运与整个阶级的恒久存在和稳定延续形成了强烈的反差。受君主专制国家权力的支配，最高级别的官员亦可能朝不保夕，今天得以封侯拜相，明日便作阶下之囚。但是，整个官员群体和官僚制度依然围绕君权运转。整个《二十四史》就是这一官僚制度的真实写照，里面充斥了无数官员被斩首、被赐死的案例。总而言之，统计这些事件可能很有意义，尽管目前这项工作还有待完成。

经济基础（即土地所有制）、共同的观点和行为、恒定的生活方式、传统的世界观，这些都让我更加倾向于使用"阶级"一词来下定义。教育、掌握知识、荣誉感，尤其是中国官员的文人气质与不识字的大众截然相反。这些特点虽然会让人将其与种姓或者贵族的概念相比较，但是算不上民主的官员选拔和科举制度又与强调家族传奇的种姓制度不同，中国文人官员总是尽力掩饰自己的垄断地位。简而言之，该统治阶级的选拔方式不断更新。从民众中选拔人才，这倒与英国贵族制度有点相似，而与封闭的种姓制度截然不同。

我认为，对文人官员的物质条件、社会关系、生

活方式以及意识形态等方面进行细致的研究将会首先
呈现以下几个特点：文人在社会中的地位既不取决于
自身所受的教育，也不取决于继承的特权，更不取决
于自己的家庭或个人财富及田产。我们虽不否认这些
组成要素的重要性，但是事实上它们都源自文人在社
会各个层面所承担的职能。这是大型农业社会运作必
不可少的职能。在该社会中，基于自给自足经济之上
的单位（即农民家庭）在并无自然联系的东亚大陆上
生活着。如果没有那些由中央政府委派、具有决定权
并且等级分明的管理者，那么这些农民家庭将有可能
会陷入一种无可救药的、无政府的混乱境地。

权力集中的中央政府领导着这些官员，它还可
以随时随地任命或者罢免他们。而每一次利用分封的
地主或领主治理来代替官员治理都会导致地方主义，
这种现象在中国和在世界其他地方都一样。但是，中
国的地方主义与西方多国式的地方主义不同，它不仅
会导致统治权的分裂，而且会让各种保障社会秩序的
制度失效。然而，这一社会秩序是公共安全、经济生
产、贸易交换和有序生活必不可少的条件。

离开了有效、持续和大范围的科举制度，这些制
度也就无法存在和维系。在此，我只能列举那些最为

重要的制度：农业生产必不可少的历法；抗旱防洪所需的水利调节、运河开凿和堤坝修建；应对饥荒的公粮储存（众所周知，直至20世纪初，季节性饥荒是所有社会都会面临的问题）；贸易交换必备的统一度量衡和货币；防范游牧部落入侵的长期军事防御；最后还有培养精英的教育制度，等等。

我们可以发现，上述各项事业有一个共同特点，即就维持生产而言，其中任何一项都无法立竿见影，但又不可或缺。这些衙门的主要职责就是领导兴修大型工程，管理人数众多的劳动力。缺乏其中任何一项都不利于整个社会基本活动的正常运转。这些事业另一个重要的共同特点是"政治"色彩。它们并不需要特别专业的知识，而是需要礼仪和才干，需要掌握普通的文化知识，即在重视基础知识的前提下，具备高级的驭人之道。总而言之，这种通过经验获得的本领能够让官员们协调、领导、管理和控制那些技术人员和专家。这一管理系统不需要自己的精英们专攻一项技术。正相反，对于官员而言，掌握古代典籍、乐理和礼仪，学习书法和诗歌等甚至更为重要。与古代西方相比，这是中国文明的优点，也是它的缺点。在该文明中，"君子"的业余爱好也就被这些管理民众的

038 / 第一章 文化与文明

精英在各种生活状态中独享。

当然，这种中国古代的官僚制度也有缺陷。在这些方面的研究虽然不甚有趣，但对于20世纪的我们而言，却非常重要，因为这些缺陷主要体现为极权主义和腐败。

在贫穷和落后的社会里，或者更准确地说，在前工业世界中，腐败现象肆意猖獗。那些收入微薄的政府代理人只能自己想办法谋生。因为最高美德是服从上级，所以在无法实时监管官员履行职责的情况下，他们就不可避免地从社会中获取国家无法给予的东西。古代中国的官员通过长年累月地学习，无数次地赶考，耐心地等待职位空缺，结识权贵，甚至举债以获得自己的任命。于是，一旦上任，他就开始从自己的行政权力中连本带利地收回自己曾付出的辛苦。他的贪婪和敛财程度取决于其所处的不稳定状态，还有等待的时间、供养家庭成员的数量、需要打点的人际关系等。

因此，中国社会还有另一个重要的基本制度，即"大型家庭"，或者说氏族。地方保护和任人唯亲的现象非常普遍，古代中国为它们提供了最有利的生长环境。鼓吹家庭利益胜于国家利益的儒家学说滋生和纵容了这些官僚主义的负面因素。法家和儒家的争论几乎都是围绕这个问题展开的：国家和家庭，谁才是第一位？

在这些条件下谈论儒家政权的极权倾向似乎有些矛盾。但是，这种矛盾只是表面的。实际上，如果能看到朝廷及各级衙门极大的操控权，我们就能理解中国古代社会的极权程度非常高。在此，儒家就代替法家实践了后者的中央集权学说。统制经济和国家干涉主义在付诸文字之前就已经存在，所有的私人行为和公共生活表现都必须遵守官方的规章制度。这首先是朝廷的垄断：大众消费日用品几乎被国家垄断，毫无疑问它们带来了重要的税收贡献，主要有盐、铁、酒、茶和对外贸易。此外，还有仔细维持的教育垄断。这实质上是一种文字垄断（我本想说是媒体垄断）：如果没有朝廷的许可，任何非官方的文字都很难被公众看到。但是，这种摩洛克式政权的影响以及官僚主义的强势远不止于此。还有服饰、公私建筑等规章制度。服装的颜色、音乐和节庆都有相应的规定，甚至生死都有规定。朝廷仔细地监督臣民日常生活从摇篮到坟墓的每一步。规章制度就是一望无尽的文件和纷繁复杂的手续。

　　中国人聪慧的发明精神已经为人类带来了许多贡献，如丝绸、茶叶、瓷器、纸张、印刷等。如果没有朝廷令人窒息的管控，这种发明精神本可以让中国更加富饶，甚至有可能把中国带进现代工业的门槛。但是，帝国的朝廷扼杀了中国的技术发明。这一层意义不仅指出它粉碎了一切与它为敌，或者说企图与它为敌的事物，同样也阐明它的理性必然会制造出一套习俗。循规蹈矩、因循守旧和墨守成规的气氛会质疑一切先前没有的革新和创举。对于自由的研究精神而言，这非常不利。

　　选自白乐日，《天朝的官僚制度：传统中国的社会与经济研究》，伽里玛出版社，1968年，第18-23页

作为社会类型的封建制度

马克·布洛赫

　　孟德斯鸠认为，"封建法律"在欧洲确立是独一无二的现象，是"世界上曾经发生过一次，也许再也不会发生的事件"。在精确表达法律定义方面，伏尔泰所做的努力不多，但具有更加宽阔的视野，也因此质疑了孟德斯鸠的观点。在他看来，封建制度不是事件，而是一种具有不同行政管理的古老社会形态，存在于北半球四分之三的地区。今日之学界总体上接受了伏尔泰的看法。埃及封建制度、希腊封建制度、中国封建制度、日本封建制度——如此多的形态（还有许多未提及的形态）已是人们熟知的概念。对待这些概念，西方历史学家有时也心存疑虑。

……

欧洲封建制度的基本特点

最简易的方法也许得从"封建社会不是什么"说起。尽管源自血缘关系的各种义务在封建社会里具有非常重要的功能，但是，封建社会并非只是建立在血缘关系之上。更确切地说，正是当血缘关系不能行之有效的时候，严格意义上的封建关系纽带才产生了。此外，尽管凌驾于众多小权力之上的公共权力的观念仍然长期存在，然而封建制度的诞生伴随着国家的极度衰弱，尤其是伴随着国家军事防卫能力的衰弱。封建社会既不同于建立在血族关系基础之上的社会，也不同于受国家权力支配的社会，但它从这些社会继承而来，仍保留着它们的痕迹。其特有的个人隶属关系仍然保留着原始扈从关系的准家族性质。但在表面上，为数众多的小首领所行使的政治权力大部分是对"国王"权力的僭越。

因此，欧洲封建制度被视为是更古老的社会突然解体的结果。的确如此，如果没有蛮族入侵带来的颠覆性后果，欧洲的封建制度将是不可思议的。蛮族入侵强行把两个处于不同发展阶段的社会融合在一起，打破了它们各自的框架，突显了许多特别原始的思想模式和社会习惯。最终，封建制度在蛮族入侵最后的人潮中发展起来。它意味着社会交流放慢，货币流通迟滞，导致无法采用薪俸式的官吏制，同时还催生出倾向亲友的心态。一旦这些条件发生变化，封建制度便开始衰落。

与其说封建社会是等级社会，还不如说它是不平等的社会：一个有首领而无贵族，有农奴而无奴隶的社会。倘若奴隶制的作用并非如此微弱，那么就没有必要将封建隶属形式应用于下层社会各阶层。当整个时代陷入无序，冒险家的地位就会变得过于重要，人的记忆会变得过于短暂，社会阶层划分也会变得过于反常，这一切都不足以形成严格意义上正常的等级制度。

但是，封建制度意味着身份卑微者在经济上直接从属于少数豪强。从前一时期开始，它就已经吸收了罗马帝国的农庄制和日耳曼的农村首领制。此后，又巩固并扩大了这些剥削方式，并将土地收益权和军事指挥权错综复杂地结合在一起。中世纪的封建庄园也就从中真正地诞生了。这样做固然有利于为上帝服务的教士权力集团，但主要还是有利于武士权力集团。

的确，封建社会最显著的特点之一是首领阶层与职业武士阶层的高度一致性，后者以当时看起来唯一有效的方式为业，即充当重骑兵。哪怕是通过最为粗略的比较研究，我们都能发现上述观点。而且，我们已经看到，在存在着武装农民的各个社会中，有一些社会既没有附庸制也没有庄园制，而在其他的社会中，如在斯堪的纳维亚或在西班牙西北部的许多王国中，只有形式极不完善的附庸制和庄园制。

在封建社会，独特的人际关系是附庸者与附近首领的联系。这样形成的纽带从一个等级到另一个等级，如同许多无限扩展开来的链条一样，将地位最低者与最高者联系起来。土地本身之所以被视为是珍贵的财富，只是因为它能够给领主带来"人"。……

在西方文明区域内，封建制度的版图上仍然有一些大的空白，比如斯堪的纳维亚半岛、弗里西亚和爱尔兰。也许更需要指出的是欧洲封建化的程度并非完全一致，节奏也不尽相同。而且，最重要的是，并非所有的地方都完全封建化。在所有国家中，并非所有的农村人口都囿于世袭的人身依附关系中。几乎所有地方都保留着一些大小不一的自由地，尽管各地的数量存在很大差异。而且，国家观念从未彻底消失。

在国家观念最强的地区，人们仍坚持自称为古老意义
上的"自由人"，这是因为这些"自由人"只依附于
民众首领或者服从于后者的代理人。在诺曼底、位于
丹麦的英国领地和西班牙仍然存在着农民武士群体。
与从属誓言形成鲜明对比的是双向誓言，这种双向誓
言仍然存在于和平的群落中，并在自由市场中取得了
胜利。因此，任何人类的制度也许都无法彻底实现。
比方说，20世纪初资本主义在欧洲经济中占据了支配
地位，但是除了资本主义，难道就没有其他制度存在
吗？……

比较史学的案例

依附农民：附带劳役的领地（严格意义上说即
"采邑"）代替了薪俸，而且薪俸制也无法实现；
专门化的武士等级处于优势地位；效忠——庇护关系
维系着人际间的联系，在武士等级中它被称作附庸关
系；权力的分裂必然导致混乱状态；在所有这些关系
中，其他组织形式即家族和国家仍然得以保留，而且
在封建社会的第二阶段，国家还将重新获得复兴的力
量。上述这些似乎就是欧洲封建制度的基本特征。历
史是一门永远处于变化之中的科学，如同历史学展现

的所有现象一样，具有上述特征的社会结构也一定具备时代和环境的印记。不过，就像母系亲嗣关系氏族或父系亲嗣关系氏族，或者还有可能像其他类型经济体一样，它们会以非常相似的形式出现在各个不同社会中。这些与我们不同的社会，很有可能也会经历着类似于我们所描述的这个时期。如果情况属实，我们就可以把处于该阶段的社会称之为"封建社会"。但是，所需的比较研究显然并非靠单枪匹马就可以完成，因此，我仅限于分析一个实例。这个例子至少能表明，通过更加可靠的方法，相同的研究究竟可以带来怎样的结果。而且，已有的、以最正确的比较方法取得的出色成果，也将为这一工作提供便利。

在日本早期历史中，我们隐约发现一个建立在血缘关系基础上的，或者可被视为类似的社会。之后，到了公元7世纪末，在中国的影响下，日本建立了国家体制。像加洛林王朝所做的那样，这种国家体制致力于对臣民的道德控制。最后，到11世纪左右，通常被称为"封建社会"的时期在日本拉开了帷幕。根据我们现在熟悉的模式，这一时期的到来似乎与经济贸易的减少同时发生。因此，和欧洲一样，日本的"封建制度"之前也存在着两种形式不同的社会组织。而且和西欧一样，日本封建制度也保留着前面两种社会的痕迹。虽然日本的君主政体和欧洲严格意义上的封建制度有所不同，而且附庸制之链在到达天皇之前就终止了，但是它依然作为所有权力的理论源泉而继续存在；在日本，非常古老的传统催生了统治权力的分割，这可以被认为是对国家政权的侵犯。

职业武士等级高于农民等级。按照武装扈从与首领之间的关系模式，在武士等级的内部也形成了个人依附关系，所以它们似乎比欧洲的"委身制"更加具有阶级的色彩。就像在欧洲一样，日本的武士也是分等级的。但和欧洲相比，日本的附庸程度要高得多，它是一种服从的证明，契约性质要淡得多。而且日本的附庸制更为严格，它禁止武士有多个领主。为了豢养这些武士，领主们会授予武士类似于西欧采邑的佃地。甚至类似于欧洲可回收采邑的方式，这种土地授予有时完全是虚拟的，因为土地实际上原本就是所谓接受者的祖传地。虽然存在例外情况，但是很自然地，这些武士越来越不愿意耕种这块土地。最后，如同在欧洲一样，他们都有一些特别的农民充当"陪臣"。因此，附庸们主要依靠从佃户那里征收地租。但是，他们人数太多了（显然多于欧洲），以致于他们无法建立符合自己利益的、对庄园里的人拥有广泛权力的真正庄园。只有贵族和寺庙才拥有真正的庄园。这些庄园和盎格鲁–撒克逊时期处于萌芽状态的英国庄园相似，而不是西欧那种真正庄园化的庄园。另外，在日本，灌溉稻田占据着农业的主导地位，其技术条件与欧洲大不相同，因此农民的隶属形式也有所不同。

当然，上述对比过于简略，而且在比较中，对这两种社会之间的差异也估计得不够充分。但是，它还是可以推导出一个相当可靠的结论，即封建制度并不是"在世界上只发生了一次的事件"。和欧洲一样，日本也经历了这一阶段，尽管二者之间不可避免地存在着某些根深蒂固的差异。其他社会也经历过这一阶段吗？果真如此，那么原因何在？所有此类社会是否具有相同的原因？若要解答这些问题，只能寄托于后续研究了。

选自马克·布洛赫，《封建社会》，阿尔班·米歇尔出版社，1939年，第603—612页。

何为农民

亨利 · 孟德拉斯

　　历史学家们，尤其是乔治·杜比（Georges Duby）已经明确指出，墨洛温时代和卡洛林时代的西欧完全是农业性的：在乡下领地间游走的皇帝本身就是农业生产的首领。从根本上说，我们很难把他和他的臣民区分开。正相反，封建制度的诞生和发展导致了领主和农民之间的彻底割裂，因为领主建立的封建制度是以人际依附关系为基础的。他们依靠农民劳动而生活，农民则与土地紧紧联系在一起，并依赖土地获得收益。后来，城市和资产阶级（穿袍资产阶级、商业资产阶级，再到后来的工业资产阶级）从贵族手中抢夺了土地控制权，并让农民服从一种新的附属关系。财产权和金钱取代了农奴身份、治理权和土地领主所有权。封建制度和资本主义最终把置于其下的农业生产社会转变成农民社会：如果没有领主或者城市，也就没有严格意义上的农民。

十个世纪后，工业社会最终取得了胜利，终止了农民社会和上一级社会并存之局面。对于城市化和工业化社会而言，农民团体的一切自主权都消失了，因为城市化和工业化社会不再接受自己内部还存在另一个为数众多、边缘性的群体，而且这个群体甚至还会保留自己的生产和生活逻辑。经济、人口、社会和文化上的自给自足已经无法与我们当今的社会发展兼容。农民已经转变成农场经营者和农业生产者。他们既是经营者和生产者，又是生产要素的所有者，但是他们不会雇用或者很少雇用领薪水的劳动力。和市民一样，乡民也变成了消费者，他们也需要去购买面包，已经彻底告别了传统的农民身份。城市文明已经渗透到农村，所谓的大众文化已经取代了农民文化。农民的终结（参见作者的同名著作）标志着一个历时千年的社会类型结束了。在此，我将分析该社会类型的结构状况和转变方式。

农民社会难道只存在于西欧的这十个世纪当中？

我们是否也能在古代亚洲、非洲和哥伦布时代前后的美洲找到农民社会的基本特征呢？通过对欧洲农民社会的研究，我们将找到它的理想类型，这会帮助我们理解其他地方类似的社会类型。

罗伯特·雷德菲尔德曾概括性地把农民社会和被他称为"野蛮"的社会（为18世纪人们所偏爱），以及工业社会区别开来。这三种社会类型可以概括为以下几个特点。

野蛮人以小团体的方式生存，几乎与外部世界隔绝，只是在战争和以物易物时才会相互联系；他们自给自足，没有劳动分工，而且所有人都参与食物生产；团队内部成员相互认识；每个人的地位和任务都取决于他所属的家族、性别和年龄。然而，农业生产者生活在"大众"组成的工业社会中。与其他群体和组织相比，乡政府并无更大的自治权，只不过是政治行政体系最低的一级；农业生产由市场来调控，常常通过家庭企业的方式完成。自我消费的情况已经消失，但是家庭消费与完全商品化的生产仍然无关。

与野蛮人和农业生产者不同，农民社会的理想类型具有以下五个特点：

1.在面对上一级社会时，农民群体能保持相对的自主权。而上一级社会在统治农民群体的同时，也允许后者保持一定的独特性。

2.在经济生活和社会生活的组织中，家庭起着非常重要的结构性功能。

3.经济系统相对自给自足，消费和生产也无法完全区分开来，并且与上级经济保持联系。

4.乡政府的特点是内部成员相互认识并保持联系，但是与周边其他乡政府的联系较少。

5.地方名流在农民群体和上一级社会之间扮演着中介角色，并具有决定性的功能。

这五个特征相互关联，形成了某种类似马克斯·韦伯为资本主义所建立的模式和理想类型。它们所适应的多样化结构关系决定了该模式家庭的特点。关于这一点，历史学家、民族学家和社会学家提供了许多不同的个案。

我们要强调该模式的一个重要推论：即决定农民身份的是个人归属农民社会的事实，而不是其他要素。该命题乍一看很明显，其实并非如此。的确，它断然拒绝一切尝试寻找农民和农民阶级之"本质"的企图，拒绝用种群遗传、永恒性、灵魂等词汇去谈论农民。如同古希腊哲学家一样，社会学家认为，是城市造就了市民；人只能在所处的社会中生存；一旦所处的社会发生改变或解体，人的身份也就随之发生改变或解体；因此，当农村群体和自给自足的家庭经济崩溃后，农民也就无法继续存在了。另外，如果农民社会的所有成员（不仅仅是在田间劳动的人）是农民、手工业者和商人的话，那么那些名流也是农民，或者说是耕作者。因此，我们可以认为农民社会是建立在农业之上的，而且体现了上述模式的诸多特征。事实上，我们都明白自给自足的经济不可能离开农业而存在。

在其他伟大的文明中也可以找到以上五个特点，因为这些文明也是建立在某种形式的农业之上：美索不达米亚文明发明了以小麦为基础的混作农业，埃及文明又对这种农业进行了直至近代都无法比拟的改良。依靠治下的农民，这些城市社会和法老政权才得以实现自己无与伦比的繁荣。中国文明、印度文明、波斯文明、古代伊斯兰文明以及很大程度上依靠玉米种植的前哥伦布时代美洲诸文明也都是如此。

正相反，家族社会不属于这种情况。寻食者、猎人、游牧民和原始耕作者以部落和独立群体的方式生活，他们本身就拥有权力，而且拒绝归属和服从于来自外部的上一级社会。在部落或者群体内部，家族构成了社会组织的主要框架：土地、劳动、财富和社会角色更多的是依照每个人在家族中的地位来分配，而不是看他是否附属于某一家族。

最后，这些家族社会往往拥有大量的富余土地。游牧民会从一个牧场迁移到另一个牧场。原始的巡游耕作者在森林或草原上开垦出一块田地。当它不再肥沃时，他们就会将其舍弃，然后再去开垦另一块田地。定居耕作者们只会使用所占有田地的一部分，只有土地的首领才拥有一些未开垦的田地，以分配给新来者。对于农民来说，则恰恰相反。通常，农民的田地是非常少的，甚至是最少的：当然，农民的全部田地也并非一直被用来耕种，但是，他们耕种的田地一定会有明确的边界。

选自亨利·孟德拉斯，《农民社会》，伽里玛出版社，1995年，第11-17页

资本主义精神

马克斯·韦伯

"渴望成功""追逐利润"、追求金钱而且会尽最大可能地追求金钱,这些事情本身与资本主义并无联系。它们占据着所有人的内心,诸如侍者、医生、车夫、艺术家、娼妓、贪官、士兵、贵族、十字军骑士、赌徒、乞丐,等等。可以说,只要具备或者曾具备一定的客观条件,所有国家、时代和境遇下的人都会这么做。所以,在少儿文化史教科书中就应该指明,必须放弃这种对资本主义的天真想象。资本主义和资本主义精神并不意味着对财富的无限贪婪。我们倒不如把资本主义等同于控制,或者至少是对这种非理性冲动的理性调和。然而事实上,资本主义就是要通过持续、理性和资本主义的企业去追求利润，并且持续不断地追求新的利润。因为它必须得这样做：在经济被资本主义秩序控制的情况下，任何不能通过利润带来活力的资本主义企业都会注定消亡。

现在，让我们用比常规做法更为细致的方式来定义术语。我们称之为"资本主义"的经济行为是一种利用交易机会获取预期利润的行为。……在一个经营周期结束后，以货币来核算的企业资产收支差额（在持续经营的情况下，指的是资产阶段性估算的货币价值）应高于资本，即高于交换中用于产生利润的物质生产资料的估价。

重要的是要通过货币形式来核算资本，不管是用现代的会计方式，还是用其他原始、粗糙的计算方式。一切都要依据收支差额来进行核算。企业运转之初，有初始收支差额；每笔生意前，要对可以获得的利润进行评估；最后，要通过最终的收支差额，计算所获利润。

……

甚至在今天，真正精确的计算或估价仍然不存在。或者，人们依旧通过传统、常规的方式计算出近似值，这种情况仍然存在于对计算精度要求并不严格的时候。不过，这种情况所涉及的只不过是资本主义获利方式的理性程度。

界定概念的重要之处在于指明经济行为通过精确方式所确定的只是比较货币收入与支出之间的差异，无论这种比较方式多么原始。从这个意义上看，在经济文献足以让我们进行判断的范围内，在全球所有的文明国家中，都存在着资本主义及其企业。它们都基于某种相当理性的资本估算之上。无论在中国、印度、巴比伦、埃及、古代地中海地区，还是在中世纪和现代都是如此。这些并非只是孤立的商业个体，而是全部建立在不断更新的资本主义经营活动之上的企业，甚至是持续运转的企业。然而，在很长一段时间里，经济行为尤其是贸易，并不具有持续的特征。它们基本上由一系列单独的经营活动构成。即使是大商人也是（通过建立分号组织等）在获得内部凝聚力之后，才逐渐从事这种商业活动。总之，资本主义企业和资本主义企业家（无论是偶尔为之还是坚持不懈）在非常古老的时代就分布甚广。

然而，如今只有在西方才能找到无论是从规模，还是从类型、形式和方向来看，其他地方都未出现过的资本主义。资本主义形形色色的商人在全世界进行批发或零售，从事地方或国际贸易。各种各样的贷款早就存在，还有适合各种商业行为的银行，它们至少能与我们16世纪的银行相提并论。海外贸易的贷款、"康曼达"（commenda）、类似有限和无限两合公司的交易和组织也已经广泛存在，甚至会长期存在下去。无论何时，只要存在公共机构的货币信贷，放贷者就会出现，在巴比伦、希腊、印度、中国或罗马都是如此。这些放贷者为各种战争、海上劫掠、契约和建筑项目提供资助。

在对外政策中，资本家扮演着殖民地企业家和利用奴隶、使用直接或间接强制性劳动的种植园主等角色，他们负责农庄和担任公职，最重要的是确保税收。他们会在大选期间赞助政党领袖，也会在内战中资助雇佣兵。最后，他们还是利用各种机会敛取钱财的投机分子。这样的企业家就是资本主义的冒险家，他们存在于世界各地。除了贸易、信贷和银行交易，他们的活动带有非理性和投机的性质，或者说以凭借武力获取利益为主，尤其是掠夺获利。要么就直接通过战争，要么就采取持续财政收入之法剥削属地。在今天西方的资本主义中，我们仍然能够发现上述诸多特点，如企业创办人、大规模投机者、特许权猎取者、金融资本家，等等。从古至今，大规模国际贸易的某些部分，不过只是某些部分，也与战争掠夺有密切的关联。

此外，现代西方已经发展了一种差异巨大、别处未见的资本主义形式，那就是（形式上的）自由劳动的理性资本主义组织。在其他地方，它不过是刚刚起步。古希腊罗马时期，奴隶的劳动组织甚至也具有一定程度的理性化，不过这只局限于种植园以及古代奴隶工场（程度更低）等地方。在步入现代之初，在封建领主的庄园、作坊和使用奴隶劳作的家庭工业中，其理性化程度更低。在西方以外的地区，使用自由劳动的真正家庭工业几乎没有。只在极少数情况下（特别是国家垄断经营，但与现代工业组织相去甚远），广泛地雇佣日工才会催生成生产组织，但也从未发展成像我们中世纪那样的手工业学徒组织。

与井然有序的市场保持一致，而与政治或非理性的投机无关，这种理性工业组织不是西方资本主义的唯一特点。在其自身发展过程中，如果离开另外两个重要因素，就不可能会形成资本主义企业的现代理性组织，这两个重要因素分别是：一是企业经营与家庭的分离，这已完全支配现代经济生活；二是与之紧密联系的理性会计制度。在其他地方，我们也能发现工作区与居住区在空间上的分离，如东方的集市和其他文明中的奴隶工场。在远东、近东和古希腊罗马时期也能找到拥有独立账目的资本主义联合组织。但与现代企业的独立性相比，它们只不过是刚刚萌芽。这是因为这种独立性所必需的条件，即我们的理性会计制度，以及公司财产与个人法定财产的分离等，在那些地方完全不存在，或者仅是初现端倪。在其他地方，追求利润的企业曾有机会发展成为王室或（领主的）庄园财产的一部分，正如罗德波图斯（Rodbertus）所发现的，这种发展与西方的发展尽管表面上相似，但是实质上极为不同，甚至完全相反。

然而，所有这些西方资本主义特性之所以具有重要的现代意义，归根结底，完全在于它们与资本主义劳动组织的密切联合。我们通常所谓的商业化、可转让证券的发展和理性化、投机化股市的出现等，都与此相关。如果没有这种理性的资本主义劳动组织，所有上述情况即使有可能出现，也远不会具有同等的重要意义，尤其是涉及社会结构和现代西方所有具体问题时。精确的计算（这是所有其他事情的基础）只有在自由劳动的基础上才能变得可能。

正如（或者宁可说是因为）现代西方无法在世界其他地方发现理性的劳动组织，所以它也就无法找到理性的社会主义。也许，世界各地早就有城市经济、城市食物供给政策、君主的重商主义和福利政策、定量配给制度、经济生活规则、保护主义和各种自由放任理论（比如在中国），也曾有过各种各样社会制和共产制的试验：家庭共产制、宗教共产制或军事共产制，国家共产制（如在埃及），垄断卡特尔，以及各种消费者协会，等等。尽管到处都有城市的市场特权、公司、行会、城乡之间的各种法律差异，但是，在西方之外却从未出现过"市民"这一概念，也没有出现过"资产阶级"这一概念。同样，作为阶级的无产阶级也就不可能存在了，因为它们没有控制自由劳动的理性组织。那么，在债权人和债务人之间、地主和失地农民之间、农奴或佃户之间，商人和消费者或地主之间的阶级斗争，就会以各种形式存在于世界各地。西方远在中世纪时就已经发生过的农场主与其雇工之间的斗争，在其他地方也只是略有萌芽而已。现代西方发生的大企业家与自由工人之间的冲突，在那些地方更是闻所未闻，因此也就不可能会有类似现代社会主义之类的问题。

选自马克斯·韦伯，《新教伦理与资本主义精神》法文版，普隆出版社，1964年，导论部分第11—17页。

民主是如何进入日本的

中根千枝

　　如果说二战结束以后，民主的概念在日本取得
了巨大的成功，这是因为日本人发现，在抵御日本社
会和政治制度的"封建"和"独裁"的斗争中，"民
主"这个词汇非常有用。而且，"民主"所代表的正
是那种反对实行战前制度的呼吁。战前的制度把权力
交给了相关组织的高级成员。在这种组织体系之下，
高级成员对下级所能拥有的权力和利益几乎是无边界
的。因为，上下级之间并不存在一个明确的、规定清
晰的责任范围。

　　于是，在这种社会和心理背景下，外来词"民
主"的含义就具有日本特色。人们使用该词主要是用

来批判某些权力垄断集团的特权部门。而且，我们还可以注意到，表达批判的方式与行使独裁权力的方式是相同的。从"封建主义"到"民主"的过渡并不是结构或组织方面的改革，而是在相同轨道上力量的运动方向发生了变化。在这两种情况中，这种力量的根源是相同的。

日本人所谓的"民主"是指一种体系，它主要是站在弱者或下层的立场上，或者至少要考虑到他们的利益。在具体实践中，必须在充分协调一致的基础上，决策才能行得通，这也包括获得社会下层人员的同意。这种协调一致是最广泛的协商。它可能是战后"民主"时期的产物，但是对于日本人来说，这并没有什么新奇之处。与此相反，它其实正是代表传统组织机构最基本的风格。运用职权，或者说来自集团上层部门单方面的决策权，和建立在广泛协商基础上的共同决策权同时存在。我认为，这两种决策模式的区别来自于集团的内部构成，而不是来自集团本身的性质。

在大部分案例中，十二个左右经济和地位差别较小的成员组成的小集团最容易以日本式"民主"观念运作。最典型的例子见于许多传统的村庄。这些村庄

的规矩是必须通过广泛协商才能决定任何问题。除了
定期召开会议外，每逢村里遇到大事或急事的时候还
会召集临时会议。每家每户都会派代表参加，代表一
般都是每户的父亲。父亲不在，可由母亲或成年的孩
子代替。这些会议最好只有十名代表参加。村子总由
更小的亚团体组成，每个亚团体包括十户人家。基层
会议往往就是在这些重要的职能集团内举行。

　　这些会议的规模对于日本人来说是最普遍、最
习以为常的。会上，无论地位高低或贫富差异，通
常每位参会者都可发表自己的意见。会议开始时，大
伙谈些轻松、随意的话，为正式会议制造一个自由的
氛围。对于这些会议而言，最重要的是取得一致的意
见，而且尽量不让任何人感到不满或失望，这样才不
致于削弱团体或村庄的团结。最基层的会议原则如
下："无论如何，我们都在一条船上，大家应当共
存，并且不要让任何一个人过不去。"只要能取得一
致意见，无论花多少时间，费多大力气都无所谓。

　　会议上的讨论也不一定非得按照逻辑的规范。
大家往往是东拉西扯，即使是有关私人感情的事，
也是同样对待。通常，如果会议进入了死胡同，就可
以被延期，等到气氛变好后再重新举行。随着时间的

流逝，各种差异也会逐渐弥合。如果某项提议获得百分之七十的成员支持，这就表明接近达成最后的一致了。在协商的最后阶段，少数人总是会做出让步。他们会说："既然大家都同意，那我也就不说什么了。而且我会努力同大家合作，反正该说的我都已经说了。"

但是，大型的集团会议就没有充分的讨论时间，而且参会集团中地位和利益的差别相对更大。这导致成员间相互了解没有前者那么透彻，很多人不愿意表达自己的意见。在这种情况下，会议决策就会有些"不民主"，其过程由该集团的上层成员控制，但是也要在特权关系许可的范围内受多数原则的支配。

无论集团规模和性质如何，尽可能广泛地通过协商达成一致的愿望往往会招致许多无用的会议，而且还会给它们披上"民主"的外衣。如今，日本成了会议之国，许多人的开会时间多于工作和学习时间。在日本式的集团职能中，成文的规则并不存在，而且也没有明确规定每个人的职责。因此，无论事务大小，都要在会议上讨论。因此，这种"民主"的过程当然不会带来有效的现代化管理，而且掌权者甚至可以利用这种流于表面的民主，哪怕决定权实际上还掌握在老板或少数几个有影响力的成员手中，他们甚至可以把董事长晾在一边。人们当然渴望"民主"，但问题是"民主"的外衣下真正起作用的仍然是老旧的特权等级结构。

除了所谓的"民主"程序，还必须要重新定义日本人对自己组织的看法。如果有任何集团或阶层公然歧视他们，他们将无法忍受。谨以"组织中人"的故事来解释这种情感：某个日本职员被某家西方的公司看中，而且该职员对这个公司的工作也很有兴趣，因为它优于日本公司的工作。然而，最终他还是拒绝了，因为朋友告诉他在西方的公司里，只有领导级别的人才有喝咖啡的休息时间，而其余下属的日本人都得继续工作，这种歧视让他感受到屈辱。在日本公司里，高层也常离开工作，去参加婚礼、葬礼之类的事务，或去打高尔夫球。这些都被下属们所接受，因为上层人士必须履行这些社会职责；而高层之间或者高层与下属之间也会一起喝咖啡。但是，如果要把上下级区分开，同一机构的上级可以停下工作去喝咖啡，而下属却不准擅离职守，这让日本人无法接受。

在日本的集团中，我们能够从不同方面发现上层的特权，其中最显著的是他们对待下属的态度。日本人能够接受上下级关系中一人对另一人行使权力，但他们不能接受以阶级或集团的方式表现出来的权力。这里，我们可以看出早年日本农民经验的某些直接影响。行业师傅、地主以及农民，都没有形成明确的阶层集团；与此相对，地主同佃户、师傅与帮工却在相互间结成一种职能集团。主人或上级从来只是其中的一个成员。在一些正式的场合，日本人的上下级关系会让人觉得地位悬殊，因为下级对上级总那么唯命是从；但在非正式场合的相互关系中，这种情况会得到补偿，即在日常接触中，下级会感到自己是上级的亲朋好友。日本的老板，有时会有意无意地向下属摆摆样子，让下属感觉到正式组织中的权威关系似乎颠倒了。日本人的哲学理念是既然同舟，大家就应该有共同的权力，无论各自的地位和作用。因此，日本人总是强烈地反对在自己集团中制造不同阶层的分裂，尽管他们可以接受个人关系中相互间的高低差别。

因此，从上述思考出发，日本式的"民主"首先是集团内部高度凝聚力和一致性所构成的共同情感。这个概念不涉及任何智力层面的自由主义思想，因为这样的"民主"也完全可以被诠释为言论自由，也就是特权外的下层人民拥有表达意愿的自由；但是，这

里既无反对意见，更没有实现反对意见的条件。在日
本，民主式的协商很难促成（这种民主协商的方式，
我感觉在印度、意大利、英国或美国都很普遍）。在
真正的民主讨论过程中，对方会认真接受反对意见，
并把它当作下一步讨论的重点。

选自中根千枝，《日本社会》法文版，阿尔
芒·科林出版社，1974年，第186-191页

第二章

社会结构与等级

|本章引言|

　　所有社会都具有某种形式的社会等级。有时，社会等级比较简单，例如塔纳拉人和土布人的社会。但是，它总是比表面上更加微妙。西方社会曾经依据《圣经》接受了造物主和人类之间存在直接联系的理念。上帝眼中，人人平等。于是，平等成为西方社会意识形态之基础（参见本书第八章中托克维尔和路易·杜蒙的文章），以致西方人无法孕育出"等级人"的精神世界，诸如塞雷斯坦·布格勒（选文1）和路易·杜蒙所论及的印度种姓制度。本章选文2分析了美国的黑奴制度，所涉问题更加接近西欧文化。该制度曾经让美国的社会等级彻底决裂，而且废除奴隶制已经一个多世纪，但它的后遗症仍然影响着这个社会。种族偏见代替了种姓制度，继续影响着尚未消失的社会歧视。

工业社会催生出新的社会阶层。马克思是第一位研究这些阶层的理论家，他在一篇经典的论战性文章（即选文3）中指出，阶级斗争是社会的动力。选文4中指出，西欧社会的农民和中产阶级都没有在资产阶级和无产阶级之间选择自己的阵营。齐美尔最先提出中产阶级不仅没有在资产阶级和无产阶级的阵营选择中分裂，反而还将成为不断变化之社会中的活跃阶层：它自身的活动性会成为整个社会的标准（选文5）。

托克维尔认为美国的主仆关系并不具有欧洲的那种从属关系（选文6）。的确，英国新教的绝对个人主义原则让契约成为主仆关系的规则，西欧那种贵族和平民间的关系丝毫没有得以保留。因此，他指出，阶级关系在民主社会和贵族社会截然不同。埃德蒙·戈布罗则指出阶级间的障碍越模糊，社会等级就越明显（选文7）。

大卫·洛克伍德发现了英国工人和职员之间的差别，他把齐美尔曾做过的分析往前推进了一步，并反对指控职员的"虚假意识"（选文8）。

最后，齐美尔的著作（选文9）阐明，在民主社会里，时尚是群体相互区分和群体自我确认的主要机制。

何为种姓

塞雷斯坦·布格勒

如果查询"种姓"一词的日常用法，我们会发现它似乎首先指涉的是继承性的职业分工。铁匠之子将为铁匠，如同武士之子亦为武士。因此，职业分工将不取决于个人意愿或者才干，而取决于亲嗣关系。种族和职业紧密相连。除了继承父亲的职业，儿子别无他选。对于家庭来说，职业被视为是必须履行的专属事业；对于孩子来说，从小接受家庭职业的练习不仅是权利，而且还是生而有之的义务。只有当某个社会接受了上述思想，我们才能称它是符合种姓制的社会。

但是，这些条件是否足够呢？当然不是。在种姓制社会中，我们还得分辨出不同的级别和层次，也就是说得找到等级制度才行。种姓一词并非只让人想到继承性的劳动分工，而且还有不平等的权力分配。也就是说，"种姓"不仅意味着专属，同样还意味着特权。一出生，有的人就得缴纳沉重的捐税，而有的人则可以免除。在法律上，有的人"值"一百个金币，而有的人只值五十个。有的人可以戴金戒指，穿红袍，系黄色的绶带，而有的人则被严厉地禁止穿戴这些饰品。个人的身份地位由所属群体的等级来决定，而且伴随一生。我们可以认为这些不平等都是种姓制度的产物。

关于种姓制度的概念，我们还会发现另一个必不可少的要素。当我们宣称某个社会是由种姓观念主导时，我们想说明的是该社会的各个组成群体是相互排斥的，而并非相互吸引；每一个群体都回向自身，自我孤立，尽可能地阻止成员与其他群体的成员联姻或者建立联系。男性成员通常都会拒绝在自己的传统圈子之外娶妻；他甚至会拒绝食用其他阶层成员烹饪的食物；他会认为哪怕和"外圈人"仅有一次接触都是不纯洁和可耻的事情。他会遵守这些"种姓观念"。害怕门不当户不对的婚姻、担心与外界不纯洁的接触、排斥那些非亲非故的人，我们认为以上种种都是该观念的典型特征。它似乎就是为了把所渗透的社会弄得四分五裂，不仅把这些社会分成等级分明的层级，还把它们割裂成许多互相敌对的群体，从而让社会基本群体之间互相对抗、排斥和分离。

排斥、等级和继承性的专业分工是种姓思想的三个倾向。如果我们想得出种姓制的完整定义，就必须兼具以上三点。我们认为，如果社会被分成了以继承原则组建的大量分工群体，而且这些群体之间有尊卑之分的等级差异，同时它们还相互敌对的话；如果该社会不能容忍暴发户、不同等级通婚诞下的混血儿以及背弃行业之人的话；如果它还同时拒绝血缘混杂、论功晋级以及职业转换的话，那么它就是符合种姓制的社会。

尽管并非要把该定义强加给"种姓"一词的日常用法，但是如果将它和已有诸多定义平行比较，我们理解得更加透彻。大多数人都强调种姓和继承性专业分工这两个概念的关联。比如基佐（Guizot）认为，"从本质上来看，种姓是继承性的。这是相同境遇和权力在父子之间的传承。如果没有继承性，就没有种

姓"。在安培尔（Ampère）看来，种姓制的存在离不
开三个基本条件，即"不从事陌生的职业，不接受种
姓外的联姻，以及继承父辈传下来的职业"。

　　至于职业的继承性分配，人们常常补充说它体现
了权力的不平等，以此来定义种姓制度。詹姆斯·米
尔（James Mill）认为，种姓制度就是"把某一社群
的成员分成诸多阶层或者等级，以履行不同的职能。
有的人会享有某些特权，而另一些人得承担某些义
务"。布尔努夫（Burnouf）认为，"构成种姓制度
有三个要素：人与人之间的职业分配，职业的继承性
传承和等级制度"。

　　还有定义把上述放在第三位的分离特性视为是
种姓制度的根本。在塞纳尔（Senart）看来，"种姓
组织方式的本质就是限制性和分离性。阶级和种姓
无论是在规模、特征还是天然倾向上都不同。属于
同一阶级的每个种姓群体都明显和其他种姓群体不
同。它的隔绝程度是任何更高层的单位都无法改变
的。阶级服务于政治愿望；而种姓则遵循严格的限
制和传统的习俗，顶多还有些地方性的影响，这通
常和阶级利益毫无关联。"总之，种姓致力于保持
完整性。哪怕是最底层的种姓群体都特别在意自身

的完整性。一份来自英国的报告称，"从社会和政治角度看，种姓就是邻里间的分离、欲望、仇恨、嫉妒和互不信任"。

然而，上述大部分定义都有失片面。它们往往过度阐释该制度的某个方面。但是，其他方面同样不能被忽略。因此，只有同时兼顾种姓制度的三个组成要素，我们才能更好地了解种姓制度存在于哪些文明之中，研究它与哪些社会形式有关。

如果我们运用完整定义重新研究诸多历史事实中的种姓制度，我们也许马上就会发现，越是容易在某处发现该制度的某些分散要素，就越难以全面、完美地审视它，研究它所有的组成部分。即使很少有文明能完全掩藏该制度的某个特征，上述三个要素也很难同时得以充分显现。

举个例子。很明显，甚至在当今的西方文明中，我们还是可以轻而易举地找到种姓观念的某些痕迹。比如，对非门当户的婚姻的恐惧和对与外界不洁接触的担忧仍然存在。有关婚姻数据的统计表明某些行业成员更愿意相互通婚，而某些行业之间很少通婚。许多习俗都表明，不同"世界"并不喜欢相互混杂；某些街区、咖啡馆和学校通常都是同类型的民众来光顾。因为这些区划往往对应着阶级的分化程度，所以很难讨论它们。即使法律不再承认阶级之存在，习俗也会清楚地把它表现出来：这些习俗远没有给不同类别的公民以相同的"重视"；而且这种重视即使不是公开的特权，至少也是不可否认的优势；最后，继承性的专业分工也未完全消失。我们会发现，总有一些村子里，相同的产业会延续好几个世纪；被某个家族独占的行业数量依然很多；而且，父亲把职业和财富遗留给儿子的情况也越来越频繁。

尽管这些迹象为数不少，然而没有人会认为种姓制度主导着我们的文明。该文明前进的每一步都是为了远离种姓制度。当我们分析现代文明的司法、政治和经济改革时，我们无法否认我们的文明时快时慢但却坚定不移地遵循着平等观念的要求。那些让人联想起种姓制度的习惯尽管在事实上仍然存在，但是在法律上却不被承认。它们将越来越多地被归类为守旧残余。

那么，是不是说我们得回到中世纪，以便重新发现种姓制度呢？然而，我们发现，越是回到过去，社会的划分就越是细化。在社会的不同层级间，差距不仅通过习俗得以表现，同样也由法律所规定；职业更多是被家族所独占。尽管如此，中世纪的社会组织也远非精确地符合我们所定义的种姓制度。而且，中世纪占统治地位的是天主教会和封建贵族。如果我们还记得这两大势力的社会学特征，就会很容易明白这一点。

有人经常说，教会形成了一个种姓制度。基佐正确地指出，这种说法根本就不成立。如果说继承性是种姓固有的特征，那么种姓这一名称就不可能适合基督教会，因为教会的神职人员都必须是单身。由此，职位就不可能父子继承，而是在没有血缘关系的人员中传递。也就是在这个意义上，增补制代替了继承制，因此团体的概念也就随之产生；但是，这些团体并非种姓。事实上，以招募方式来看，教会间接地服务于一种与种姓制度截然相反的观念。教会可以让奴隶成为大祭司，也可以把牧羊人的儿子变成国王。与教理相比，它所主导的这些社会救赎事件更大范围地传播了平等的观念。

同样，封建制度和所谓的种姓制度也是泾渭分明。首先，封建制度的原则是"土地条件优先于人的条件"，这与种姓制度的原则是相违背的，因为前者不再以出生论境遇。这就给继承性的等级制度造成混乱。例如某天，某人突然通过征战或者契约摇身一变，成为土地的主人，那么，他在社会阶梯上才能升级。另外，当同一个人成为诸多封邑的拥有者，其境遇就更加复杂了：他既是某些人的附庸，又是另一些人的领主，其社会层级将很难得到确切的定义。因此，这样的体系就无法产生严格的等级制度。

其次，"碎片化的封建制度"不能阻止众多个体聚集以形成种姓集团吧？每位领主都生活在自己的土地上，并且为了自己的利益统治着一定数目的人员，而且这些人也只能依附于他；因此，封建制度不是通过不同集团的上下层级关系来组建，而是凭借一系列的个人专制。由此，我们可以恰如其分地认为，正如教会通过自己的某些倾向而变成传播平等的学校那样，封建制度也变成了传播独立的学校。它的组织方式适合个人主义。它不会把社会分裂许多紧凑的、相互排斥的小团体，也不会把它分解成种姓。

不仅是中世纪，古希腊罗马时代也没有为我们提供种姓制度的精确景象。

当然，在城邦里，某种严格的等级制度长期规定了各个等级。即使不谈奴隶，我们也知道在平民和贵族之间存在着宗教、司法和政治上的不平等。继承性的专业分工也并非不存在。例如，在希腊史中，我们经常会发现一些医生家族和教士家族；在雅典，四个伊奥尼亚部落的名称就是职业的名称。最后，组成城邦的基本群体间尽量不相互混杂，这一点也是毫无疑问的：为了尽可能长久地奉行祖先崇拜，家族离群索居，并且自我收缩。

但是，更准确地说，试图超越所有上述倾向才是古代城邦的使命。继承性的专业分工很快就成为例外。等级制度的组织方式也没有导致相互敌对群体间的上下层级并置。因此，只要城邦是诸多家族的集合体，底层的民众就不会形成被排除在外的群体：奴隶和仆人都属于同一家族；他们构成贵族家族的一部分。后来，当独立的平民阶层形成后，就立刻被视为是底层社会。这个平民阶层给城邦带来了新的分化，它又叠加在旧的分化之上，迫使城邦的公民相互混杂。此处因为所属同一区镇而聚集，别处又会因为财富水平和武器装备而分级，因此，他们无法固定地依据氏族而分成不同群体。逐渐地，公民就井然有序地获得了政治平等、言论平等、法律平等。改革者在布满分化的田野里来回耕耘，其目的是为了把它们都抹去。

因此，从古希腊罗马时代开始，西方文明就和我们所定义的种姓制度格格不入。

选自塞雷斯坦·布格勒，《论种姓制度》，阿尔坎出版社，1935年，第3-11页

美国的黑奴制

亚历西斯·德·托克维尔

　　在所有威胁美国的苦难中，最可怕的是黑人出现在它的国土上。虽然出发点不同，但在考察美国当下困境和未来危险的原因时，某些观察家几乎总是将它们归因于上述事实。

　　通常，总是需要经历重要、持续的过程，才会造成长期的苦难。然而，有一种苦难却是悄然降临的：最初，通常在滥用权力中，人们能够勉强察觉到它。或者，它源于历史上某个没有留下名字的人；然后，它像一种可怕的病毒，被撒在大地的某些地方，经过自身繁殖后，毫不费力地蔓延到四周，并且自然地随着社会的发展而发展。这个苦难就是奴隶制。

基督教已废除奴役，然而16世纪的基督教徒又把它恢复了。但是，他们绝不是把奴隶制当作个例运用于自己社会里，而是把它运用在整个种族之上。他们让人类又遭受到了一次伤害，虽然伤口不大，但是要治愈它却更加困难。

我们得区分一下奴隶制本身和奴隶制后果这两件事。

奴隶制带来的直接苦难大致并无古今之别；但它造成的后果在现代就与古代大不相同了。古时候，奴隶与其主人属于同一种族，甚至有可能奴隶的教育和知识水平比主人还高。他们之间的唯一差别是自由。一旦奴隶被赋予了自由，那么我们就很难辨认出奴隶与奴隶主。

因此，古人消除奴隶制的方法非常简单。那就是把自由还给奴隶，而且只要他们普遍地使用这个办法，奴隶制就一定会被消除。

但是在古代，取消奴役以后，奴役的痕迹还是会继续存在一个时期。

当时存在着一种天生的偏见，人们看不起比自己地位低下的人。即使这些人已经与自己平起平坐，自己还是会长期看不起他们。在财富的不平等或法律的不平等之后，扎根于习俗和想象的不平等也一定会继续存在。但是在古代，奴役所带来的这种次级效果总有界限，即一旦奴隶获得自由后，就与那些生来自由的人一样，以至于人们很快就无法把他与那些自由人区分开来。

对于古人来说，最大困难在于改革法制；而对于现代人来说，最大困难在于改变习俗；而我们现代人所遇到的真正困难，与古代人所要解决的困难是有关联的。

这是因为在现代，奴隶制无形、短期的压迫与种族差异有形、长期的压迫极其有害地相互结合在一起。有关奴隶制的记忆，让某些种族感到耻辱，而后者又总是会拾起这种回忆。

没有任何非洲人是自愿来到新大陆海岸的。因此，今天居住于新大陆的非洲人，如果不是奴隶的话，就是已获自由的奴隶。但是，从出生起，黑人就将其耻辱的外在标志传给了后代。法律可以摧毁奴役，然而只有上帝才能够消除奴役的痕迹。

现代的奴隶不仅在自由上，而且在族籍上都与奴隶主不同。你们可以恢复黑人的自由，但是你们无法让他们不被欧洲人视为异乡人。

这还不是所有的问题。从出生之日起，他们的地位就比其他人低，奴隶制把他们带进了我们的社会，但是我们只勉强承认他们具有人类的基本特点。在我们看来，他们面貌可憎，智力有限，而且品位低级。我们几乎把他们视为是处于人类和动物之间的生物。

因此，废除奴隶制以后，现代人还要破除三个比奴隶制更难解决的顽固偏见。它们分别是奴隶主的偏见、种族的偏见和肤色的偏见。

对于我们来说，大自然给我们带来了同样的人，法制给我们带来了平等的人，在他们中间生活是一种幸福，但这也给我们带来特别大的困难。我所说的这个困难，就是把美国黑人与欧洲人隔开的鸿沟，尽管我们对此很难理解。……

如果让我来看今天的美国，我能清楚地发现，在美国的某些地方，法律意义上把两个种族隔开的障碍正在消除，但是习俗方面的障碍却并未消除。我发现，即使奴隶制退化了，但它所造成的偏见却依然没有发生变化。

在黑人已经不再是奴隶的美国地区，他们是不是与白人更加接近呢？凡是在美国生活过的人都会发现与此相反的结果。

　　我觉得，种族偏见在已经废除奴隶制的州里，反而比还保留着奴隶制的州要更加强烈；而且，在不知道奴隶制是什么的那些州里，种族偏见更是令人难以忍受。

　　的确，在美国北部，法律允许黑人与白人合法地结为夫妻，但舆论却要辱骂那些与黑人女子结婚的白人男人，而且实际上这种婚姻的实例非常少见。

　　在所有的废奴州，黑人几乎都被赋予了选举权；但是如果他们去投票，他们的生活就会面临危险。当然，如果他们受到迫害，他们可以抱怨，但是裁决权都掌握在白人手中。在法律上，黑人可以担任陪审员，但是偏见却阻碍他们担任该职位。黑人的孩子无法在为欧洲人子弟开设的学校里上学。剧院里，即使有钱，黑人也难以买到和他们的白人旧主并排就坐的票。医院里，人们也把黑人与白人分开。虽然允许黑人崇拜白人的上帝，但是他们不能在相同的祭坛前祷告。黑人有自己的神父和教堂。没有人向他们关闭天堂之门。即使不平等终止于另一个世界的边缘，但是对于黑人来说，这扇大门也几乎是关闭的。当黑人去世时，人们就把他们的尸骨抛到一旁，生前境遇的差别依然会影响死后的不平等。

　　由此可见，即使黑人获得了自由，但是向他们宣布平等之人所享有的权利、快乐和劳动机会，他们都无法分享。甚至，死后他们都进不了同一个墓地。无论在哪，无论是生前或死后，他们都不能与那些人在一起。

　　然而，在依旧保留奴隶制的南方，黑人与白人之间的分离甚至还没有这么严格。在那里，黑人有时还能与白人一起劳动，分享他们的娱乐。在一定范围内，人们也可以与黑人混在一起。法律对待黑人很严格，但人们的习惯却更加宽容和同情。

　　在南方，奴隶主不用担心奴隶的能力与自己相等，因为他们知道，如果愿意的话，他们可以随时把奴隶扔进垃圾堆。然而在北方，白人虽然不再把自己与劣等种族之间的界限看得那样严格，但他们总是很小心地避免同黑人接触，以防有一天会同黑人混为一体。

　　在南方的美国人当中，大自然有时会恢复自己的权力，让白人与黑人暂时恢复平等。然而在北方，骄傲已经让真实的感情沉默不语。假如北方的立法者宣布黑人女性无权与白人男性同床共枕，北方的白人男性倒有可能临时找个黑人女性为伴侣；但是在北方，即使法律已经允许她可以成为白人男性的妻子，但是这个白人男性却因为害怕而不敢接近她。

因此，在美国，对黑人的偏见仿佛随着他们奴隶身份的消失而加深。同时，随着法律上的不平等被废除，日常生活中的不平等反而增强。

既然生活在美国的这两个种族之地位如上所述，那么，美国人为什么要在北方废除奴隶制，却在南方仍然保留着奴隶制呢？他们又为什么要加剧奴隶制的残酷性呢？

这一点很容易回答。这是因为美国是为了白人的利益而废除了奴隶制，而并非是出于黑人的利益。

1621年左右，第一批黑人被运到弗吉尼亚。因此，像在世界其他地方一样，美国的奴隶制也是开始于南方。然后，从南方逐渐向其他地方发展。但是，越往北，奴隶的人数就越少。因此，在新英格兰一般就很少见到黑人了。

后来，一些新的殖民地相继建立起来，一百多年后，所有人都开始注意到一个奇怪现象：即几乎没有奴隶的地区，在人口、财富和生活方面，都比拥有奴隶的地区发展得更快。

在没有奴隶的地区，居民是亲自去耕作或雇人种地；而在有奴隶的地区，居民用不需要付工资的人替自己干活。前者要劳动还得付钱，而后者有娱乐而且可以省钱，但前者的利润却比后者要多。

似乎很难解释这种现象，因为南方和北方的移民都同样来自欧洲，他们有着同样的习惯、文明和法律，只在一些无关紧要的细节上有所区别而已。

随着时间的推进，越来越多的英裔美国人离开了大西洋沿岸，走进西部荒野。他们在那里找到了新的土地，遇到了新的气候，战胜了各种自然障碍。在那里，来自各个地方的人混在一起：有的人从南方来，有的人从北方来。所有这些原因产生了同样的结果。总的说来，没有奴隶的殖民地，要比盛行奴隶制的殖民地越来越繁荣，人口越来越兴旺。

随着时间向前推进，人们开始隐约地发现：如此残酷的奴隶制，正在对奴隶主造成严重的后果。

当我们来到俄亥俄河两岸时，这个真理就会彻底地展现出来。

被印第安人亲切地称为"俄亥俄"（即"美丽的河"）的这条河流，灌溉了人们定居过最好的河谷之一。在俄亥俄河的两岸，起伏不平的土地每天都在为人们提供取之不尽的财富。空气有益于健康，气候也温和宜人。被河水分开的两岸，分别是两个土地辽阔的大州。在左岸，以俄亥俄河弯弯流水为界，是被称为肯塔基的州；在右岸，是以俄亥俄的河名来命名的州。这两个州唯一区别就是在肯塔基州存在奴隶制，而俄亥俄州却禁止拥有奴隶。

因此，游客在俄亥俄河上乘船而下，一直旅行到该河注入密西西比河的河口，这仿佛就像是在自由制和奴隶制之间航行。如果亲眼观察两岸，他立刻就明白哪种情况对人们更为有利。

在河的左岸，人口不多，时不时能见到一群奴隶，他们无忧无虑地在半荒芜的土地上行走，被砍伐的原始森林长出新树。几乎可以说社会已经沉睡，居民懒散，只有大自然还是一派生气勃勃的样子。

与此相反，在右岸，我们能够听到机器的轰鸣声，这说明了远处有工厂。茂盛的庄稼覆盖着田野，农场主的兴趣都表现在精致的农舍上。这里到处是繁荣的景象。看上去，这里的人们富裕而且满足，因为他们亲自在劳作。

肯塔基州建于1775年，俄亥俄州比它晚十二年。美国十二年的发展要超过欧洲的五十年。现在，俄亥俄州的人口已比肯塔基州多出了二十五万人。

　　我们不难理解奴隶制和自由制所带来的不同后果，这也足以说明古代文明与现代文明之间的差异。

　　在俄亥俄河左岸，人们把劳动视为奴役；而在右岸，则把劳动等同于致富和进步。在左岸，劳动是低贱的；在右岸，人们以劳动为荣。左岸没有白人劳动者，因为他们害怕与奴隶混在一起，所以让黑人去做一切苦活累活；而在右岸则很难找到懒惰的白人，因为他们把精力和智慧都用于各种劳动之中。

　　因此，在肯塔基州负责开发自然资源的人，既没有热情又没有文化；而拥有这两种才能的人，要么就不劳动，要么就渡过俄亥俄河，到对岸去发挥自己的才智，并且以此为骄傲。

　　当然，在肯塔基州，奴隶主不用付钱给他们的奴隶，但是奴隶的劳动成果却不高；如果要付钱给自由工人，又会大大增加他们的成本。

　　向自由工人支付报酬，是因为他们干活比奴隶快，而工作效率是经济效益的主要因素之一。白人出卖劳动力，是因为它有用才会有人购买。而对于黑人来说，他们的劳动免费，但奴隶主得养活他们。也就是说，无论是垂暮之年或是年轻力壮，无论是少不更事还是年富力强，无论是疾病缠身还是生龙活虎，都得养活他们。因此，无论是让谁来劳动，最终的结果都得付钱。付给自由工人的是工资；而花在奴隶身上的，则是教育、生活、养育和衣服等费用。奴隶主为养活奴隶所支付的费用长期且零碎，因此常被人们忽视。而自由工人的工资则要整笔支付，好像他们收钱之时便发财致富。但最后算起来，使用奴隶的花费其实高于雇用自由工人的花费，而且奴隶的劳动成果更小。

而且，奴隶制影响的范围还更加深远。它甚至触及奴隶主的灵魂，特别是影响了他们的思想和爱好。

在俄亥俄河两岸，大自然让所有人都具有勇敢和坚毅的品质，但他们对这一优点的发挥却不相同。

右岸的白人必须通过自己的努力谋生，并把追求物质财富作为人生的主要目的。由于他们居住的土地有取之不尽的自然资源，有诱人的崭新前景，所以他们的进取热情超过了人类贪念的一般界限，对财富的渴望让他们大胆地踏上了幸运之神开辟的每一条道路。无论是当水手还是拓荒，无论是去做工还是耕地，他们都有坚定的毅力，帮助他们克服可能遇到的风险。他们还拥有不可思议的天赋和力争取胜的英雄气概。

然而，左岸的美国人不仅瞧不起劳动，而且也看不上劳动带来的一切事业。他们生活在懒散的舒适之中，只想当个懒汉。在他们眼中，金钱失去了部分价值；他们追求财富的欲望远远比不上他们追求奇遇与享乐；他们在这些方面所花的精力和他们的邻居用于其他方面的精力一样多。他们热爱打猎和打仗，喜欢从事激烈的身体训练，善于使用武器。他们从小就学会在单挑中玩命。因此，奴隶制不但没有让这些白人致富，反而让他们失去了发财的欲望。

选自亚历西斯·德·托克维尔，《论美国的民主》，加尼埃-弗拉马里翁出版社，1981年，第454-462页

阶级斗争与历史

卡尔·马克思

　　伴随着资产阶级即资本的增长，无产阶级也就是现代工人阶级也同时得到发展。只有找到工作，现代工人才能生存；只有当劳动增加资本的价值时，他们也才能找到工作。这些被迫零星地出卖自己的工人，像其他一切货物一样，也是一种商品，所以也同样会受到一切竞争变化和市场波动的影响。

　　机器的普及和分工的推广让无产者的劳动已经不再具有任何独立性，因此对工人也失去了任何吸引力。工人只是机器生产单纯的附属品，他所要做的也只是非常简单、单调和容易上手的操作。因此，用于工人的开销，几乎只是用来维持工人生活和延续工人后代之生活必需品的费用。如其他商品价格一样，劳动价格与生产它的费用相等。因此，劳动越使人感到厌恶，工资也就越少。而且，机器越推广，分工越细致，劳动量也就越增加，这要么是通过延长工作时间，要么是通过增加单位时间的劳动，加速机器的运转等来实现。

现代工业已经从家长师徒制的小型作坊转变为工业资本家的大工厂。工厂里为数众多的工人就像士兵一样被组织起来。他们是生产大军中的普通士兵，被各级军士和军官层层监视着。他们不仅是资产阶级及其国家的奴隶，而且还时刻受到机器、监工，尤其是被经营工厂的各个资产者的奴役。这种专制主义越是宣称以盈利为最终目的，它就越是可鄙、可恨和可恶。

手工操作所需要的技巧和力量越少，或者换言之，现代工业越发达，男性工人也就越被女工和童工排挤。对于工人阶级而言，性别和年龄差异不再具有社会意义。他们都只是劳动工具，因年龄和性别差异而导致费用不同罢了。

当工厂主对工人的剥削一结束，工人收到以现钱支付的工资时，马上就成为资产阶级中另一部分人的猎物，如房东、商人、当铺老板，等等。

以前中间阶级中的下层人士即小工业家、小商人、食利者、手工业者和农民等都落入无产阶级的队伍中，有些是因为资本太小无法以大工业的方式经营，无法与较大资本家竞争；有些是因为技艺被新的生产方法淘汰。因此，无产阶级就这样从民众所有阶级当中得到补充。

无产阶级经历了各个不同发展阶段。它与资产阶级的斗争从存在的第一天起就开始了。

最初参加斗争的是单个的工人，然后是某个工厂的工人们，再之后是某个地方某一劳动生产部门的工人们，反抗直接剥削他们的某个资产者。他们不仅仅攻击资产阶级的生产关系，而且还攻击生产工具；他们破坏那些外来的竞争商品，捣毁机器，烧毁工厂，力图恢复已经失去的中世纪工人的状态。

在该阶段，工人们四处分散，并因竞争而互相分裂。工人大规模集结，并非是他们自己联合，而是资产阶级联合的结果，因为那时资产阶级为了达到自己的政治目的必须而且还能够暂时地把整个无产阶级发动起来。因此，在该阶段，无产者不是同自己的敌人作斗争，而是同自己敌人的敌人作斗争，也就是同君主专制的残余、地主、非工业资产者和小资产者作斗争。因此，整个历史运动都由资产阶级主导；在这种条件下取得的每个胜利都属于资产阶级。

但是，随着工业的发展，工人阶级不仅在人数上得以发展，而且还联合成更大的集体，它也越来越感受到自己日益增长的力量。机器使劳动的差别越来越小，并把工资几乎都降到同样低的水平，因此无产阶级内部的利益和生活条件也趋于一致。资产阶级之间日益加剧的竞争以及由此引起的经济危机，让工人的工资越来越不稳定；机器的不断改良，让工人的生活地位越来越没有保障；单个工人和单个资产者之间的冲突也越来越具有阶级冲突的性质。因此，工人开始结盟以反对资产者；为了保卫工资，他们互相联合。他们甚至建立了经常性的团体，以便为可能发生的反抗储备食物。有些地方，斗争甚至变成了起义。

有时工人也能取得胜利，但这只是暂时的。他们斗争的真正成果并不是直接获得的成功，而是工人间越来越广的联合。由于大工业促使交通方式日益发达，这种联合也得以发展，它把各地的工人联系起来。只要有了这种联系，就能把许多性质相同的地方性斗争凝聚成全国性的斗争，凝聚成阶级斗争。而一切阶级斗争都是政治斗争。依靠乡间小道，中世纪市民们需要几百年才能实现的联合，现代无产者利用铁路只需要几年就可以实现了。

无产者组织成为阶级，从而组织成为政党这件事，不断地由于工人之间的相互竞争而被破坏。但是，这种组织总是不断产生，并且一次比一次更加强大、坚固和有力。它利用资产阶级内部的分裂，迫使他们在法律上承认工人的某些利益，例如英国的十小时工作日法案就是如此。

旧社会内部的所有冲突在许多方面都促进了无产阶级的发展。资产阶级就是在不断斗争之中发展起来的：刚开始他们反对贵族；后来又反对妨碍工业进步的那部分资产者；而且还要经常反对一切外国的资产阶级。在这些斗争中，资产阶级都不得不求助于无产阶级，这就把无产阶级也卷进了政治运动。资产阶级也因此教育了无产阶级，把反对自己的武器交给了他们。

其次，我们已经看到，工业进步让统治阶级的许多成员也降到了无产阶级的队伍中，或者至少也让他们的生活条件受到威胁。他们也给无产阶级带来了大量的经验教训。

最后，在阶级斗争最重要的时期，统治阶级内部的、整个旧社会内部的瓦解过程非常强烈和尖锐，这甚至让统治阶级中的一小部分人脱离原来的阶级而转投革命阶级，加入掌握着未来的阶级。因此，如同过去一部分贵族会转变成资产阶级一样，现在资产阶级中也有一些人，特别是那些已经从理论上认识到整个历史运动的一部分资产阶级思想家，都转入无产阶级的立场。

当前，在所有与资产阶级对立的阶级中，只有无产阶级才是真正的革命阶级。其余的阶级都随着大工业的发展而日趋没落和灭亡，只有无产阶级才是大工业真正的产物。

中间阶级，即小工业家、小商人、手工业者、农民等，他们之所以与资产阶级斗争，都是因为资产阶级威胁到了他们作为中间阶级的生存。所以，他们不是革命的，而是保守的，甚至是反动的，因为他们试图让历史回退。如果说他们是革命的，那是因为他们也将会转入无产阶级队伍，这样，他们就不是维护自己当下的利益，而是未来的利益；他们就放弃自己原本的立场，而站到无产阶级的立场上。

至于流氓无赖，则是旧社会底层消极腐化的部分，他们在某些地方也会卷入无产阶级革命，但是，他们的生活条件让他们更易出卖自己去做反动之事。

旧社会的生活条件已经在无产阶级的生活条件中被消灭了。无产者没有财产；他们和妻儿的关系与资产阶级家庭关系也不再相同；无论在英国或法国，无论在美国或德国，现代工业劳动和资本压迫都是相同的，它们使无产者失去任何民族性。在他们眼中，法律、道德、宗教都是资产阶级的偏见，而隐藏在这些偏见背后的则是资产阶级的利益。

过去，一切获得统治权后的阶级，总是让整个社会确保那些能让自己发财的条件，试图以此来巩固自己已获得的生活地位。然而，无产者只能通过废除自己现存的占有方式，进而废除全部现存的占有方式，才能取得社会生产力。无产者没有属于自己的、必须加以保护的财产，他们必须摧毁以前保护和保障私有财产的一切。

历史上所有的运动都是少数人的或者为少数人谋利的运动。然而，无产阶级运动却是绝大多数人的、为绝大多数人谋利的自发运动。无产阶级处于现今社会最底层。只有摧毁构成官方社会的整个上层建筑，他们才可能站起来。

　　暂不论内容而专论形式，无产阶级反对资产阶级的斗争首先是一国范围内的斗争。不言而喻，每个国家的无产阶级首先应该打倒本国的资产阶级。

　　在概述无产阶级发展各个阶段的时候，我们已经探讨了现存社会内部或多或少隐蔽着的国内斗争，直到这种斗争爆发为公开的革命，无产阶级通过暴力推翻资产阶级而建立自己的统治。

　　我们已经明白，以前所有的社会都是建立在压迫阶级和被压迫阶级之间的对立之上的。但是，为了压迫一个阶级，就必须保证该阶级至少拥有能勉强维持其奴隶般的生存条件。农奴曾经在农奴制度下挣扎到公社成员的地位，同样小资产者也曾经在封建专制的束缚下挣扎到资产者的地位。现代工人却相反，他们并没有随着工业进步而带来地位的上升，而是越来越降到本阶级的生存条件之下。工人们变成穷人，贫困比人口和财富还要增长得更快。由此可以明显地看出，资产阶级不再能够充当社会的统治阶级了，它也不再能够把本阶级的生存条件当作最高规律强加于社会。资产阶级无法继续统治下去了，因为它甚至不能为自己的奴隶确保一种奴隶的生活，因为它不得不让它的奴隶落到不能养活自己反而要靠它来养活的地步。社会再也不能在资产阶级的统治下继续生存，就是说，资产阶级的存在不再与社会兼容。

　　资产阶级存在和统治的根本条件，就是财富集中在私人手中，也就是资本的形成和增值；资本的根本条件是雇佣劳动。而雇佣劳动则完全是建立在工人之间的相互竞争之上。这样的话，在无意之中，资产阶级带来的、必然的工业进步，却让工人能够通过结社而形成革命联合，这代替了他们由于竞争而造成的分散状态。于是，随着大工业的发展，资产阶级赖以存在并占有商品的基础也就从它自己的脚下被移除了。无论如何，资产阶级制造了它自己的掘墓人。资产阶级的灭亡和无产阶级的胜利都是无法避免的。

　　选自马克思、恩格斯，《共产党宣言》法文版，社会出版社，1967年，第21-26页

拥有小块土地的农民

卡尔·马克思

　　拥有小块土地的农民组成了一个人数众多的群体，他们的生活条件相同，但是彼此间并没有通过各种关系联合起来。这是因为他们的生产方式无利于他们的互相交往，而是使他们互相隔离。法国不甚便利的交通和农民的贫困更是加强了这种隔离状态。他们用来生产的土地，即小块土地，不容许在耕作时进行任何分工，或者采用任何科学的方法，因此也就不会带来任何多样性的发展，无法产生任何不同的才能，亦不能形成任何丰富的社会关系。每个农民家庭几乎都是自给自足的，都是直接生产自己所需要的大部分消费品，因此他们取得生活资料的方式大多是通过与

自然进行交换，而不是依靠社会交往。一小块土地、
一位农民和一个家庭；旁边是另一小块土地、另一位
农民和另一个家庭。诸多此类单位就能形成村落；诸
多此类村落也就能形成省份。如此这般，法兰西民族
的广大群众，就是这些同名东西在数量上简单地相加
而成，如同一袋马铃薯是由袋中的一个个马铃薯所汇
聚而成的一样。既然这些成百上千万家庭的经济条件
在生活方式、利益和教育程度上让他们与其他阶级之
间存在差异，甚至与之敌对，所以他们也就形成阶
级。由于小农之间只存在地域上的联系，而且由于他
们的相同利益并没有让他们彼此形成任何共同的关
系，形成任何全国性的联系，形成任何政治组织，所
以他们也就没有形成阶级。因此，他们不能以自己的
名义通过议会或者是国民会议的中介作用来保护自己
的阶级利益。他们无法代表自己，因此也就需要别人
来代表他们。他们的代表一定要同时是他们的主人，
是上层权威，是绝对的政府权力。这种权力保护他们
免受其他阶级侵犯，并高高在上地赐给他们雨水和阳
光。所以，归根到底，拥有小块土地之农民的政治影
响最终表现为行政权力对社会的支配。

选自卡尔·马克思，《路易·波拿巴的雾月十八日》法文版，社会出版社，1967年，第257-258页

贵族制、中产阶级与变革

格奥尔格·齐美尔

贵族制通常都是保守的。的确，假如它名副其实，也就是说由最优秀的人来统治，它就会以尽可能合适的方式去表达人与人之间事实上的不平等。然而，在这种情况下（我不探究它是否曾被实现，即使有也只是曾被部分地实现），激发革命的事情就不会发生；要知道，就是人的内在价值和社会地位之间的不均衡才会激起最高贵也是最疯狂的革命事业。因此，甚至在上述假设中，也就是说当贵族制处于最有利条件下的话，它也只能通过严格确定官员选拔及其组织方式的方法存在下去。否则，在现实中，哪怕最小的干扰都可能会在当事人的思想中威胁到这种假定

的个人品质与社会地位之间的均衡；于是，就埋下了
革命最早的种子。但是，在所有的贵族政治中，革命
的主要原因一直都是权力分配不能如所说的那样确保
绝对的公正。当少数人处于统治地位，他们所拥有的
最高权力几乎总是基于这种理想的均衡状态。在这些
条件中，统治阶级总是期望能够避免新事物，因为这
些新事物可能会激活统治阶级或公正或自称公正的要
求，而且要担心的不仅仅是人的变化，还有组织结构
的变化，后者对我们的研究对象来说非常重要。人
们有时会借助民众支持以暴力的方式去改变政府的人
事，这个事实就足以表明贵族制自身也可能在同样的
情况下而被推翻。

因此，对于贵族制度而言，最好的维持方式就
是尽可能地停滞不前。这不仅仅被运用在政治团体
当中，而且也被运用到采用贵族制形式的宗教组织、
家庭或者世俗社会当中。无论在哪里，建立贵族制度
的目的都不仅仅是为了维持某些人物的权力，还同样
是为了保持其基本原则以及一种必要、严格的保守主
义。贵族制度的改良运动史已经清楚地表明了这一
点。当这些社会试图去适应新的社会力量和理想时，
当它们减弱对下层阶级的剥削时，哪怕这些改革都是

贵族阶级自愿为之，但是最终目的都不是为了变革，而是为了稳定。他们借此来稳定那些没有变化并得以保存下来的制度。削弱贵族的特权也只是为了在整体上拯救贵族政体。但是，一旦事情发生了，这些让步通常是不够的。每次改革都会产生新的有待改革之处，而且为了维持现有秩序而进行的变革也会一点点地促使整个制度走向灭亡。在这种情况下，最后的解决机会就是新的要求不再保持冷静，激进的反应爆发了，人们甚至重新改变以前达成的种种变革。因此，贵族制度所面临的被彻底颠覆的危险也就解释了为什么极端固化是其最好的防御工具。

当群体组织形式不再围绕少数人至高无上的权力，而是以多数人的自主权为特征时，仍然是由极端稳定确保它的延续。首先，这是因为当大众形成一种可持续的社会单位时，从根本上来讲，大众的思想仍然是保守的。因此，他们反对聚集起来的人群形成的临时性群体。相反，无论是在人员构成还是在决策意见方面，这些临时性的群体都表现出最大的流动性，最小的冲动都可能让他们从一个极端走向另一个极端。但是，当大众不再容易冲动，当成员间的相互激励和启发不再将其置于一种焦虑的不稳定状态（这种不稳定状态会让所有强有力的领导失效，并让大众轻易受到冲动的摆布），总之当它深层、可持续的特点可以发挥作用时，我们就能发现大众会受到一种惯性力量的统治。它自己不会改变停止或运动的状态，除非当新的力量出现并迫使它发生改变。这就是为什么当社会运动成为大众的运动，让大众处于运动的无领导状态中时，它们就容易走上极端。然而相反的是，一种建立在大众之上的社会平衡也很难被打破。……

但是，当统治阶级是中产阶级时，而且当群体的组织形式取决于该阶级时，情况则有所不同。原因在于它有一种专属的特性；只有它才同时拥有上限和下限。于是，它可以不停地接受来自上层阶级或下层阶级的某些要素，也可以为上层阶级或者下层阶级提供某些要素。由此可知，它的特点就是一种浮动状态，于是为了维持自己的地位，它就特别需要一种强大的适应、变化和迎合环境的能力。因为，只有在这种条件下，它才能够领导或预防整体不可避免的那些运动，以便于在经历变革时能够较好地保持其形式和力量的全部根本。

这种社会的典型特征是"延续性"。的确，它既不要求个体间的绝对平等，亦不要求把社群分成两个根本异质的部分，即高低群体之分。中产阶级给它带来了一种全新的社会学要素。这不仅仅是在其他两个阶级之外再增加一个阶级，也不仅仅是和其他两个阶级一样以等级高低来划分。它的独特之处在于能够和其他两个阶级进行持续的成员交换，而且成员的不断变动抹去了阶级的界限，并以持续的成员流动来代替这些界限。因为让集体生活真正延续的不是社会等级之间的差距大小（无论大小都意味着无法延续），而是个体能够自由地从社会等级的高处降到社会等级的低处。只有在这种条件下，阶级之间才不会有真空地带。个体的事业必须能够相继经历高潮和低谷，这样才能让等级的顶端和底端真正地相互联系起来。在中产阶级的内部也是如此，与此有关的尊重、教育、财富、职务等条件只有在同一个人身上能够较容易地进行转变时才具有延续性。

这就是为什么中产阶级占据主导地位的社会具有很大的弹性特征。在这种社会中，各种要素都是可动的，如果环境发生变化的话，它就能够更容易地随之变化，从而让自身得以维持。相对地，如果一个内部等级众多而且相互接近的群体不想在其民众中产生巨大裂缝的话，那么它就得保持可塑性和可变性。当可能出现的处境极其多样时，每个人各处其位的机会就比在阶级系统被确定的社会里少得多。在这种阶级系统确定的社会中，每个个体也因此被框在一个大群体之中。在其中，个体可以相对自由地移动。在上述情况中，因为社会只拥有少量明确的身份状态，所以至少从总体规则上看，每个人天然地被安排在一个他应该进入的特殊圈子里。而且，因为这些圈子相当宽泛，对它们的成员只要求一些相当笼统的品质，例如家世、教育、榜样等，这些品质足以提前让个人适合这些圈子。这样的话，在个人品质和社会条件之间就会产生一种先定的和谐。但是，与此相反的是，由于中产阶级的存在，也就有了一系列可变的、循序渐进的处境，而上述品质就无法同样确定地提前安排好个人。那种先定的和谐现在就得通过某些经验方式转化成后定的。为此，如果处境不再适合的话，每个个体就必须能够从中走出，而且适合他进入的新处境也得对他开放。因此，在这种情况下，维持社群所必需的就是让阶级的边界具有容易被改变的长期可能性，而且成员处境也不能被固定死。只有通过这种方法，每个人才能找到适合自己特有品质的特定位置。这也就是为什么中产阶级占统治地位的社会可以使用一些与贵族社会相反的方法来得以自我维系。

选自格奥尔格·齐美尔，《社会学与认识论》，法国大学出版社，1981年，第197—201页

主人与仆人

亚历西斯·德·托克维尔

在贵族制的民族中，一些灵魂高尚和吃苦耐劳的小人物为大人物服务的情况并不少见。这些小人物身为仆人，但自己并没有感觉到这一点：他们虽然服从于主人的意志，但是也不怕冒犯主人。

然而，在仆人阶级的最底层，情况截然不同。可想而知，仆人阶级最底层者的地位是非常低的。

法国人甚至专门创造了一个词来称呼这些为贵族服务的仆人，即称这些人为"奴才"。

"奴才"的词义比较极端。当人们想骂最下贱的人，而苦于无词时，就用这个词来称呼他。在君主制的旧时代，要想骂一个最卑鄙无耻的人时，人们常说

亚历西斯·德·托克维尔

他有"奴才的灵魂"。这一句就足以让人们完全理解其义。

身份上永恒的不平等不仅让仆人养成了某些独特的美德和恶习，而且还让他们在主人面前处于独特的地位。

在贵族制的民族当中，穷人从小就服从于一种受人指挥的观念。无论把目光投向何处，他们所能见的只是等级和服从。

因此，在身份永远不平等的国家，主人可以很容易地得到仆人绝对的服从和尊重，因为仆人对主人的尊重不仅是因为要服从主人，而且还是要服从整个主人阶级。主人阶级把贵族制的全部压力都置于仆人的意志之上。

主人指挥着仆人的行动，并在一定程度上控制他们的思想。在贵族制度中，主人在不自知的情况下极大地影响着那些服从者的思想、习惯和情绪，而且这种影响的广度还远远大于他们权威的影响。

在贵族制社会，不仅有世袭的仆人家族和世袭的主人家族，而且同一个仆人家族常常连续数代为同一主人家族服务（这就像两条既不相交，但又不分开的平行线）。这种情况使这两类人的相互关系发生了极大的变化。

在这种贵族体制下，虽然主仆间并不存在任何天然的共同性，而且财产、教育、观念和权利又让他们的处境完全不同，但是长期的时间最终会让他们结为一体，共同的回忆也会把他们联系在一起。尽管他们在许多方面有所不同，但他们能够相互融合。然而，民主制社会与此相反，该社会中的主仆虽然几乎没有天然的差别，但彼此总是以陌生人来对待。

因此，在贵族制民族中，主人总把仆人视为自己地位较低的一部分和下属，并且出于对自己利益的关注去关心仆人的命运。

对于仆人而言，他们自己也会有这种类似的看法。他们有时也把自己视为是主人集团的一部分，因而像主人那样，他们也认为自己是主人的附属。

在贵族制度下，仆人总是处于一种无法摆脱的从属地位；而在他们的身旁，则是一些不会失去高高在上的地位的人。一方面是愚昧、贫穷和终生服从；另一方面是荣誉、财富和终生指挥他人。这两个阶级尽管永远各不相同，但却互相靠近，而只要它们存在，那种把它们连在一起的关系就将继续下去。

在这种地位悬殊的情况下，仆人最终不再关心自己，他们逐渐忘却自己，放弃自己，或者说把自己的一切全都交给主人，他们也由此产生了一种想象的人格。他们凭借主人的财富来炫耀自己，以主人的荣誉来为自己增辉，以主人的高贵来拔高自己，并一直满足于这些借来的光荣。他们甚至把这种光荣看得往往比其真实的拥有者还要重。

当上述两种处境如此奇怪地混合在一起，既有令人感动之处，又有让人觉得可笑的地方。

那种转移到仆人心里的主人荣光，会缩小或降低其原来的高度，变得狭隘和低级。在主人身上原本是高尚的东西，转移到仆人身上后就变成了毫无意义的虚荣和令人厌恶的做作。大人物的仆人常常摆出其主人的派头，并且比主人还要斤斤计较一点点特权。

即使在我们今天的法国人当中，还时不时可以遇到几个这种贵族制度的老仆人。他们是这类人的遗留，亦不久将消失于世间。

在美国，我根本没有遇到过这样的人。美国人不仅对这种仆人一无所知，而且也很难让他们理解这样的人。让他们想象这种人的存在，就像让我们想象古罗马奴隶或中世纪农奴一样困难。所有此类仆人，尽管级别不同，但他们产生的原因都是相同的。作为整体的他们正远离我们的视线，并随着他们的社会状态成因，消失在往日的苦难中。

平等的身份条件产生了新型的仆人和主人，并在他们之间建立起新的关系。

当身份条件几乎完全平等时，人们就可以不断地改变自身处境。虽然仆人阶级和主人阶级仍然存在，但这并不总是由相同的个体构成，其成员家庭也并非总是一成不变。这时，无论是发号施令，还是听命于人，也不再永恒不变。

仆人并非独立于民众之外，所以他们没有专属于自己的习惯、偏见和风尚。他们身上并不具有特定的精神面貌，亦无独特的感情表达方式。他们没有身份带来的专属善恶，但他们拥有与同代人相同的知识、思想和感情，也拥有与他们相同的善恶。和主人一样，他们中既有诚实的人，又有骗子无赖。

在仆人之间，也同主人之间一样，并没有任何身份不平等的现象。

在仆人阶级中既无优势等级，又无永恒的等级制度，所以在美国一定不会见到贵族制社会和其他社会所常见的尊卑。

在美国，我从未见过任何事情会让我想起欧洲人

亚历西斯·德·托克维尔

尚未忘记的那些杰出仆人；但是，也没有会让我想起那些奴才的现象。在美国，杰出的仆人和奴才都不存在。

在民主制度当中，不仅仆人相互之间是平等的，而且可以说他们同主人也是平等的。

这需要进一步解释才能让人理解这个道理。

仆人随时都能摇身一变为主人，他也随时可以抱有这一念头。因此，仆人与主人并无不同。

那么，为什么主人有权命令仆人，而仆人得服从主人呢？这是因为双方自愿地暂时订立了可以随时解除的合同，所以他们之间自然没有一方低于另一方的情况，只是根据合同的效力暂时如此而已。按合同规定，一方是仆人，而另一方则为主人。在合同规定之外，他们都是公民，双方都是独立的人。

……

虽然富裕和贫穷，命令和服从偶尔会在两者之间造成巨大的差距，但这也并没有什么影响。因为建立在常规事物之上的公共舆论将会引导他们趋近于同一水平，并在他们之间创造出一种假想的平等，尽管他们的生活条件存在着实际上的不平等。

这种非常强大的舆论，最终甚至可以渗入那些从自我利益出发反对者的灵魂。它在抑制他们意愿的同时，也就改变了他们的判断。

在各自的灵魂深处，主人和仆人不再感到彼此之间存在着深刻的差别。即使他们形成了主仆关系而出现差别时，主人不会利用这种差别，而仆人也不会担心这种差别。因此，主仆之间既没有蔑视也没有愤怒，在日常接触中主人并不骄横，仆人也不会自卑。

主人会认为，那份合同是他权力的唯一来源；仆人也只是从那份合同去寻找自己之所以服从的唯一原因。他们之间绝不会为彼此所占据的地位而发生争执，双方都清楚地理解自己的地位，并且坚守该地位。

选自亚历西斯·德·托克维尔，《论美国的民主》，加尼埃-弗拉马里翁出版社，1981年，第222-226页

障碍与等级

埃德蒙·戈布罗

我们将永远不会如此感谢法国大革命给我们带来了公民平等和政治平等。而且，它也没有给我们带来社会平等。那时的人们没有预料到，也不可能预料到一种假贵族阶级会立即在旧贵族阶级的废墟上建立起来，最终摧毁并取代后者：这一假贵族阶级就是现代资产阶级。

对于革命思想来说，社会平等的梦想并不陌生。然而，在我们的先贤那里，这梦想就一直停留在感情上，而且几乎只是通过一些新的礼貌用语和"博爱"这个词汇来体现。如果说曾对社会平等有所阐述，也许应该是在经济意义上吧。社会平等的概念也许只是在物质财富均等上曾有过研究，就如社会主义理论家后来所做的那样。

现在，我们不再有种姓之分，但是还有阶级之别。种姓是封闭的：人们生于其中，死于其中；除了极少数的例外，人们无法加入种姓，更无法脱离出来。然而，阶级是开放的，有新来人，也有离开者。至少一开始，种姓和阶级都拥有某些优势，同时它们也对应着义务和责任。两者都试图在保住自己优势的同时，躲避义务。也正是因为这一点，它们才会消亡：当优势和好处不再是某项义务的回报时，它们也就难以留存。因此，要么一场革命把它们一扫而空，要么它们就在一个新的社会秩序中自我消解。

种姓是一种制度，然而阶级却没有正式和合法的存在。阶级并非建立在法律和组织之上，而完全是停留在舆论和习俗里。尽管如此，它仍然还是一种社会实体，依旧稳定，定义明确，而且它和种姓一样都有实际效用。只要到大街上逛逛，我们就能从人民当中辨认出一个资产阶级来。我们不会把"先生"和"男人"混淆，也不会把"女士"和"女人"混淆。逻辑学家可能会说，对于普通民众来说，统称的命名就足够了，然而资产阶级及其成员则希望能够使用与众不同的称呼。伦理学家会补充说，与众不同对于民众来说是贬义的，可是对于资产阶级来说则是褒义的。

除了阶级和种姓集团固有的优势之外，还有一些明显的特点把利益享有者和利益被剥夺者区分开来。种姓集团的利益就是一些特权。古代政体中贵族的优势首先就体现在掌握物质财富、实际权力以及免除赋税徭役上。此外，它还体现在某些荣誉性的权力上，例如享有头衔和优先权，在仪式上佩戴特定武器，穿着特定服饰等。最后，在代表集体或者进行价值判断时，它体现在贵族所拥有的名望上。他们的义务则是管理几乎全部的农业生产，因为他们原本就是地主，拥有大量富饶的庄园。除了领导农作，他们还需要履行军事、治安和司法等方面的职务。到了17世纪，大贵族纷纷离开了农村，前往城市。这是因为他们相信围绕在国王和王子们身边虽无实效，但却可以令人瞩目，从而提高自己的名望。他们错了。在1789年8月4号的那个夜晚①，他们被迫自己放弃一些特权，因为他们无法否认这些特权所体现的不公正。

---

① 1789年8月4日–11日，法国制宪会议颁布《八月法令》，宣布"一切封建义务全部废除"。译者注。

　　资产阶级的优势则往往只体现在舆论方面，仅限于某些价值判断上，这并不是说这种优势微不足道。被视为高人一等本身就是巨大的优势。它的好处就是"受到重视"，"受到重视"远远要好于"值得重视"。这个词的现代意义始于资产阶级的成功上位。而且，它的意义非常宽泛：它是一种尊崇，既是个人的自我尊崇，也是对所属阶级的尊崇；它是对某种优越性的认可。这种优越性不会让人个性化，正相反，它会进行让人同化，使人服从。在礼貌用语中，它会避免使用过于卑微的表达，例如仆人、服从、尊敬等。这其实想要表明：我不会把您和庸俗大众混为一谈；我会把您区分开来；我还把您放在和我自身相等的地位。

　　至少在表面上，重视会成为某种服务的回报。始于同一时代的领导阶层并没有被赋予任何合法的权力，通常，也没有什么是他们固有的角色。但是，因为他们接受了更长久、更细致的教育，所以被认为有能力坚守高尚的品德，履行乐普雷（Le Play）称之为"社会权力"的事务，并在国家的教育、经济、政治和社会使命中保持一定的文明水平。

　　贵族处于一种异于人民的地位，而且以前这种差异被视为天生：人们经过思考后发现贵族和其他人一样皆是凡人；但直到18世纪人们才真正发现这一点。在过去，如果胆敢这样说会被视为是一种耻辱和放肆。而资产阶级就没有这种贵族式的声望，因为我们都知道他们也是源自人民。于是，这种"重视"对它而言就相当于声望。这是一种长期存在争议而又必须维护的好处。于是，资产阶级徒劳无益地试图保持这种"受重视的地位"，但是它却没有那种使之合法化的特殊优势。目前的一切皆可让我们发现它正处于衰退之中，因为我们无法长期维护某种幻想。没有任何"社会革命"能够战胜它；它也不会因为社会主义所说的"阶级斗争"而灭亡。或者说，"伟大的夜晚"①也可能赋予它新的形式。它最后将会依照自身演变的规律而自然消亡。

埃德蒙·戈布罗，《障碍与等级》，阿尔坎出版社1925出版，法国大学出版社1967再版，第1—46页

---

① 19世纪末，"伟大的夜晚"在法文是指社会革命，尤其是指19世纪末法国工会组织的革命运动。译者注。

中产阶级的"虚假意识"

大卫·洛克伍德

马克思主义者对中产阶级,尤其是职员"虚假意识"的指责是建立以下论据之上:即劳工和职员在市场中的处境相同,他们都是领工资者,而且没有财产。受冥顽不化的时髦主义和无法根治的自命不凡蒙蔽,职员拒绝承认自己在事实上也是白领的无产者。

上述论据过于注重把是否拥有财产作为区分阶级的标准。总体而言,在这一点上,所有人都赞同马克思和韦伯的看法。工人运动把它的统一性和同一性都建立在以下事实之上,即没有财产的事实左右着劳工的未来。缺乏议价能力、工作不稳定、社会环境相对僵化都决定了他们为了生存只能出卖自己的劳动力。

但是，在工人阶级内部，总是存在某些差异。这些差异让"无产"一词所蕴含的同质性难以立足。韦伯本人都承认："只有那些完全没有能力，没有财产，没有稳定工作的人才处于严格意义上的相同地位。"工业化带来了劳动能力的差异，而且这种差异又导致人们的利益越来越不相同。这就让无产阶级的意识远离了马克思提出的概念。贫困化和不安全性把非无产者的阶层变成了一种种姓集团，并且还赋予该集团一种可以消除差异的同质性。因此，资本主义的阶级体系重新恢复了它的弹性和活力。在这个旋涡里，职员们不可避免地走向无产阶级，找到和工人阶级相同的利益点。然而今天，因为劳动形式多样化和福利型国家的诞生，人们一致认为这种观点已经过时。并非所有无财产的领工资者在劳动市场上都处于相同的境遇。

因此，所有关于工人阶级意识的调查都得从工作条件的差异开始。拒绝这一前提，就是放弃所有的社会学视角。鉴别某个阶级时所考虑的种种变化都得依照这些差异来做具体分析。……

首先，和工人相比，职员整体上的平均收入更高。这种优势得上溯至19世纪，那时他们在劳动力市场上比较抢手，在企业里的人数也不多，因此预算对他们工资的影响不大，而且企业主也需要确保他们的忠诚。这种优势一直维持到现在，确切地说这已经代表了一种差异和地位。其次，职员的工作会更加稳定。这一点最为重要，因为对于那些没有财产的人而言，工作的稳定程度也是某种形式的财产。再次，职员（尤其是男性职员）拥有更好的升职机会。他们也有权领取正式或非正式的退休金。最后，职员在办公室里的工作条件也更好，他们不需要像工人一样待在车间里。

一直以来，所有上述优势让职员成为一种更高级的领工资者。然而，在工作机会充足、工资不断上涨的时期，这些优势也最终会被淹没，或发生变化。……甚至，工人的劳动条件也会和职员一样发生巨大的变化。

在劳动力市场和企业里，劳工的条件体现出劳动管理层和劳动者完全分离的特点。这种被排除在外的状态，加上工人们又非常集中，于是就产生了强烈的工人认同感。车间里分区管理工人同时也造成劳动关系的疏远，这是由生产任务合理化所带来的必然结果。企业中的这种划分会在劳动力市场上再现，劳动力也就被视为一种商品。工厂官僚主义的非人格化特征就在社会阶层的划分中找到了它的对应点。……

如果把无产阶级的工作条件与职员进行比较，我们就能发现这种不同是根深蒂固的。职员的劳动行为与行政工作的划分相一致，这与工人的劳动行为没有任何相同之处。会计的传统工作环境是家长式的管理，它不会在职员间产生一种共同的认同感。与此同时，任何与工人相同的认同感也是被生产关系所禁止的。由于分散在众多的小办公室里，职员和雇主之间保持着紧密的联系，而与车间里的工人完全割裂。他们的劳动关系是以个人化和专业化的联系组织起来的，不存在任何劳动规定和报酬方面的一致性。雇主也大力鼓舞他们个人的升职愿望。

在现代的办公室行政工作中，必须区分家长式管理关系依旧有效的方式和公私高级行政管理方式。在后者当中，产生了一些更加合理化的劳动形式。……在这种高级行政管理中，大型的办公单位、严格的划分和明确的等级阻碍了平行和上升的流动性。非个人、标准化的劳动关系也就复制了工人的劳动关系。在这些条件下，产生了一种集体相互依赖的情感，这对于任何需要协同的行为来说是必须的。尽管如此，车间和办公室之间的分裂仍然存在，仍然是两大团体之间重要的功能障碍。权力和纪律的等级系统加深了二者之间的敌意和怨恨。

职员们迟迟没有形成阶级意识的原因就在于他们的劳动条件。任何阶级意识都扎根于两个不同的子意识中。这两个子意识有时既相互支持，又常常保持独立。第一个子意识是对雇主和工薪者之间利益对立的认识，第二个子意识则是对工薪者内部之间利益一致的认识。当个人的异化以集体团结的形式被调动起来时，我们就能讨论阶级意识了。然而这种情感的结晶化无论如何都并非以是否持有财产来定义阶级的产物。这不仅是因为不拥有财产可以和劳动力市场的不同情况相兼容，同样还因为它可以和劳动条件的不同形式并存。如果根据和生产资料的关系来判断职员和工人处于相同的基本阶级地位，我们也不能忽视以下事实，即阶级意识的呈现也是由社会生产关系的差异所左右。因此，要谈论"虚假意识"就只能从狭隘、非常过时的阶级定义谈起。

选自大卫·洛克伍德，《穿黑外套的工人：关于阶级意识的研究》，伦敦，乔治·艾伦和安文出版社，1958年，第202页

时尚

格奥尔格·齐美尔

　　时尚的本质基于以下事实之中，即只有特定人群中的一部分人在使用时尚，而作为整体的他们只是在追寻时尚的道路上。一旦人们广泛接受了某种时尚，我们也就不再把它叫作时尚了；某件刚开始只是少数人在做的事也就变成所有人毫无例外都会去做的事，例如某些服饰或生活形式一开始只是少数人前卫的行为，但后来马上被大多数人所模仿，于是人们也就不再把它称为时尚。每种时尚的发展都会导致自我消亡，因为这种发展抹去了它的差异性。

　　构成时尚必要的两种社会倾向分别是聚合需要和分离需要。如果缺少其中之一，时尚都无法形成。这也是时尚边界终会消失的原因。相互混合和彼此混淆的危险激发了文明人的不同阶级在服装、风格、品位等方面表现出不同。在初民族群的社会结构中，这种情况并不存在，因为他们的社会结构不仅更加注重集体性，而且它也以更稳固、明确的方式把已经存在的差异固定下来。具有分离倾向的群体就是通过这些差异得以维持。关于时尚的纯社会因素，有两个相邻的原初民族可以提供有力的例证，以证明时尚的目标在于聚合与分离。卡菲人（Les Cafres）有组织良好的社会等级，虽然他们的服装与首饰受到某些法律的限制，但我们可以发现在他们当中时尚变化得相当快速。布西门人（Les Bochimans）因为没有社会等级，时尚也就没有发展，那里的人对服装与首饰的变化不感兴趣。

一旦较低的社会阶层开始适应时尚，即跨越较高社会阶层划定的界限并且破坏后者在该时尚中所共有的象征同一性，那么较高的社会阶层就会放弃它，转而采用新的时尚，以此把自己与大众重新区别开来，这种游戏就这样乐此不疲。较低的社会阶层总是很自然地向较高的社会阶层看齐，在时尚领域他们可以实现这一点，因为单纯的外在模仿是最容易达到的。在上层阶级的不同层次间也存在着这种情况，尽管他们的差异并不像贵妇和女佣之间那样显而易见。通常，我们可以发现某个阶层越是接近其他阶层，下层阶层对模仿的追求与上层阶层对新奇的向往就会更加狂热。通行的货币经济一定会极大地加快这个过程，并把它凸显出来。因为作为外在生活之物，时尚品特别容易通过金钱来获得。这也就是为什么与那些通过金钱不能获得的个人价值领域相比，人们更容易通过时尚与更高阶层保持一致。

时尚是对某种特定模式的模仿，它符合了社会调适的需要；它让个人追随所有人的道路，提供了一种把个人行为变成样板的普遍性规则。然而，与此同时，它又满足了人们对差别化、变异化和个性化的要求。这一方面是通过内容上多样的变化来实现（这种变化让今日之时尚具有一种不同于往日或明天的个性化标记）；另一方面则是因为时尚总是具有等级性这一事实，即社会较高阶层通过时尚把自己和较底阶层区分开来，而当较底阶层开始模仿较高阶层的时尚时，较高阶层就会放弃这种时尚，而重新创造出另一时尚。

正如我已说过的，时尚是阶级区分的产物，并且和其他形式特别是荣誉一样，既可以让社会各阶层和谐共处，又把他们相互分离开来。如同画框既可以在内部赋予艺术品一种连贯、独立的本质，又可在外面割裂艺术品与周围空间所有的直接联系；除非我们从内外两个方面分析其影响，否则，就无法表达这些形式的相同作用。可见，荣誉拥有自己的特性，而且对我们而言它超越了自身所有的道德权力（这些权力往往被其他社会群体的人认为是不正当的），但与此同时，拥有荣誉的个体代表又维护着他们自身社会群体与阶层的权力。因此，一方面，时尚意味着同一阶层的联合，意味着以该时尚为特征的某个社会群体所具有的统一性；但另一方面，与此同时，不同阶层和群体之间的界限也在不断地被突破。在此，聚合与区别便缺一不可地相互联结，并成为时尚的两个基本功能。

选自格奥尔格·齐美尔，《现代性的哲学》，佩约出版社，1989年，第168-177页

第三章

性别、亲属与家庭

本章引言

　　两性之间角色和任务分工是构建社会的基本结构之一。民族学家已充分证明该分工并非建立在生物基础上。在选文1中，克劳德·列维-斯特劳斯指出，婚姻选择、两性关系和物质生产以多种方式相互结合。在有关寻食者、捕猎者和种植者的研究中，欧内斯廷·弗里德尔试图找到解释男性占主导地位的规律（参见选文2）。有些要素是重要思考的开端，如弗朗索瓦丝·艾莉铁的社会性别差价。（选文3）。

　　为了理解家庭在社会中的角色，必须回顾只有历史学家和民族学家才能给我们提供的案例。亲属制度是由两条"基本"而又矛盾的原则组织起来，即父系和母系。前者对我们来说更为熟悉，因为从古希腊罗马时代起我们就承袭了该原则：菲斯泰尔·德·库朗日提供了有关古罗马男方家庭中父系谱系运作方式最经典的分析（选文4）。牛津大学伟大的民族学家埃文斯·普里查德以两页篇幅总结了努尔人的家族制度，指出了父系是如何运作以形成氏族（选文5）。直到最近，民族学家们都没有提供有关纯粹母系制度的描述。然而，一位年轻的中国民族学家在中国南部的部落中发现了它，并给我们描述了一个"无父无夫"的社会。（选文6）。

家族之间联姻的基本原则是乱伦禁忌。因为只有拒绝和姐妹结婚，男人才可以把她交给其他男性，并以此建立起交换关系。交换是所有社会的基础（参见本书第四章）。选择配偶往往受限于内婚制或外婚制规则。该选择有时甚至是规定好的，以确保家族延续，避免土地分割。在我们平等社会中，选择配偶不受任何既定原则限制，但是同一社会阶层通婚在统计上占据大多数。关于该类婚姻的研究已经非常充分。

在农民和市民社会中，家庭群体是基本结构，如同亲属关系之于家族社会。家庭群体可以有不同的形式。勒普雷描述了一种存在于比利牛斯山区农民中的根系式家庭。今天，我们可能无法找到该类型的完美案例，但是它的模式在比利牛斯山脉的南北地区仍然占据着统治地位，而在阿尔卑斯山区它的影响较弱（选文8）。涂尔干和帕森斯的文章分析了在大西洋两岸工业社会中的夫妻家庭（选文7和选文9）。与此相对应，民族学家杰克·古迪指出，无论东方或西方，亲属关系都在资本主义企业的发展中扮演了（并将继续扮演着）决定性的作用（选文10）。托克维尔的文章率先强调家庭内部的亲密关系，预告了埃利耶斯（Ariès）和森内特（Sennett）后来的研究。此外，他还强调，只有放回到整体社会中家庭才能被了解，因为它是整体社会的基本结构（选文11）。我们从作为农民和市民的先人们那里继承了家庭结构，而后工业社会正在质疑它的稳定性，例如，"重组"家庭就挑战了古罗马人遗留的亲嗣关系基本原则。

劳动的性别分工与婚姻选择

克洛德·列维-斯特劳斯

在好几个世纪中，基督教伦理把性交易视为罪行，除非它是在婚姻范畴内，并且以组建家庭为目的。我们知道，在别的地方也有一些社会为合法的性关系确定了同样的标准。但是，此类社会数量很少。大多数情况下，肉欲享乐与婚姻并不相干。因为，它还存在着婚姻外的各种可能，有时候甚至与婚姻相矛盾。印度中部巴斯塔尔县（Bastar）的姆利亚人让青春期男女共处一室，并让他们享有完全的性自由。然而，一旦结婚，便不再允许旧情人之间保持这种关系，其目的是让村子里的每个男人都能娶妻，即使他知道妻子曾经是邻居或邻居们的情人。

　　从一般规律来看，对性的关注很少影响婚姻计划。相反，经济方面的考量才是首要的，主要是因为两性之间的劳动分工让婚姻变得必不可少。但是，性别的劳动分工和家庭分工一样，主要是建立在社会基础之上，而非自然基础。当然，在所有人群中，妇女总要生儿育女，男人们则负责狩猎和打仗。这种看上去很自然的分工却并非总是很明确。男人虽然不生孩子，但在奉行拟娩仪式的社会里，他们也得做出生育的样子。另外，纳木比克瓦拉（Nambikwara）地区的父亲和欧洲贵族之间存在着极大的区别：前者会悉心照顾婴儿，会擦洗浑身肮脏的孩子；而后者直至不久以前还只是礼仪性地见见短时间内从女人房间里抱出的孩子。到学习骑马和击剑的年龄前，孩子们一直生活在女人的房间里。不过，纳木比克瓦拉首领的年轻小妾却不愿意做家务，而是更喜欢和丈夫一起出征。南美其他某些部落也有类似习俗，一种半侍从半仆人的单身女性会和男人一起上前线，该习俗源于亚马逊人的传说。

　　关注那些与生儿育女和出征打仗相比反差更小的工作，就更加不易发现男女劳动分工的普遍规律。波罗洛（Bororo）的妇女们种地，而祖尼（Zuni）的男人们也种地；在已经被研究的部落里，盖房、制陶、织布、编筐等劳动由两性中的某一方负责。因此，应该把几乎无所不在的劳动分工与不同地方男女分配任务的具体方式区别开来。这些方式本身就体现了文化因素。

认定某一性别注定要从事某些工作，就意味着另一性别不能从事这些工作。据此而言，劳动分工就在两性之间建立了互相依存的状态。

很明显，两性关系视角下的家庭也同样具有这种相互性特点。我们不能把它局限在这个方面，这是因为我们已经看到，大部分的社会并未如我们这样，在家庭和两性关系之间建立起紧密的联系。但是，如同上文对劳动分工所做的分析，我们也可以从反面的功能来定义家庭：即在任何地方、任何时候，家庭的存在都会产生禁忌，禁止或者至少是谴责两性结合的某些方式。

这些对自由选择的限制，因社会不同而差异巨大。在古代俄罗斯，依据一种名为"斯诺卡切斯沃"的习俗，父亲甚至有权与儿媳发生性关系。而在某些地方，姐姐的儿子对他的舅母也拥有这种权利。在法国，我们不反对一个男人再娶他妻子的姐妹，而直到

19世纪，这仍然被英国法律视为乱伦。就我们已知的所有社会，不管是古代还是现代，都认为如果夫妻之间（也包括上面提及的其他一些人）的关系包含了二者间实施性行为的权利，那么作为家庭结构的其他亲属关系之间保持性关系则被视为是不道德的，应当受到法律制裁，或者至少被认为是不可思议的。任何地方都禁止乱伦，即宣称有父辈子女关系或兄弟姐妹关系的人之间不能有两性关系，更不能结婚。在某些社会，如古埃及、哥伦布发现新大陆之前的秘鲁和非洲、波利尼西亚以及东南亚的一些王国里，对乱伦的定义则相对宽松。它们允许（甚至规定）在统治者家族中以某种形式进行通婚（古埃及可能更为流行），但这也不是没有界限的，例如与同父异母或同母异父的姐妹可以结婚，而与亲姐妹则不行，或者与亲姐姐可以结婚，而与亲妹妹则不可以……

通过劳动分工的原则，两性之间建立了一种互相依存的关系，这迫使他们在家庭内部也进行合作。同样，禁止乱伦也就在生物学意义上的不同家庭之间建立了互相依存的关系，迫使它们产生新的家庭，而社会群体只有通过后者才能延续下去。

无论是生殖本能、母性本能、夫妻及父子之间的亲情关系，还是所有这些因素的集合，都无法解释家庭。这些因素十分重要，但它们不足以催生出家庭。道理很简单，在人类所有社会中，建立新家庭的绝对条件是预先存在着其他两个家庭，一个为新家庭提供丈夫，另一个提供妻子，二者的结合则产生第三个家庭，如此持续下去。换言之，人类与动物不同的地方，就在于人类中如果首先没有一个社会，那么一个家庭也就无法存在：很多家庭承认血缘外联系，而且血亲关系的自然过程只有进入婚姻关系的社会过程后才能发生。

人是如何认识到自然秩序的这种社会依附性？我们可能永远无法得知。我们无法假设，脱离动物状态的时候，人类不具有某种社会组织形式，而且该形式的主要特征与以后的几乎没有区别。实际上，如果不把禁止乱伦作为基础，我们就无法想象一个基本社会组织的面目。因为这一原则就可以独自改写交配和生育的生物学条件，让家庭在诸多人为的禁令和义务中繁衍。只有在这一点，我们才能找到从自然到文化、从动物状态向人类状态的过渡。也只有在这一点，我们才能抓住二者的联系。

正如泰勒在一个世纪前所看到的那样，上述解释可能就存在于以下事实当中：很早，人们就知道必须在"要么与外人通婚，要么被外人杀戮"之间做出选择。对于生物学意义上的家庭来说，避免相互灭绝的最好办法，或者说唯一办法，就是用血缘关系建立起联系。如果一些家庭试图独立，组成一个自我封闭的小圈子并自行繁衍的话，那么它们就不可避免地成为愚昧、恐惧和仇恨的猎物。与血亲的分裂主义倾向相反，禁止乱伦可以织就亲属网络，它为社会提供了框架。离开这些网络，任何社会都无法维持。

选自克洛德·列维－斯特劳斯，《家庭、婚姻、亲属关系》，普隆出版社，1983年，第79-84页

寻食、狩猎和园地种植者的两性职责

欧内斯廷·弗里德尔

研究狩猎、寻食和园地种植者社会中的两性职责可以概括为以下五个方面，并且它们可以与我们工业社会的情况进行类比……

1）技术水平

某一社会的技术水平及其政治和社会组织在以下三个方面发挥重要影响：即劳动的性别分工、男女间分配权力和名誉的差别、两性关系的好坏。因此，为了理解寻食、狩猎和园地种植者社会的两性职责，就必须重视他们为获取食物而付出体力的多少。既然两性的生物特征在各地都是一致的，那么在物质水平相同的社会中，两性职责的差异就只能归因于劳动任务的安排。在所有地方，女性都要生养和哺育孩子，因此，问题的关键就在于她们还得做哪些其他事情，以及男性要做的事情是什么。在这些社会中，男人和女人都要劳动。具体劳动任务的选择（"职业性"的劳动、家务劳动等）就取决于每种社会中劳动的专业化和差异化水平，而这又取决于技术水平：例如在战争、政治活动和手工劳动中，园地种植者付出的体力就多于狩猎者。

2）养育儿童

在所有社会中，生育时间和抚养规则都要符合女性承担的劳动类型。如果没有一定比例的女性生育子女，并且抚养子女至成人，那么人口就无法存续。这个明显的事实让所有观察者（无论是否是民族学家）都会追问，经济、政治和宗教活动是否与养育后代的劳动相兼容。乍一看，与此观点相关的对比研究表明，安排女性从事物质生产任务得考虑到她们照顾子女的需求。因此，她们的工作总是离家不远，比较简单，不需要花费过多的注意力，没有危险，而且还可以经常中断。但是，这就忽略了另外一种情况，在某些社会中女性也得去遥远的地区采集或种植食物，甚至还得和远方的人们做生意。这时，她们每天得带着孩子步行很远的距离，或者每个季节都得变换居所。而且，这还忽视了女性得用大锅生火做饭，这常常也是非常危险的。此外，照看婴幼儿的工作通常是托付给五六岁的大孩子或者老年人。在许多社会中，除了喝奶之外，婴儿还得吃一些辅食。成年女性从来都不是唯一照看孩子的人。因此，首先有必要重新思考和研究在获取食物以及其他经济活动中如何安排女性的劳动任务。之后，还必须分析如何组织涉及子女的劳动任务。

3) 财产和劳务分配

任何社会中，有权分配和交换家庭单位之外增值的财产和劳务都可以带来权势和名誉。生产此类财富的劳动者可以优先分配它们，但是这并非是自动产生的。男性的优势往往会让男人出于某些有待阐明的原因而拥有分配权。如果女性参与获取食物的劳动，那么她们也有机会（尽管机会较小）参与分配食物。如果她们没有参与该劳动，那么根据规则，她们也就没有机会分配食物。

4) 特殊事件

因为家庭之外的交换往往与某些特殊事件同时进行，所以两性职责的安排不仅受日常劳动分工的影响，同样还受特殊事件劳动与财物分配方式的制约。除日常家务的常规职责之外，一些重要场合例如战争、贸易、节庆和各类仪式等也制造了观看者、组织者、参与者等角色，并以确定的方式安排他们。女性和男性按照各自在整体结构中的相互地位来分配职责。

换言之，这一命题可以表述为：两性关系好坏和男女性别表现很大程度上取决于各自性别和能力的种种可能与局限。在家庭内外各个领域中，不同性别相互协商、赠与和接受，他们互相帮助或拆台，彼此欣赏或厌恶等。哪怕在某个社会内部，男性、女性甚至双方共同承担起巫师的职责帮人算命，哪怕男性或女性在相互关系中是否表现出更大的侵略性，这些都不取决于性别的生物特性，而取决于他们获得权力和维持尊严的能力。

5）象征与仪式

对待性别的态度和男女之间的关系通过一些仪式和符号得以表达，并被确定。阐释仪式总是特别困难，就像最近数量众多的民族学写作所表现出来的那样。许多民族学家认为，仪式并不是被用于描述和概括社会结构，而是为了减轻和补偿这些结构施加的压力。与此相反，我认为仪式在本质上都是一种语言，它可以让群体自我表述，也可以让成员互相交流精神、心理和社会状态。

通过仪式的交流是一种冗余的、关于信仰和关系的再表达。当个人或社会感到脆弱时，这种仪式性的交流就会介入。这种脆弱感有以下四种原因：个人或社会危机（例如疾病、瘟疫、饥荒等）；社会某一循环性生活过程的再开始（狩猎季节或者种植季节的开始等）；个人社会地位转变（启蒙、婚姻、任命等）；某一个体的死亡。仪式及其戏剧化表现超越了这种冗余的再表达，具有一种固有的有效性，并加强了以象征方式表现出来的社会关系和信仰。当涉及社会地位转变时，仪式通过表达和庆祝让该转变成为现实。例如，婚礼把未婚夫妻变成了夫妻。在美国和欧洲都出现过一些试图改变婚礼仪式的倾向。这反映了一些夫妇拒绝通过传统礼节来进入象征化的关系体系。他们不愿意让父亲把女儿牵到祭坛，然后把她交给另一个男人，因为他们不愿意让婚姻成为两个男人之间的交易。

大部分仪式都包含某种对男女性别的象征化。在这一点上，"过渡仪式"最具代表性，特别是男孩和女孩的青春期仪式。在所有文明中，这些仪式都有一个统一的结构。在第一阶段，人们会通过一些方式把候选人和其他人隔绝开来。这些方式会让人联想起在母亲肚子里什么都看不见的场景。在第二阶段，候选人会处于过渡的开始状态，象征性地表示非生非死，非男非女，处于这些可能性的阈限阶段。第三个阶段是一个加入和再加入社会团体的时期，象征着在新位置上的新生（参见范热内普的相关文章）。第二个阶段通常会包含一些痛苦的、耻辱性的考验，这往往象征着摧毁旧位置和为新位置所做的准备。

污染和纯净的观念也常常出现在仪式中。在某个时刻，有些人与物是不洁净的，而且具有一种神秘能力。因此，接触甚至靠近他们都会有危险。这种能力也可以是有益的，或者说带来好处。肮脏和污染能力通常可以归因于一些有生命或无生命的东西。这些东西被视为是含糊不清的，因为它们无法被意识形态划归到某个明确的类别。这种感觉类似于某些人通过不男不女的行为所激起的愤怒。再举一个例子，比如说尸体到底是人，还是一个已经没有生命的东西呢？于是，尸体造成污染的危险可能就源于这种含糊不清。还有，比如说头发和排泄物，它们在什么时候不再属于身体呢？因此，它们让身体的边界变得模糊不清。

选自亨利·孟德拉斯翻译的法文本，原文出自
欧内斯廷·弗里德尔，《女人和男人：一个人类学
家的视角》，霍尔特、里内哈特和温斯顿出版社，
纽约，1975年，第1-11页和第135-141页

性别之异——思想的最终极限

弗朗索瓦丝·艾莉铁

在我看来，只有观察两性差异才是一切思想之源，无论它是传统的还是科学的思想。从思想出现之时，人类的思考就只能落在那些自己能就近观察的事物之上，即他拥有的躯体和所处的环境。人类躯体是一些常见要素（器官位置、基本功能、情绪）的观察之所，它呈现出一个值得关注、当然也激起诸多讨论的特征，即性别之异和两性在人类繁衍中所扮演的不同角色。

我认为，这就涉及思想的最终极限。一个基本的、概念性的对立就建立于此，即同一与差异的对立。它是众多古老主题之一，我们可以在一切古今科学的思想中，在所有的表现体系中再次发现它。

作为意识形态体系的主要支撑，同一与差异的关系是一系列两两相对的、抽象或具体价值对立系统（例如，冷与热、干与湿、上与下、低与高、明与暗，等等）的基础。我们还可以在阳性与阴性的分类表中发现这些相互对照的价值。亚里士多德的理论把男性与女性相互对立起来，就像热与冷、有生命和无活力、气与物那样。如果我们找年代更近的例子，比如18、19世纪保健医生们的医学理论，甚至当代医学理论，我们就可以发现这些对立的分类系统一直或明或暗地存在着。

某些社会如新几内亚人或者因纽特人，也可以为上述观点提供案例。因纽特人的身份和社会性别并非与解剖学上的性别有关，而是与化为肉身的灵魂-名字的性属有关。但是，即使个人身份和性属将一直与他的灵魂-名字相关，在适当的时候他也必须参与他外在性别所要求的活动（劳动和生育）。例如，一个男孩可以因为他的女性灵魂-名字而被当成女孩来抚养至青春期。成年后，他还是要承担起男性的生育职责，并从此投入到家庭和社会群体的男性劳动中，尽管终其一生他都保持着自己的灵魂-名字，或者说保持着自己的女性身份。

然而，还有一种情况，即这种生物现象很可能只有一种表达。我把它称之为"性别差价"。

在《亲属关系的实践》一书中，我曾经写过，除了其他三个"要素"，还要补充"性别差价"这一要素。它也是人为现象，而并非是自然事实。这种差价指的是在男性和女性之间一种有倾向性的概念关系，该关系甚至一直以来都有等级之分的。重量、时间（先/后）、价值等术语都可以体现这一点。无论是母系的克劳制还是父系的奥马哈制，他们的亲属称谓制度都最深刻地表现了亲属关系原则的逻辑。如果我们把这些亲属称谓制度当作一个测试点的话，我们很容易就会在嫡亲的核心关系（兄弟/姐妹和姐妹/兄弟两对关系）以及由此展开的亲属称谓中发现上述的概念关系。

当我特别关注亲属称谓的内在逻辑时，我就发现，克劳制的母系制度本应该相对对应地与奥马哈制的父系制度相反。在奥马哈制体系中，兄弟/姐妹关系可以像"父亲"/"女儿"关系那样用来分析。那么，按照称谓的相反逻辑，克劳制的姐妹/兄弟关系也就应该像"母亲"/"儿子"关系那样呈现出来。

但是，后一情况并非完全如此。在某个假定的辈分上，实际的年龄长幼关系会介入并改变称谓的内在逻辑。也就是说，即使年幼的弟弟可以如此，然而一位女性年长的哥哥是不可能被她当作"儿子"，或者相当于儿子来对待的。即便在嫡亲核心关系的兄弟和姐妹之间，克劳制会从根本上要求女性对男性的支配地位，然而并非所有情况都源于此，甚至在称呼语也是这样（我这里谈论的并非是社会的总体运转）。而在奥马哈制的嫡亲关系中，男性对女性的概念性支配地位则被坚决地贯彻到底。

因此，这种概念性的关系似乎嵌入到亲属关系的深层社会结构中。在社会组织和各种人群的运转中，它的表现方式也是不同的。但是男性准则在社会中的主导地位是一个总体的、可被观察到的事实。在伊洛克瓦人（Iroquois）中，依据母系权力，可能已经绝经的年长女性掌握着相当大的权力，尤其是对那些年龄比她们小的女性来说。但是这并不涉及政治上行使权力的问题，甚至也不涉及决策过程中与男性一样的平等地位。

通过追问这种"性别差价"源自何处，追问应该思考哪些初始现象才能解释它的普遍存在时，我就可以得出一个假设性结论，即它涉及的并非是女性弱点（如脆弱、体重轻、身材小、怀孕和哺乳等），而是源自那些不具备该独特生育能力之人，他们以此来表达控制生育的意愿。因此，我们得讨论生育问题。

当我们谈论性别分类时，就免不了谈论所有相关表述。这涉及生育、胚胎形成、生育者各自的贡献，甚至体液的词汇，如血液、精液、母乳、唾液、淋巴液、眼泪、汗水等。另外，我们发现在这些表述和涉及亲属关系尤其是婚姻关系的更加抽象的要素之间存在密切关联。

除了它们可流动、可渗溢和可流出体外等共性之外，体液并非处处都被视为是相同的、不可分割的基本要素构成。尽管如此，在所有地方，体液都成为观察的对象，被学者们仔细分析研究。

我们都知道亚里士多德是如何解释女性体质内在的柔弱性的。他认为这种体质偏潮湿、易寒冷，这都是因为女性无法反抗，也无法阻止经常性地流血的缘故。男人也会流血，但是都是在他们愿意的时候，甚至我们可以说这些场合都是他们自找的，例如打猎、战争、竞赛等。因此个体并非以相同的方式失去自己身体上的某种物质。失去精液也是可控制的，甚至许多社会和意识形态体系都提倡并教导男人学会这种控制。简而言之，可能就是在上述不平等中，即可控胜于不可控、主动意愿胜于被动承受中，存在着性别差价的模型。因此，这种模型也就可能通过身体，通过生理机能表现出来。或者更准确地说，它是源自人们对这种生理机能的观察。

尽管有些重复，但是这个假设还可以深入讨论：解剖学和生理学上的两性差异是自然现象。然而，通过观察它，产生了一些抽象概念。这些概念的原型就是同一与差异的对立。在此对立之上，既产生了我们所有话语中使用的其他概念性对立，也产生了思想引起的非常重要的价值等级划分。

这是不变量吗？是普遍范畴吗？我们相当多的女同事，还有研究性别人类学的同事，都对此保持怀疑。他们试图揭示，在某些或者在曾经的某些社会中，性别差价并不存在，或者它的运作方式与我们所知道的相反。但是，这些论证仍然相当虚幻。

然而，准确地说，为什么性别差价就像乱伦禁忌一样似乎无所不在呢？在我看来，这个问题源自某些相同的必然性，这涉及构建社会关系以及制定确保该关系运行的规则。除了克洛德·列维-斯特劳斯提出的三个要素即乱伦禁忌、劳动的性别分工和某个公认的两性结合形式外，我想补充第四个要素。即使它看上去并不是那么明显，但是对于解释其他三个要素之运作来说是必不可少的，因为这三个要素涉及的都是男性与女性的关系。我们可以把第四要素比喻成连接社会三脚架三个支架间的绳索，它就是性别差价。这样说可能会让人失望，但是事实就是如此，而非真的仅是为了让人失望。

当然，以上论述非常抽象和笼统。关于社会参与者角色及其当下演变，还有一些细致分析有待完成。但是不要忘了，从原始时代至今，社会参与者一直存在，尽管我们还不能完美地解读他们的角色，以及解读这些角色如何影响身体固有类型的基本表述。而且，具有倾向性的概念关系已经表现出实际的不平等。

选自弗朗索瓦丝·艾莉铁，《男性/女性，差异之思》，奥迪尔·雅克布出版社，1996年，第19—27页

罗马时代的父系亲属关系

菲斯泰尔·德·库朗日

　　柏拉图认为，亲属是敬奉家庭共同神灵而组成的团体。普鲁塔克亦云，兄弟就是拥有共同祭祀义务、供奉相同父家家神、共用同一墓地的人。当德谟斯提尼（Démosthène）试图证明两人的亲属关系时，他就说他们供奉相同的神灵，祭扫共同的墓地。所以，确定亲属关系的就是家庭宗教。如果两人拥有相同的神灵，祭拜相同的家火，供奉相同的祭祀，那么他们就可被称为亲属。

　　然而，在上文我们已经说过，供奉家火的权利只是在男性之间继承，祭祀逝者也只是男人之事。依据该宗教性原则，亲属关系并非由女性建立。古人认为，女人既不能传承生命也不能延续祭祀。儿子的一切都受自父亲。一个人不能分属两个家庭，也不能供奉两处家火，所以儿子就只能信奉父家宗教而别无他选。如此，他怎么可能拥有母亲那边的家庭呢？其实，在完婚之时，母亲本人也就完全脱离自己的家庭。从那以后，她祭祀的是夫家祖先，就像变成这家的女儿。而且，她也就无须祭祀本家祖先，因为她已不再被视为是他们的后嗣。无论是在宗教关系还是在权利关系上，她都不再保持和自己出生家庭之间的关联。因此，儿子和母亲的出生家庭也就无任何关联。

亲属关系的原则并不在于身体出生的实体行为，而在于祭祀。在印度，这一点也表现得十分清楚。那里，家长每月祭祀两次。他会供奉若干份点心，一份给他的父亲，一份给他的祖父，一份给他的曾祖父，但从不供奉女性那边的祖先。然后往上辈推，供奉他的四世、五世乃至六世祖，但是绝对是在宗族之内。对于这些祖先，往往只是供奉一些水和饭，祭品较轻。这就是供奉死者的祭品。可见，人们是以这些祭祀来判断亲属关系的。两人祭祀时，如果他们上溯至六世祖时发现共同供奉某一祖先，那么他们就是亲戚。如果他们只是对这一共同祖先浇祭酒水，他们就彼此称呼对方为"沙玛诺达加斯（Samanodacas）"；如果向这位共同祖先供奉食物，他们就彼此称呼对方为"沙宾达斯（Sapindas）"。按照现行习惯，沙宾达斯是在七代内的亲属，而沙玛诺达加斯可以是十四代以内的亲属。无论哪一种情形，辨别亲属关系都在于判断是否供奉同一祖先。由此可知，女性的出生家庭并没有囊括在内。

西方亦是如此。以前，人们曾大量讨论过罗马法学家所说的父系亲属关系。如果我们将父系亲属关系和家族宗教放在一起讨论，问题就迎刃而解。与家庭宗教只通过男性传承一样，古代法学家都认为，只有当两个男性追溯发现拥有共同祖先时，才能认定他们是父系亲属。因此，判断父系亲属关系的准则与家族祭祀的准则相同，二者存在明显关联。父系亲属关系只能是家庭宗教最初规定的亲属关系。

为了更好地阐明该事实，我们可以分析以下这张罗马家庭的图示。

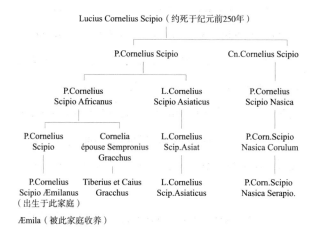

Lucius Cornelius Scipio（约死于纪元前250年）

P.Cornelius Scipio　　　　Cn.Cornelius Scipio

P.Cornelius
Scipio Africanus

L.Cornelius
Scipio Asiaticus

P.Cornelius
Scipio Nasica

P.Cornelius
Scipio

Cornelia
épouse Sempronius
Gracchus

L.Cornelius
Scip.Asiat

P.Corn.Scipio
Nasica Corulum

P.Cornelius
Scipio Æmilanus
（出生于此家庭）

Tiberius et Caius
Gracchus

L.Cornelius
Scip.Asiaticus

P.Corn.Scipio
Nasica Serapio.

Æmila（被此家庭收养）

　　在该图示中，生活在大约公元前140年的第五代
共有四人。他们是否都是亲属呢？如果依据我们现代
的观念，他们都是亲属。但是古罗马人并不认为他们
都是亲属。让我们来审视一番，看看他们是否拥有
共同的家庭祭祀，也就是说，看看他们是否供奉共同
祖先。第三代Scipio Asiaticus在本支系内，只有他一
人在固定日期祭祀祖先。按照男性传承的方式追溯
至第三世祖（曾祖）为Publius Scipio。同样，Scipion
Emilien在祭祖时，也会上溯至Publius Scipio。因此，
Scipio Asiaticus和Scipio Emilien之间就是亲属关系。
印度人会把他们称为"沙宾达斯"。

另外，Scipion Sérapion的第四世祖（高祖）是Lucius Cornélius Scipio，后者也是Scipio Emilien的第四世祖。因此，他们也是亲属关系。这种亲属关系在印度人那里被叫做"沙玛诺达加斯"。如果用罗马的司法和宗教语言来解释的话，这三位Scipion（Scipio Asiaticus、Scipio Emilien和Scipio Sérapion）都属于父系亲属关系：前两位是六等亲，最后一位和前两人是八等亲。

对于Tiberius Gracchus来说，情况就不同了。根据现代人的观点，他是Scipio Emilien最近的亲属，而古罗马人看来，他连最远的亲属都算不上。尽管Tiberius是Cornélie的儿子，而Cornélie是Scipions的女儿，但是这些都无足轻重。从宗教意义上来看，Tiberius Gracchus与Cornélie都不属于Scipio的家族。他们的祖先是Sempronius，他们祭祀的是Sempronius家的祖先。无论追溯到第几辈，他们只会祭祀姓Sempronius的祖先。Scipio Emilien与Tiberius Gracchus因此也就不是亲属。血统关系不足以确定亲属关系，后者只能由家庭祭祀的关系而定。

据此，我们就能理解为什么罗马法律认为同父异母的兄弟是亲属，而同母异父的兄弟却不算亲属，同

时也能明白人们为什么不说男性后代是确定亲属关系
的不变原则。因为亲属关系不是通过出生，而是通过
祭祀来确定的。所以，过继给别人的儿子因为与出生
家庭没有祭祀关系，所以他也就不再和他的嫡亲兄弟
保持亲属关系，而入嗣的外人因为参见这家的祭祀，
也就和这家人成了亲属。因此，的确是通过宗教确定
亲属关系。

后来到了某一时期，无论是在印度、希腊还是
罗马，以祭祀确定亲属关系的做法不再是唯一原则。
随着这一古老宗教越来越弱，血统的呼声也就越来越
高，于是通过血统来确定亲属关系的原则自然也就被
法律所承认。罗马人把这种亲属关系称之为"同血统
亲属"，这种亲属关系完全独立于家庭宗教的原则之
外。

选自菲斯泰尔·德·库朗日，《古代城市》
（1864年），阿歇特出版社，1905年，第58—61页

努尔人的家族制度

埃文斯·普里查德

  我们从氏族、家族及血亲关系的正式定义开始论述。在努尔人中，氏族是最大的父系亲属群体，这些亲属都把自己的继嗣关系追溯至某个共同祖先，而且彼此间禁止通婚，连性关系都被视为乱伦。某些非洲氏族仅仅是那些承认共同父系亲属的人们所组成的一组无差别的群体。而努尔氏族不同，它是一个有着高度细分的谱系结构。我们把氏族里这些细分的谱系支系称为家族。家族每个成员与其他成员的关系都可以准确地通过谱系用语表述出来。因此，既然谱系可以表现出不同家族间的关系，那么它也可以表现出同一氏族不同家族成员之间的关系。氏族是由家族所构成

的系统，而家族则是氏族的谱系细分支系。有人可能
会把整个氏族说成是一个家族，但我们更愿意把家族
视为是氏族的细分支系，并以此来区分二者。此外，
我们也可以把家族视为是谱系上互有联系的成员组成
的父系群体，而氏族则是诸多此类群体组成的系统。
因此，在努尔人中，该系统就是一个谱系系统。在以
下图表中，氏族A细分为最大家族B和C，后者又细分
成较大家族D、E、F和G。较小家族H、I、J、K又是
较大家族D和G的细分支系，而最小家族L、M、N和
O则是由H和K细分而来的分支。而且我们发现，即
使是讨论最大氏族，这些描述家族细分四个层级的词
汇也已经足以应付。努尔人描述家族时最常用的词汇
是"索克·德维尔"（thok dwiel）。他们把最小谱
系单位称为"索克·德维尔"，其时间跨度是从目前
在世之人算起，上溯三到五辈。因此，整个氏族就是
一个谱系结构，图示中的字母代表着某些人物。通过
他们，氏族及其细分支系可以追溯继承关系，并以此
来为自己取名。在努尔人中，即使不考虑大量丁卡人
（dinka）出身的小家族，也肯定至少有二十个这样的
氏族。

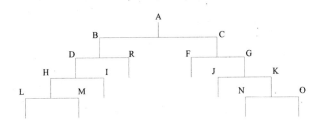

　　在我们通常理解的意义上，家族是指一组活着的父系亲属，他们由那条特定谱系之祖先传承而来。从逻辑上来看，家族也包括那些祖先传下的已经去世的人。有时候，人们在使用该词语时也会把他们包括在内。但是，只有在运用谱系位置来解释生者间的关系时，这些死者才有意义。

　　选自埃文斯·普里查德，《努尔人》，伽里玛出版社，1968年，第221-222页

无父无夫的社会

蔡 华

按照纳人的传统，所有出自同一女性祖先的人均有相同的"骨头"（ong），并且他们皆具有相同的社会属性。凭借这种相同属性的联系，他们皆互为"骨人"（ong hing），即"拥有相同骨头的人"（我们以"社会血亲"称谓之）。根据纳人的身体再现系统，在交媾中，男人被视为是"浇灌者"。这样，个体被视为与他生物学上的男性长辈没有任何联系，况且，生物学意义上的男性长辈并非总是为人所知晓，并且也无需知晓。因此，每个个体的血亲属性仅仅由他和其母亲之间的联系所决定。一个个体是其母亲的血亲，因此也就是其母亲的其他血亲的血亲。

这里涉及的是一种纯粹的、绝对的母系性。……

　　在该社会里，亲属关系的基本结构是母系支系。它只有一种组成成分——血亲成员。每个支系都拥有一个名字，支系内所有成员都共同使用它。支系名字的传承规则也是母系的，它与血亲传承规则相一致。但是，分家之际，新分出的支系并不必然采用与老支系相同的名字。两个支系的成员虽不冠以相同的名称，但是在血亲属性上，他们仍是相同的。因此，与血亲规则相比，支系名字的传承规则在识别个人身份上仅为一个次要参数。

　　除了血亲联系，支系的不同成员间还存在着第二种联系——经济联系：他们居住于同一个宅子，共同劳作，分烹食物。在支系内部，财富共有。准确地说，并不存在个人财产。支系的所有成员尽皆享有相互的权利和义务：上一代抚养下一代。然后轮到下一代照顾年迈时的老一辈。更准确地说，他们互相属于对方。财产在代际之间自然地传承，并不需要像其他社会常常发生的那样，继承要求在某个特定时刻做出任何决定。

　　财富的传承规则也是母系的。因此，在血亲传承规则和和财富传承规则之间有着完全的协调一致。

　　两性的劳动分工在支系成员之间进行。支系有两位家长：男女各一位。根据传统，领导支系的工作由每一代的年长者（长子和长女）承担。最具有代表性的分工是舅舅（男性家长）负责外部事务，母亲（女性家长）负责内部事务。重体力活通常由男性成员负责。纯粹母系性的象征性理念并不意味着权威主要归属于女性家长。并不因为"父亲"的缺位，家内所有的权威就由母亲来垄断。就此而言，个人能力为优先于一切因素的条件。但是，在大部分支系中，男性家长往往比女性家长更具影响力。

长辈有权力领导下一辈，而且有义务向他们传授伦理知识（两性分开传授）和技术知识。在两代人之间，存在着隶属和服从的关系。在该社会里，男性的支配地位是相对的，而年长者的支配地位却是绝对的。

同支系的不同代的血亲始终共同生活，因此，在他们之间形成了第三种联系：情感联系。

纳人社会倡导母系支系内部的团结精神，反对分家。支系成员总是竭力维持支系内部的团结。正常情况下，只是在受制于支系内部的人口规模的时候，分家才能够进行。

这样，从纯粹母系性的概念导出了三项母系规则，它们调节着血亲之间的三种联系，分别是血亲联系、经济联系和情感联系。由此，我们将这三个规则统称为"社会血亲制度"。

纳人亲属称谓的基本特征之一是该称谓体系将社会血亲性禁忌纳入了设计的考虑范围。在一个传统的支系内部，男人没有"儿子"和"女儿"。与此相对称，孩子也就没有"父亲"，无论是在亲属称谓中、权力层面或者在事实中均如此。

鉴于在亲属称谓中姻亲称谓出缺，于是女人没有丈夫，男人没有妻子。……

受社会血亲性禁忌的制约，纳人的性生活模式在男至女方的夜访制度下进行。这种访问制度包含了一个强制规矩：禁止追求同一个（女的或男的）伙伴的两个个体间的冲突。该制度还引出了第二个强制因素：在两个非血亲各自都有兄弟姐妹的情况下，禁止他们共居。最后，道德把两个伙伴互表忠贞的誓言视为"交易"，一种羞耻之举。

通过访问制度的这些规则，尤其是那些否定性规则和强制性规则，在两个非血亲群体之间，该走访制度不导致任何对女性或对男性的交换。然而，在社会血亲性禁忌的规则下，在非血亲支系之间应当存在着某种互惠的关系。

的确，从男性的角度观之，在其一生中，访问从不固定于某个唯一的伙伴，鉴于这种访问是受自发性引导的，通过当晚的选择导向的，并且由时机和其属意女性是否空闲制约的。简言之，就是由偶然性导向。再者，在性生活中，男性只有一个目的，就是去玩耍。然而，纳人认为，对于女性来说，交媾本身就是一种来自男性的善行，因为"天上不下雨，地上不长草"。对于生育来说，交媾是必要条件。这样，访问制度在此便蕴含着在各个非血亲支系之间普遍施善带来的互惠性。……

关于亲属关系，纳人社会具有以下特征。其母系性是绝对的。它的血亲概念与生物学上的血亲概念迥然有异，这一概念全然是社会性的。兄弟和姐妹从不分离。兄弟/姐妹关系处于血亲关系的核心，因此也位于纳人亲属关系的中心。与母亲的血缘关系就足以赋予孩子合法身份。对于孩子，舅舅扮演着其他社会中父亲的角色，当然生物学意义上的父亲的角色除外。……

自1956年起，与整个中华民族一样，纳人也相继经历了几个不同的时期：分田到户、合作社、人民公社和家庭联产责任制。历史又一次显示，这些土地制度均未能对纳人的亲属制度产生影响，除了家族祭祖仪式（**bu si nin**）消失之外。后者是因为1958到1960年间，所有的收成都归于人民公社。

大约在1960到1980年的二十年里，所有的宗教活动都被禁止。

从1959年开始，在永宁当地实施了四次婚姻改革。在极端主义者的影响下，最后一次改革甚至通过行政措施把一妻一夫制强加给纳人。但是这些努力皆未奏效。1980年，这次婚姻改革的做法被官方认定为错误的。1988年，宁蒗彝族自治县通过自治条例，规定了不强迫少数民族改革他们的习俗，除非是他们自愿改变。但是，当地政府必须让人们遵守法律，因此，根据中国的婚姻法，仍制定了对"非婚生子女"的罚款。

除了皈依佛教外，自清代至今，纳人已经从一个平等社会进入等级社会，然后又从等级社会再次回到无等级社会。他们经历了两种不同的政治制度：土司制度和现行制度。此外，他们还经历了多种土地制度。尽管如此，甚至在极端主义者制定的"婚姻改革"之后，被引进的也仅仅是婚姻的模式，而非婚姻制度。在漫长的历史中，纳人的亲属制度表现出了坚韧性，以及很强的与各种情势的兼容性。

选自蔡华，《无父无夫的社会 中国纳人》，法国大学出版社，1998年，第349—358页。

夫妻家庭

爱米尔·涂尔干

　　我所说的"夫妻家庭"，是指源于日耳曼社会，也就是在现代欧洲最文明的民族中形成的家庭。因为这种家庭长期演化并最终固定在我们民法体系中，所以我将描述它的最本质特征。

　　夫妻家庭是父系家庭收缩后所带来的结果。后者由父亲、母亲以及除女儿及其后代之外的所有后代组成，而夫妻家庭却只包括丈夫、妻子以及未婚的未成年子女。该群体成员间的亲属关系不仅非常特殊，而且只存在于成员之间，被限定在父权覆盖的范围内。在子女长大成人前，父亲既要养育他们，也要教育他们。反过来说，子女也被置于父亲的附属关系之下。

子女既不能左右自己的人身，也不能支配自己的财富，这两者都由父亲来掌控。子女甚至也没有民事责任，它也已经被移交给父亲。当子女到了结婚的法定年龄——尽管21岁是民事上的法定年龄，但子女的婚姻问题也依然受到父亲的监护——或者一旦子女合法结婚，那么这些关系就全部结束。此后，子女拥有自己的人格和独享的利益，并为自己负责。当然，他也可以继续生活在父亲的保护伞下，但这种情况只是身体或纯粹道德上的事实，并不具备父系家庭那样的法律意义。而且，通常子女甚至还没到法定年龄之前就和父母分居。无论如何，一旦子女婚后，他就必须自立门户。当然，他仍然保持与父母的联系，还得赡养生病的父母。反过来说，他也有权占有家庭的部分财富，因为（按照法国的法律体系）子女不可能完全地被剥夺作为继承人的权利。这些只是（从以前的家庭形式）遗存下来的法律义务，甚至其中的第二条注定会消亡。今天，已经没有任何东西能够让人回到永久的附属状态，这种状态是父系家庭或父权家庭的基础。既然这种家庭唯一永恒的要素是夫妻，而且既然所有的子女迟早都会离开家庭，我宁愿把此类家庭称为"夫妻家庭"。

　　……

　　每个组成此类家庭的成员都有自己的个体性和行动范围。即使是未成年的子女也拥有个体性，尽管它受制于父亲的个体性，一个小小的成长过程都受到后者控制。子女也会拥有自己的财产，尽管在18岁以前，父亲在事实上有权享有这些财产。但是，如果父亲没有履行对子女的某些义务，那么这种财产的用益权也就不复存在（参见《民法典》第385条）。未成年人甚至还会拥有不受该责任约束的财产，也就是说，这些财产是他自己的劳动所得，他的父母并没有从中受益（参见《民法典》第387条）。最后，在人际关系方面，父亲对未成年人的管束权也受到严格限制。古老的共产制所遗存下来的一切，只是父母对16岁以下子女财产的用益权，以及进一步受限的后代拥有先辈财产之权利，这是限制遗嘱权的结果。

　　但是，此类家庭更新颖、更别致的特征是国家越来越多地干预家庭内部的生活。可以说国家已经成为家庭生活的一个因素。只有通过这一中介因素，才能在父亲越限时行使矫正的权力。只有国家才能以法官的名义主持家庭委员会。倘若未成年的孤儿没有被指定监护人，该委员会就为他们提供保护，并且裁定和要求暂时中止成年人的公民权利。在某些情况下，近年的法律还赋予法庭宣布剥夺父权的权力。不过，与其他事实相比，另一事实可以更好地说明在这些条件下家庭如何发生如此巨大的变化。如果没有国家这种新要素介入，那么夫妻家庭就不可能诞生于父权家庭和父系家庭，或者来源于两种家庭的结合体。那么，目前的亲属关系就可能经常破裂，要么由想离开家庭的亲属……造成，要么由他所依赖的父亲造成。前一种家庭是同宗家庭，也是父系家庭；后一种家庭则只能存在于父权家庭中。对夫妻家庭来说，亲属关系完全不可分割。通过把家庭纳入自己的保护之下，国家收回了个人打破家庭的权利。

选自爱米尔·涂尔干，《哲学杂志90》，1921年，第35-38页。本文是作者去世后，由学生根据1892年的课堂笔记整理而成。

比利牛斯山区的根系家庭

弗雷德里克·勒普雷

公共舆论在此地区，特别是此类家庭中，维持了一种和法国其他大部分地区截然不同的组织方式。家庭财富完整地在代际更替中保存下来，并在完整的生活团体内把所有不愿在外安家的成员聚集在一起。财富总是传给年龄最大的孩子（长子或者长女）；家庭姓氏本身可以通过宗教方式保留下来；按照习俗，它可以被授予迎娶家庭女性继承者的那位女婿。因此，如下文所示，现在的家长名叫Joseph P*，通过迎娶女性继承者进入家庭之后，也就通常以M**的名字被大家熟悉。在大家看来，这个名字毫无疑问得授予家庭财产拥有者。它之前属于Joseph P*的岳父Pierre

D**，后者也是通过迎娶女性继承者的方式进入家庭。现在，这个名字又被授予Bernard O**，因为他迎娶了Joseph P*的长女。一旦Joseph P*去世后，Bernard O**就会接替他，成为这个团体的首领。

以下是这个团体15位成员的姓名、年龄和亲属关系：

1. Joseph P*，被称作M**，家庭主人，已故前任女性继承者Dominiquette D**的丈夫，74岁。

2. Savina P*，被称作M**，Joseph P*的长女，自从母亲去世后就成为家庭女主人，财产的女性继承者，19岁结婚，目前正怀着第八个孩子，45岁。

3. Bernard O**，被称为M**，Savina的丈夫，家长，将来会接替Joseph P*成为家庭主人，60岁。

4. Marthe O**，被称作M**，Savina的长女，未来的女性继承者，18岁。

5. Eulalie O**，Marthe的双胞胎妹妹，18岁。

6. Germaine O**，Savina的三女儿，16岁。

7. Elisabeth O**，Savina的四女儿，14岁。

8. Suzanne O**，Savina的五女儿，12岁。

9. Joseph O**，Savina的第一个儿子，9岁。

10. Dorothée O**，Savina的六女儿，7岁。

11. Jean D**, 被称作M**, Savina的舅舅, 单身, 56岁。

12. Marie D**, 被称作M**, Savina的姨妈, 单身, 48岁。

13. Jean-Pierre P*, 被称作M**, Savina的弟弟, 单身, 38岁。

14. Dominique P*, Savina的弟弟, 体弱多病, 单身, 32岁。

15. Antoine R**, 单身, 家庭中的外来者, 被雇为牧羊人兼仆人, 59岁。

1826年以来, 该团体已经让10位成员在外面成家立业, 分别是Pierre D**的两位儿子（分别在30和28岁结婚）和三位女儿（分别在38、26和34岁结婚）、Savina（1837年26岁时结婚）、Joseph P*的一位儿子（29岁结婚）、他的其他三位女儿（分别在24、25和21岁结婚）。在该行政区域, 从大部分家庭收集来的信息都是类似的。这表明, 考虑到男孩参军、男女孩献身于修会或宗教团体以及各种原因导致的单身等情况后, 就可以算出至少平均每个家庭每四年就会举行一次婚礼, 或者每年平均每八个家庭就会组建一户新的家庭。因此, 在团体外成家立业的年轻人就属于上文中提到的某种类别。他们中的大部分人从事建筑、家具制作、向导、马匹租赁等行业，也就是说从事每年会带来大量外来人口的职业。因为缺乏前往法国殖民地的动力，加上不愿意远离祖国，只有少量的年轻人会受到下比利牛斯地区居民的鼓动，踏上前往南美的道路。

家长和女性家长在家庭成员中拥有实施大规模劳动和维持内部秩序所必需的权威。因为孩子们看到家庭成员在任何情况下都会遵守家长的命令，所以他们很小就已经习惯于尊重社会地位更高的人。如果没有这种尊重，就无法维持国家的稳定。但是，家庭生活中形成的情感又会在下属成员那里减弱这种权威的力量。成员对待孩子们都很温柔，并花费了大量心血教育他们。尽管成年人的劳动任务比较繁重，但是他们能完全自由地参加所处年龄段的各种游戏。我们发现，在学校教育的影响下，孩子们比老年人更加熟悉法语，他们使用当地方言的情况也少于老年人。尽管结婚较晚，但是年轻人的习俗具有代表性。保持单身的家庭成员把自己本可以享有的嫁资留在团体内，因此，他们就得到更多的尊重。仆人完全和家庭成员一样，有房住，有饭吃，有衣穿。他们的处境源自古老习俗，而且和现在法国社会大部分阶层中仆人的境遇形成鲜明对比。

除了年龄最小的两个孩子，其他家庭成员都要共同参加耕种与收割，以及其他专门的劳作，比如杀猪、剪羊毛、用茅草盖仓顶，等等。

男人的劳动——由男人完成的劳动主要有：犁地和割草；照料奶牛、羊群、马匹和蜜蜂；砍伐树木、打制蹄铁和维修农业工具。

女人的劳动——由女人完成的劳动主要有：菜地种植；养殖家禽；家务活尤其是打扫清洁；制作面包及其食物；洗衣服；纺线以及用亚麻和羊毛织布；缝补衣物和家庭其布料。特别是女主人要负责菜地、烹饪和赶集等事务。然而，制作奶制品从来都不是女性特有的工作。

孩子的劳动——孩子们很少参加劳动：12岁和14岁这两位年龄较大的女孩更多的时候都是在上学和上教理课。7岁和9岁这两位年龄较小的孩子全年也在上学和上教理课。人们不会要求他们从事繁重的劳动。他们需要做的事情有：纺线、编织、照看羊群、打猪草。这些对于他们来说既是劳动，也是休息。

结婚年龄都比较晚，对于女孩来说大概是24到25

岁，对于男孩来说大概是28到30岁。甚至常常有人比上述年龄更晚结婚。每对夫妻通常有八到十个孩子。年龄最大的孩子（无论是男孩还是女孩）在父亲家里最早结婚。根据传统，这个年轻家庭终有一天会继承财产，因此也开始渐渐地帮助年迈的父母管理团体事务。选择某个适当的时候，人们会评估财产，并把法律上属于父亲的四分之一财产交给该年轻家庭，后者会把增值部分交还给父亲。另外，其他每个孩子逐渐离开父亲家时，也会陆续分得一份同等的财富。婚后，他们就放弃所有对家庭财产提出的要求，这相当于他们在偿还领取嫁资时从团体预支的好处。通常，还有其他情况也在促成婚姻。想结婚的年轻人会一直努力通过劳动和节约来提高收入，并把它攒下来以作嫁资。与此相反，与家长给他们布置的任务相比，那些不想结婚的人更喜欢享受待在父亲家里的平静。而且，他们还可以依靠家庭内的尊重和情感，以此来增加收入和减少负担。那些从小进入修会和修道院的人们更加有利于家庭保存整体财富，因为他们会把自己的那份财产让给长兄或长姐。

在每代人中，家庭会让至少六到七个孩子成家，甚至更多。

农民小块物产的整体继承会产生一种无约束的劳动制度，因而它是这个地区社会制度的基础。它在家庭各代人之间建立起长期联合，并且，这种联合建立在各方一致同意之上。它还给他们留有在外成家的机制，这是通过各自领取嫁资的方式实现的。借助持续劳动，这种根系家庭拥有非常好的道德基础和生活条件。而且，平均每四年都会有新的后代出生。这些后辈也会被培养得既勤劳又听话。只需要很小的资本，他们就可以给处于发展中的国家创造可贵的财富。对于雇用工人、招募军队、组建舰队和拓展殖民地而言，这种制度具有显而易见的好处。它可以为维持公共秩序、发展公共机构和提高公民自由提供许多特别的保障。例如，在瑞士德语区、德国北部、丹麦等地，它还可以最大限度地协调公共利益和个人舒适生活。

但是，不得不承认，因为使用本地语言和缺乏快速联络方式，这种建立在地方传统、集体利益和知识封闭之上的社会组织方式是没有未来的。它无法与各种正式的法律规定抗衡，也无法抵御公共教育进步和联络渠道完善所必然带来的各种舆论。这些新趋势虽然目前还没有占据主导地位，但是已经在比利牛斯山脉的这个地方受到欢迎。一方面由于上述新趋势的影响，另一方面又受到那些想介入这种强制性财富分配的法律人士的鼓动，许多年轻人开始抗拒家庭的传统婚姻，要求细分遗传下来的财产。对于那些已经长期细分财产的家庭来说，他们已经从农民变成雇员：无论是在道德关系还是在物质关系方面，他们都处于一种远低于前辈们的处境之中。只需一项专门调查就可以有效地补充现有研究，彻底弄清楚这个问题。

选自弗雷德里克·勒普雷，《两个世界的工人》（写于1855年），部分再版于巴黎，绿树出版社，1983年，第66-86页

美国的亲属关系

塔尔科特·帕森斯

为了从功能分析角度找到美国亲属关系的类型，我们必须从一个基本事实出发：即"自我"不是夫妻某方家庭的成员，而是双方家庭的成员。在所有亲属制度中，我们都能发现该事实之重要性。在我们的亲属制度中，它更是具有非同寻常的重要性。这种重要性既与夫妻家庭的结构优越性有关，也与这种家庭的独立性有关。在大部分亲属制度中，在某个或大或小的亲属关系单位内部，许多人终其一生中都保持一种稳定地位（尽管这种地位也可能会发生变化）。但是，在美国，这种情况对任何人来说都不适用。

最直接的结果体现在与代际关系和兄弟姐妹关系相比较之下的夫妻关系。换句话说，与其他亲属制度相比，通过婚姻，自我彻底与"原生家庭"分离，与父母及祖辈们分离，也同样与兄弟姐妹们分离。他首先得和自己的配偶，以及夫妻共同的子女紧密联系在一起。另外，由于共有住所、收入和地位，他的"生育家庭"也会形成一个团结的单位，其中不同个体的利益很少分离。然而，当自我利益与"原生家庭"利益分离时，就会减弱这种联系二者的团结。

对于成年后的"自我"而言，夫妻关系的重要性与我们曾指出的那种多线条几何对称特点有关，尽管这种夫妻关系会损害他与父母以及与兄弟姐妹之间的关系。从夫妻双方的角度看，任何一方的"原生家庭"都没有在地位上得到承认的优势。在某种意义上，这是一种权力平衡，而且在两个"原生家庭"之间维持平等的必要性也有利于保持生育家庭的独立。

因此，我们可以得出结论，在其他制度所不具备的某种特殊意义下，夫妻关系组成了我们亲属制度的重要基础。这一事实源自夫妻家庭对原生家庭的脱离：即已经结婚的夫妻不再得到其他相对强烈的、让夫妻附属于他人的关系的支持。这种情况影响了人们选择配偶。我们的亲属制度对此影响不大，因为它不承认在亲属关系基础上存在着某种有偏向性的婚姻。新的家庭也不会像其他制度的家庭那样进入已存在的亲属单位，所以未来配偶的父母对配偶的选择也就没有理由干涉，或者退一步说干涉的理由不值一提。

的确，某种类似于包办婚姻的制度仍然存在，特别对在同一社群里成长的夫妻来说就更是如此。在这种情况下，仍然存在被设计好的婚姻，或者说存在着类似"娶老板女儿"的本位主义动机。我们开放的制度倾向于纯粹的、由个人选择配偶的方式。在这种方式下，父母带来的影响不大。伴随着居住和工作场所日益增强的流动性，这种方式变得更加普遍。尽管它并非是亲属结构的严格要求，但是它也没有阻碍这种婚姻自由。而且很有可能，这种情况还通过多种方式促成了该自由（例如所谓浪漫爱情的重要现象）。

还有一个类似问题与这种夫妻关系有关。在某些其他制度中，许多个体处于一种相互依附的复杂状态。这些制度会限制个体的个人情感深度，或者至少会限制情感的表达。过于广泛的自发情感可能会干扰太多个体的利益和地位，并且可能会威胁到整个制度的平衡。限制情感自发性的需要就成为根本原因。因

此，被安排的婚姻通常也就会出现在这些亲属制度
中，尽管新婚夫妇加入的是范围更广的亲属关系集
合。上述需要也会强烈地影响婚姻关系本身，只不过
它是通过强调地位、对他人的义务等客观因素的方
式，而不是通过主观的感情。这样，夫妻家庭分离出
去也就等于把情感从一系列的限制中解放出来。

与此相对，在其他亲属制度中，这些限制性力
量会抑制情感表达。但是，它们在功能上也具有一个
积极的意义，即维系亲属群体的团结。在角色定义中
非常明确的某些要求与一种或积极或消极的、复杂的
惩戒制度联系起来，如此它们就可以确保实施原则的
稳定性。然而，在我们的制度中，源自制度本身的其
他功能几乎无法给夫妻提供全面的制度支持，或者说
这种支持更弱。因此，找到功能相同的替代物就势在
必行。也许，在感情上规定夫妻双方必须互相扶持的
这种类似制度性的要求，或者简单来说夫妻必须相互
恩爱的要求就具有上述意义的功能。尤其在我们的文
明中爱情无法和强迫相兼容，那么这种要求就可以让
我们自由地选择配偶。对于我们称之为浪漫的态度来
说，这也是一个重要基础。

诸多心理学研究表明，对个人而言，在原生家庭

中从小塑造与家庭成员的感情联系非常重要。当强烈的感情联系建立后，这种感情联系的内在压力，以及为了协调各种感情而不得不做的某些根本性改变，都会让个体承受非常大的压力。

因为所有的亲属制度都禁止乱伦，所以在家庭内部禁止性关系到通过婚姻（伴侣往往是非熟识的人）建立性关系就成了规则。但是，在我们的制度中，该过渡还伴随着解除束缚的阶段。在此阶段，和父母以及兄弟姐妹的关系都会变得松散。而且我们的制度的这个阶段比其他大部分亲属制度还要严重得多，因为它会不加区别地运用于两性，并且不加区别地淡化和所有原生家庭成员间的团结，以至于自我和家庭通过出生关系建立的延续性被削弱至最低限度。

还有两个方面强化了这一事实。因为亲属单位通常就是夫妻家庭，所以孩子就只是和少量的人保持关系，他的情感就不会泛化。还须指出一个重要事实，对于孩子而言，没有哪位女性的角色会比母亲更重要。因此，家庭关系情感的平均深度得以提高。另外，孩子在家庭外的关系对他来说只是在很小的程度上受到家庭地位的影响。无论是在学校还是和玩伴们一起，都得由他本人通过竞争来确定自己的水平。因此，他在家庭内部找到安全感的难度也就有所增加。

这种情况的特征就是以下对照，即家庭关系的重要性加强，但是从中摆脱的必要性也同样加强。因此，就像我们通常所遇到的情况，青少年以及之后的阶段是生命中特别困难的时期。

专属青年阶段的生活方式、在童年和成年之间年龄群所特有的价值和态度，都和这种困难的情况有关。青年阶段不需要承担责任，并且追求快乐，不断地寻找浪漫的爱情，甚至不用学习成年人的价值观和责任感。这种生活方式其实是对情感压力的反抗，是对无安全感的反抗。而且很可能，这种生活方式也有它积极功能，即它会让童年情感的依附状态到成熟状态之间的过渡变得更加容易。在此，我们就发现浪漫爱情的第三个潜在要素，这也为我们社会所特有。

选自塔尔科特·帕森斯，《行为社会学的要素》，普隆出版社，1955年，第138至143页

服务于经济增长的亲属关系

杰克·古迪

观察家庭在印度企业中的地位不会发现令人惊讶的事情，但是对于那些在鲁滨孙式资本主义神话中成长起来的欧洲人来说则不然。这种资本主义是单个企业主个人探险式的财富追求。如果说种姓制度和亲属关系的力量曾阻止过，甚至禁止过资本主义的发展，那么该如何解释如此多的古吉拉特（Gujarati）银行家、商人和工业家在东非以及世界其他地方如英国、美国等创办企业呢？很明显，商业资本主义在东方和西方都曾非常重要。尽管在商业刺激下印度也开展了早期的工业活动，但是后来还是欧洲在工业生产领域取得优势。无论是创新还是改造，印度的工业都没有获得成功，尽管它得到了网状结构家庭关系的支持。种姓或者说"贾蒂"（jati）则是一个更大的网。正如我指出的那样，在马尔瓦尔人（Marawari）、切提亚尔人（Chettiar）和耆那教徒等其他案例中，它们同样发挥了作用。在英国莱切斯特市的伊斯玛仪派社群中，我们可以发现类似于种姓集团的情况。当这个印度穆斯林群体的成员被驱逐出东非来到欧洲后，两位来自加拿大和他们有联系的商人被派到他们那里开展活动，例如开办加油站，以此来为他们同区域的人提供就业机会。这个伊斯玛仪派社群在成员中形成了一种特别强烈的团结要求。然而，同一城市其他社群则很少帮助新来者。

印度的事实表明，我们得重新审视社会学家（以及其他学者）的论点，因为他们认为大范围亲属关系网的存在会阻碍经济现代化。因为这些家庭、亲属、种姓或者阶级的网络为某些类型的商业活动提供了明显优势。对于古吉拉特、拉杰普塔纳的银行家，或者在切提亚尔人社群中，这的确是事实：信息交流、热情好客和信任之网的存在是关键优势。对于生意而言，这当然是外在的好处。正如我在上文中提醒的，印度的缺陷之一就在于印度银行和英国银行一样，把大部分的钱都做了短期投资（然而，这并不能避免像1906年在马德拉斯那里发生的破产事件），而且印度企业主通常都依附于种姓家族圈，以此来筹集资金，充实资本。我刚刚提到家庭社群会提供支持，但是对于大型项目，切提亚尔的银行家还是会直接依附基于亲属关系之上的种姓关系。这些银行家的故事已经催生了许多重要研究，有些涉及家庭和核心社群在金融生活中的功能，另一些关注集体行为和个体行为之间联系与对立等更加普遍的问题。日本社会学家伊藤钟史（Shoji Ito）指出，纳卡拉塔尔人（Nakarattar）前工业时期的银行活动建立在自主决策权之上，这种权力以类似西方的方式集中在夫妻基本单元中。只有到了20世纪30年代后，工业投资增长才催生出"家庭社群"体制。另一位研究者麦德合文（Madhevan）判断，基本变化发生在种姓内微型组织形式和种姓层组织形式之间。此外，卢德纳（Rudner）认为，切提亚尔的银行都是由家庭社群领导，至少对于那些成功的企业来说是如此。他进一步否认把该现象和西方进行比较的恰当性：对于卢德纳来说，印度南部体现了一种"集体主义的资本主义精神"，而在西方占据优势的则是个体主义精神。

　　当然，就切提亚尔银行家最早的活动来看，他的看法正确。但是，根据由夫妻或社群家庭单位控制来判断社会是个体主义还是集体主义的，这种方法过于两极化，最终也没有现实意义。在所有社会中都存在，甚至同时存在简单和复杂的家庭结构，它们都属于家庭群体的发展阶段。根据它们与社会政治经济联系的不同方式，它们的比例也有所不同。在印度，平均来看，基本"消费单位"——家庭在缩减，但还是高于欧亚大陆的其他地区。如果我们把印度和西方相比较，在印度社会经济舞台上，家族即共同祖先的后代们扮演着更为重要的角色，有时甚至是扮演着"印度共同家庭"的角色，当然后者常常以不怎么正式的方式出现。在这种初级、宽泛的圈子上，还必须确定家族的关系。在城市社会中，这种关系的重要性通常有所减弱。但是，与诸多西方学者的断言相反，"扩大"的家庭单位、总体的亲属网络和种姓关系并没有阻碍经济的增长，反而经常在工商业活动中发挥决定性作用。而且，该现象绝非是印度的专属。

　　这些东方案例让我们必须重新思考西方的历史。在意大利、英国、日本，甚至在今天的中国台湾，我们会和分散的、个体主义的（当然在他身边陪伴的不是黑人"星期五",而是白人妻子)、鲁滨孙式的人物打交道吗?我们已经评估亚洲工商业经济发展中亲属关系的功能。但是,无论是意大利、日内瓦或是阿尔萨斯的银行家,还是里尔和鲁贝的纺织业老板,甚至其他人,他们的情况都证明企业主和资本家的大家庭在企业创办和管理中扮演了非常重要的角色。

意大利的银行一开始就是家庭事业。中世纪末的欧洲,家庭生意非常流行。罗浮(R de Roover)曾把这种家庭群体占统治地位的最古老商业企业形式与14世纪美第奇家族相关的联合企业进行比较,后者已不再是家庭式。这些非家庭式企业的增多是研究文艺复兴时期威尼斯和佛罗伦萨的重要主题。毫无疑问,这些商业公司在规模和复杂程度上都有所提高,尤其是在早期的工业生产领域。这种情况提高了家庭之外招募合作伙伴的商号比例。但是这种表面上的线性进步其实是一个循环。家庭商号可以变成官僚式的组织机构。但是它们不会消失,因为总有新的商号开办,而且这些新商号首先就是建立在家庭式的基础上。1386年前后,美第奇家族也回归到家庭式的企业联合。因此,在事实上,家庭和非家庭两种模式在任何时候都是共存的。

家庭似乎在银行领域曾经特别活跃。我们已注意到意大利的家庭式银行在英国都铎王朝时期的持续影响力，尽管英国历史学家因为股份制而更加关注17世纪的贸易企业。然而，许多英国的或者外国的银行，还有其他形式企业组织方式的核心仍然是相互联姻的个人。

由此，我们可以料想，因为缺乏合适的学校，16世纪的商人通常是在自己企业内部向儿子们传授商业的基础知识。这也就体现了很大的职业稳定性，以及真正的家族延续性。而且，同一家庭的兄弟们通常是在相同企业里一起工作。通信、商业汇票和交易都是共同实施，商品也是共同财产。兄弟们倾向于"父亲去世后很多年里仍然保持他们的共同遗产"。如果企业利益需要，这个情况会持续更久。扩大的亲属关系也和商业管理相联系。佛罗伦萨的弗雷斯克巴尔迪家族（Frescobaldi）是在美第奇家族的衰落和福格家族的兴起之间最有实力的两大金融巨头之一。16世纪初，它在布鲁日、伦敦和威尼斯都有分号。而本维斯·德·卢克（Bonvisi de Luques）家族的生意遍及安特卫普、伦敦、热那亚、威尼斯和皮亚琴察。1575至1609年间，本维斯家族在里昂开办了六家企业，它们都是由同家族的成员组成。另外，我们还可以认为，16世纪意大利的经济衰退加强了家庭在经济方面的介入，以尽量减少成本。同屋檐下生活、集中资本、限制婚姻数量都有助于实现这一点。但是，对于分号遍布整个欧洲的银行家族来说，上述方式很难实现。而且，对于合作而言，与"印度共同家庭"在同一地方生活相比，这些银行家族共同居住的情况并未显得更为必要。

选自杰克·古迪，《东方与西方》（法文本），瑟伊出版社，1999年，第191-194页以及第247-249页

父权与民主

亚历西斯·德·托克维尔

　　建立在贵族制和等级制之上的国家，政府从不向被统治的全体民众直接呼吁或求援。人们都是相互联系的，有些人善于迈出第一步，而其他人则追随他们。这种情况也适用于家庭和所有由个人领导的社团。在贵族制国家，社会实际上只承认父亲作为家长，并且通过父亲之手来控制子女。社会控制父亲，而父亲控制子女。因此，父亲不仅有管教子女的自然权力，而且还被赋予了指挥子女的政治权力。他既是家庭的创造者，又是家庭的维持者，还是家庭的行政长官。

　　在民主制国家，政府权力作用于民众中的每个人，并且以同样的法律直接管理每个人，因此，它不需要父亲来充当中间人。从法律层面来看，父亲不过是比子女年龄更大、更加富裕的公民。

当大部分生活条件极不平等，而且这种不平等又是永久性的时候，上级的观念就在人们的想象中形成；即使法律并没有赋予这个上级以特权，传统习惯和公共舆论也会让他享有特权。与此相反，当人与人之间没有大的差别，而且不再有永久性的高低之分时，关于上级的普遍观念就会越来越弱，越来越模糊；即使立法者凭自己意志强行安排一位上级，让他发号施令，亦毫无作用，因为习俗会让不同个体日益接近，并最终处于同一水平。

因此，即使我从来没有见过贵族制国家通过立法授予家长特权，我也仍然确信贵族制国家家长的权力要比民主国家更加重要和普遍，因为我知道不管法律是否做出规定，在贵族制国家里，上级总比在民主国家里的地位要高，而下属的地位相应地更加低下。

当人们生活在过去的回忆中而不是关注现在，当他们尊重祖辈的想法多于自己的想法，父亲便成为连接过去与现在的、天然的和必然的桥梁，成为联系和联结这两个链条的扣环。因此，在贵族制国家里，父亲不仅是家庭的政治长官，而且是家庭里传统的传承者、习惯的解释人和风俗的仲裁人。家庭成员都要恭敬地听从他，尊重他，并且始终诚惶诚恐地爱戴他。

当社会状态变得民主，人们把独立判断所有事物作为基本原则，并认为该原则正确且合理，而且把过去的信念作为参考而非规范之时，父亲的意见对子女的影响就会减弱，正如他的合法权力减弱了一样。

民主制度导致了分家，造成一系列后果。其中，最重要的也许是改变了父子关系。

当作为家长的父亲财产不多时，他将会长期和儿子一同居住，共同参与劳动。习惯和需要使他们相互依靠，并且不得不时刻保持交流。因此，他们之间就会建立起亲密的家庭关系，这种关系减少了父亲权威的绝对性，并且很少使用表示尊敬的外在礼仪。

然而，在民主制国家，拥有少量财产的阶级才能够让思想产生力量，使风俗发生改变。这个阶级让自己的意见和意志处处占据上风；甚至最想抗拒它的人，最后也不得不去仿效它。我就曾经看到，某些激烈地反对民主制的人们也曾容忍子女用"你"而不是"您"来称呼他们。

因此，当贵族失去了权力，人们也就发现那种严肃的、约定俗成的、合法的父权也随之消失，围绕家庭的是重新建立起来的平等关系。

总而言之，我不知道社会是否在这种变化中受损，但我确信个人却因此获益。我认为，随着风俗和法制日益民主，父子间的关系也会更加亲密和温和。当过去的规矩和权威减弱时，父子间的信任和爱戴反而更加坚定。看上去，父子间的天然联系更加紧密，而他们之间的社会联系却相对松弛。

在民主的家庭，除了向子女表达爱意和传授经验，父亲并没有任何其他权力。人们可能不会服从他的命令，但往往仍然会听取他的建议。虽然子女对父亲不再俯首帖耳，但至少对他表示信任。子女和父亲的交谈没有固定格式，前者随时都可以和后者谈话，每天都可以咨询他。于是，家长和长官消失了，但父亲依然存在。

为了判断两种社会状态在上述方面的差异，只须稍稍阅读贵族留下来的家书即可。这些书信的文体往往合乎规矩、死板生硬，字里行间勉强透露出一点天然的情感热度。

与此相反，在民主制国家，儿子写给父亲的文字中总表现出某些自在、亲密和依恋，让人一眼就可发现家庭内部建立起新的关系。

　　选自亚历西斯·德·托克维尔，《论美国的民主》，加尼埃-弗拉马里翁出版社，1981年

第四章

社会联系：交换、权力与组织

本章引言

　　列维·斯特劳斯在论及乱伦禁忌时指出，交换是
首要的社会联系。该禁忌禁止个人迎娶自己的姐妹，
而是把她嫁给别人以交换自己的妻子。交换也可能是
仪式性的，就像马塞尔·莫斯在《论礼物》中所分
析的夸富宴那样（选文1）。皮埃尔·布尔迪厄也曾
重新讨论过该问题，强调交换产生策略（选文3）。
交换也可以是简单日常的，纯粹是一种礼貌，如克
洛德·列维–斯特劳斯所描述的用葡萄酒敬酒的案例
（选文2）。

　　交换也是庇护关系的内在原则，它把被保护者
变成保护者的受恩人，并等待保护者的庇护。被保护
者还通过某种象征方式或者通过捐献向保护者承诺忠
诚。封建制度（选文1）是最完美的社会案例，它把
庇护关系确立为社会的主要框架。沃特伯里指出，在

地中海地区的社会以及它在南美的后继社会中，这种庇护关系仍是根本（选文4）。

托克维尔在个人主义的发展中看到了消解社会联系的危险，而且这种担忧一直持续到今。美国案例让他发现解决个人主义的法宝是结社（选文5）。

如果说社会联系不是在平等人之间相互交换，那么它就是权力工具。马克斯·韦伯（选文6）系统化地分析了合法性的类型和统治形式；诺贝特·埃利亚斯则指出权力是一种相互依附关系（选文7）。法定官吏模式（选文8）表面上看是庇护模式的理论对立面。实际上，庇护制度和官吏制度在面临社会问题时会相互协调，从而确保各机构的运作。米歇尔·克罗齐耶重拾韦伯的分析，从而阐明了法国的科层制度，并提出自己的策略分析理论。该理论指出，即使在结构最优化的组织中，交换依然是结构性的。皮埃尔·格雷米翁把克罗齐耶的分析运用于法国政治行政生活中的庇护关系，尤其是用来分析地方行政长官和名流之间的关系。据此，他提出了"周边"权力的概念。

赠礼与回礼

马塞尔·莫斯

      无论是在距今并不遥远的时代，还是在冠以原始或低级之名让我们混淆的种种社会之中，似乎从未存在过所谓的自然经济。可是，由于某种奇怪但却相当经典的错误，人们竟然会选择库克船长所记波利尼西亚人的交换和以物易物作为这种经济的典型。然而，通过以下研究，我们将会明白，这些波利尼西亚人在法律和经济方面与自然状态差距甚远。

      在早于我们社会的经济和法律中，人们从未发现个体间通过市场进行的物资、财富和产品的简单交换。首先，不是个体，而是集体之间相互履行义务，从事交换和签订契约；呈现在契约中的人是法人

（personne morale），即氏族、部落或家庭，它们之所以会相互敌对和对抗，要么是因为它们是同一块土地上的群体，要么是通过各自首领的中介作用，要么是前两种情况兼而有之。此外，他们所交换的，并不仅仅是物品和财富、动产和不动产，以及只在经济上有用的东西。首先要交流的是礼节、宴会、仪式、军事、妇女、儿童、舞蹈、节日和集市。市场只是其中的时机之一，而且市场上的财富流通不过是更普遍、更长久契约中的一条而已。最后，尽管这些呈献与回献在本质上是一种严格的义务，甚至有可能引起私下或公开的冲突，但是它们都是通过赠送礼物这样的自愿形式来实施。我们在上文中已经建议把这一切称为总体呈献体系。

在美洲西北部的两个部落以及这一整个地区中，出现了一种相当典型、高度发达而又相当罕见的总体呈献形式，我们称之为"夸富宴"（potlatch）。因为诸多美洲的学者使用了"potlatch"这个钦诺克（Chinook）词汇，它已经成为从温哥华到阿拉斯加一带白人与印第安人的流行语。"potlatch"的本义是"供养"和"食用"。这些非常富足的部落生活在岛屿、海岸或落基山脉（Rocheuses）与海岸之间，他们用持续的节日来打发冬天。这些节日主要是宴会、集市和交易，这些活动同时也是整个部落的盛大集会。它们将以部落内等级团体和秘密会社的方式来组织，而这些群体又常常与等级和氏族相混同。总之，氏族、婚礼、成年礼、萨满仪式、大神膜拜、图腾、对氏族集体祖先或个人祖先的祭祀，所有这一切都混合在一起，形成了一个由仪式、法律和经济呈献以及政治地位等组成的复杂网络。社群、部落、部落同盟乃至族际之间的政治地位都是通过该网络得以确定。在这些部落中，尤其值得注意的是竞争与对抗的原则贯穿于所有此类行为活动。人们甚至会发生战斗，导致参与争斗的首领或显贵丧命；另一方面，为了压过与之竞富的首领及其盟友（往往是那位首领的祖父、岳父或女婿），人们甚至会将自己积攒下来的财富一味地毁坏殆尽。虽然这得由首领来带领，但却是整个氏族承担一切，承担它一切的所有和所为。因此，在这个意义上，我们说这是一种总体的呈献。但是，这种呈献使首领处于非常明显的竞赛状态。它在本质上是重利而奢侈的，人们聚在一起观看贵族间的争斗，也是为了确定他们的等级。而这一等级最终也将影响整个氏族的收益。

对于该制度，我们建议保留"夸富宴"的名称，同时，我们也可以提出一个更加通顺、更加准确、不过字数也更多的名称：竞赛式的总体呈献。

选自马塞尔·莫斯，《论礼物》（1923-1924年发表于《社会学年鉴》），《社会学与人类学文集》，法国大学出版社，1960年版，第149-153页

相互性的原则

克洛德·列维-斯特劳斯

在饭钱包含葡萄酒的小酒馆里，每位顾客经常都会在餐盘前摆上一瓶价格低廉的酒。这酒和邻座的大体一致，就像女侍者摆在各桌上的菜一样，蔬菜和肉类的比例大都相差无几。但是，我们还是能觉察到美酒和食物之间存在着态度上的差异。食物代表了身体的基本需求，而美酒则是身体的奢侈需要。前者用来喂饱肚子，而后者可以给人带来荣誉。我们可以认为，每位顾客吃饭都是为了填报肚子。在上菜方式上，即使顾客感到某种细小遗憾，所激起的也不过是顾客的酸楚和对老板的抱怨而已。但是，对于葡萄酒而言，情况则完全不同。如果盛酒的瓶子没有倒满，顾客就会态度良好地在邻座的评判下要求加满。于是，老板所面临的就不仅仅是感到被伤害之个体的要求，而且还得面对群体的谴责。与个人性的"当天推荐菜"不同，葡萄酒体现的是社会需求。一小瓶酒可能只剩一杯之量，但是这杯酒不是被倒进酒主人的杯子，而是给邻座的杯子斟满。于是，后者会马上做出体现相互性的回斟举动。

因此，会发生什么事情呢？两瓶酒在容量上是一样的，在质量上也差不多。算到最后，该场景的每个参与者，喝的酒并没有多出一点。从经济学角度看，无人得失。但是，此次交换的并不只是物品。

……

之前留有余存的同伴会被要求拿出余酒。送出之酒会带来回斟之酒，对他人友好的态度也会要求他人对自己友好。从有人决定无视这种要求时起，冷漠的关系就无法恢复如初。从此，它带来的要么是友好关系，要么是敌对关系。如果不想表现得放肆无礼，那么我们就不可能拒绝邻座赠送的酒。而接受别人赠送的酒，也就意味着同意交谈，以做回报。如此，一系列的社会关系就得以通过你来我往的斟酒建立起来。在这种你来我往中，赠送的同时也为自己带来权利，接受的同时也给自己带来义务，而且这总是双向的，无论赠送或接受的东西是什么。

还不止于此。启动该循环的人拥有主动性，其所体现的最大社会便利成为他的优势。因为启动这一循环总是有风险的。第一个风险是你提供了一满杯酒，而对方回赠的酒可能没有满杯；第二个风险可能正相反，对方可能回赠得过高，于是这就要求你要么拿出全部，倒光最后一滴酒（别忘了瓶子盛酒量有限），要么就为了保住声誉再来一瓶。因此，在"总体社会事实"面前，我们还真的进入到微观层面，牵涉的学科有心理学、社会学和经济学。然而，读者可能会认为我们过于关注这个表面上看毫无意义的场景了。但是，正相反，在我们看来，它为社会学思想提供了取之不尽的研究素材。我们已经指出社会生活那些未结晶的形式呈现给我们的意义。源自危机的种种事件或者集体生活的零碎事件（如上文所讨论的）给我们提供了许多素材。它们都是初民社会心理经验仍然鲜活的遗存。它们仍然有效，而且无论是在低级的动物生活层面还是在非常高级的古老和原始制度层面，我们可能都无法找到同等替代物。在此意义上，我们认为，餐馆外来之人各自的态度体现了一种非常遥远的、勉强可以察觉的、可被识别的基本状况。在这种状况中，初民群体或者个人首次或者异常地与陌生人接触。我曾在另一本书（《纳木比克瓦拉人的家庭和社会生活》）里指出这种令人焦虑之经历在初民生活中的诸多特点。初民社会的人们只有两种划分外来群体的方法：他们要么是"好的"，要么是"坏的"。但是不要让这种对土著词汇的简单翻译误导了我们。一个"好的"群体，是指毋庸置疑就可以向其表示殷勤的群体，是可以为之拿出最宝贵财富的群体。而一个"坏的"群体，是指一有机会就可以带来或者给对方带去痛苦和死亡的群体。遇到后者需要战斗，遇到前者则需要交换。

然而，作为总体现象的交换首先就是一种总体交换，包含了食物、各种制品、贵重物品和女人。也许，我们该把餐馆里陌生人的话题放一放。如果说南方农民不爱饮用自己的酒这一现象提供了乱伦禁忌的建构模式，这也许会让人大吃一惊。当然，后者并非直接源于前者。但是，我们认为，二者属于同类型现象，它们都是相同文化情结的要素，或者更准确地说是文化基本情结的要素。另外，这种基本的同一性在波利尼西亚表现得很明显。在有关波利尼西亚的研究中，费思（Firth）根据参与交易物品的相对流动性区分了三种交换范畴。第一种主要包括各种类型的食物；第二种主要包括编织的绳索和树皮制成的织物；第三种则有鳞片和贝壳制成的鱼钩、缆绳、姜黄面包和独木舟。他补充道："除了这些交换范畴，我们还应该加上第四种，它涉及个人性质的财富。比如某个无法以其他方式支付船只费用的男人可能会卖掉女人。土地的转让也一样。女人和土地都是用来支付个人的债务。"

有人会说我们把两个性质不同的现象放在了一起，并以此先决的异议来反对我们。因此，必须做出回应才能把上述论证往前推进。也许，馈赠构成的是交换的原始形式。但确切地说，它已经因为交换而消失了。除了几种残存如邀请、节日、礼品等之外，它们已被过度强调。因此，在我们社会中，与贸易和销售的财富相比，根据古代模式转让的财富比例微不足道。相互赠与是非常有趣的遗存现象，激发了考古学家的好奇心。但是，不能把今天异常、例外的现象和纯粹道听途说的兴趣演化出像乱伦禁忌那样的制度。无论在我们的或其他的社会中，后者仍然普遍且非常重要。

选自克洛德·列维－斯特劳斯，《亲属关系的基本结构》，法国大学出版社，1949年，第75－79页

延迟的交换产生策略

皮埃尔·布尔迪厄

如果要真正客观地分析馈赠、言语或挑战等交换行为，就必须考虑下列事实：即行为系列并非是按照机械性连接的方式展开。一旦从外部和事后去理解，它就呈现为一种互惠循环，这意味着行为系列是一种名副其实的连续创造，并能在任何环节被中断；另外，还必须注意每个组成该系列的起始行为都有可能不合时宜，而且在得不到回应的情况下它还有可能会失去自己原来的意图（我们已经明白，馈赠的主观真实只能在与馈赠相关联的回赠中实现）。这足以证明，如果说相互性是通过共同经验与馈赠概念相联系而形成的、私密的行为之"客观"真实，那么我们就可以怀疑这种相互性是否构成了实践活动的全部真实。如果这种实践活动的主观真实与这种"客观"真实完全吻合，它就不可能存在。实际上，在任何社会中，人们都能观察到，回赠应该是延后的和差异的——否则回赠就构成了一种侮辱，因为立即回赠完全一样的东西很明显等同于拒绝：因此赠品交换不同于有来才有往，后者如同互惠循环结构的理论模型，它让馈赠和回赠在同一时刻发生；赠品交换也不同于借贷，借贷的归还受到法律文件的保障，正如合同可以确保其规定行为的可预见性和可计算性，而签订该合同时这些规定行为就已经被履行。如果必须在模型中引入双重差别，尤其是"单一设定"模型所废除的延后期限，这并非如列维-斯特劳斯所说的那样，是为了满足能够体现实际的交换行为这一"现象学"的需要；而是因为赠品交换的运作必须具备一个前提条件，即个体和集体并不知道交换之客观"机制"的真实存在，也就是如同立即回赠所无情地揭示的那样，他们也不知道交换所必需的个体和集体作用：把馈赠和回赠分离开来的时间间隔有助于我们把交换关系理解为一种不可逆的关系，而这种交换关系始终有可能表现出一种可逆性，也就是说既负有义务的又是功利性的。拉罗什富科尔（La Rochefoucauld）曾说：
"过于心急地清偿债务，这也是一种忘恩负义。"表
现出偿清债务的急切心情，并且过于明显地显示出偿
还人情或者礼物、还清债务或者两不相欠的意愿，就
是表明当初的馈赠是有意在施加一种约束。在这里，
一切都是方式的问题，亦即时间是否适当的问题，也
就是说相同的言语、举动、行为、馈赠或回赠、拜访
或回访、挑战或应战、邀请或应邀都会因为时间的适
当或不适当，及时或不及时而完全改变意义。同时，
把馈赠和回赠之间分离开来的时间非常重要，它为构
成交换之条件的、并受集体支持和承认的自我欺骗提
供了可能。赠品交换是社会游戏的一种。它的发生必
须要求参与游戏之人拒绝了解，尤其是拒绝承认游戏
的客观真实，也就是客观主义模式所具有的真实，而
且他们还得关心、注意以及花费时间去促成集体性的
无视。所有这一切如同策略一样运作，尤其是基于行
动节奏的策略，或在互动中利用行动间隔的策略，相
互协调配合，从而对自己和他人隐瞒游戏的客观真
实。然而民族学家只需要通过可逆序列中的可互换
时刻来取代各遵其时的实践行为，就可以揭示这一真
实。

　　取消间隔，就是取消策略。间隔时期不应太短（如在赠品交换中所见），但也不能太长（尤其是在仇杀中），它与客观主义模式造就的死时间（即无效时间）相反。只要还没有报恩，受惠者就始终是欠债人，他有义务向恩人表示感激。总之前者应该尊重后者，处处都要顾及他，不能用武器去攻击他，否则就会被说成"忘恩负义"或受到判定行为意义之"舆论"的谴责。某个人，如果有仇不报，或者不赎回被敌对家族买去的土地，亦或者女儿没有及时嫁出，他就会发现随着时间流逝自己的资本也就越来越少；除非他能够把时间的滞后转变为策略性延迟：延迟回赠可以是一种维持自己意图不确定性的方式，如同仪式历法里灾难期当中那个实际发生不幸的时刻。在该时刻里，意义曲线折回，而且"不回应"不再是疏忽，而变成了傲慢的拒绝。而且，无法确定折回的变向点；这也是让人接受延迟行为的一种方式。只要关系不破裂，接受就不会停止。按照这个逻辑，人们就能理解，当有人向自己的女儿求婚时，如果要给出否定的回答，应该尽快回复，否则就可能会滥用自身优势，而且会伤害求婚者；如果相反，就可以尽可能自由地延迟答复，以维持自己被他人请求的地位所带来的某种优势。但是一旦表示同意，这一优势就立即消失。从所发生的一切来看，各种互动的仪式化过程仿佛产生了一种具有悖论色彩的结果，即把它全部的社会有效性都归因于时间。于是，和那些除了时间流逝什么都没发生的时刻相比，时间在这里起着相当大的作用：人们常说，"时间对他有利"；反之亦然。这表明，时间的有效性来自它在其中发挥作用的关系结构的状态。但这并不意味着该结构的模式可以撇开时间因素。当行动的展开被高度仪式化，例如在冒犯（例如侵犯女子名节）和雪耻这对辩证关系中，任何形式的逃避（即使转变为蔑视）都不被接受之时，策略仍有自己的一席之地。它可以操纵时间，确切地说是操纵行为的速度，也就是延迟雪耻行为，以便将已经接受的挑战或者说悬置的冲突、潜在的雪耻或雪耻所包含的冲突等资本变成权力工具。该权力工具的基础就是重新发起或停止敌对行为的主动权。而在规则较松散的场合，情况更是如此，因为人们可以放手实施策略，掌控行动的速度，例如待机或拖延、推迟或延期、让人等待或让人期盼；或者相反，提前、加速、抢先、突然袭击、当场发现、先发制人等，而且还有故意给人时间（把时间用于某人）或拒绝给人时间（借以让人觉得自己留有"宝贵的时间"）的技巧等，并充分利用掌控时间所带来的诸多可能。比如我们知道，掌握某种可移交权力之人可以通过推迟移交权力、维持其最终意图的不明确性这一技巧获益。此外，我们不应忘记另一类策略，它们只有一个功能，即消除时间的作用并且保证人际关系的连续性。它们的目标是按照数学家的方式，把"无限小"无限地叠加起来，从而利用非连续性制造出连续性。举例来说，这些"无限小"的形式可以是一些关心、尊重、体贴或者所谓的可以"缔结友谊"之"小礼物"。

选自皮埃尔·布尔迪厄，《实践感》，子夜出版社，1980年，第179-182页。

庇护的概念

约翰·沃特伯里

庇护关系是由许多要素连接在一起形成的。

第一，这种关系并不对称，一方很明显比另一方更有权势。问题在于这种权力不平衡究竟到了何种程度才能让最有权势的一方成为保护者？如果保护者的权力被限制在一定的活动范围内又意味着什么？换句话说，被保护者是在生活的所有方面都依附于他的保护者，还是说这种依附关系也是功能性的和特定的呢？为了回答上述问题，必须避免使用界限或者等级这样的词语，而且要把每个要素都当作多少能起决定作用的变量。

例如，我们会理所当然地说，保护者得占有某种特殊资源，比如说土地。在这种情况下，被保护者就没有选择保护者的自由。即使在多个潜在保护者之间存在某种形式的市场或者竞争时，情况还是如此。地主可以掌控规则，以维持对佃农的控制。政治机器也会独占某些公共资源，长期地控制选举。

第二，庇护关系一定会是长期的，尽管通常并不存在固定期限。如果依附关系比较强烈，它通常会持续一个人的一生，否则，就只有恩惠交换。保护者明显有兴趣延长这种关系，因为延续性会加强这种不对称性以及他的权力地位。与此相对的是，如果被保护者能找到其他途径来满足自己的需要和愿望，他就倾向于中断这种关系。保护者会限制这种选择的自由，甚至如果可以，他会禁止这种自由。在交换选票和政治支持时，为了维护官僚制度和防止公职人员滥用职权，尤其如此。即使被保护者有更换保护者的可能性，庇护仍然作为制度而存在。被保护者离开了原来的保护者之后，还是不得不去寻找另一个保护者。

关系会在一段或长或短的时间里处于静止状态，然后被激活。被施与的恩惠也可能在好几年里不被提及，恩惠双方可能都不确定用何物来回报以及何时回报。但是，只要"打开了账户"，而且只要潜在的权力不平等一直持续，那么庇护关系就会一直存在。

第三，关系的长久一定程度上取决于情感的深度和契约的情况。对被保护者施加道德或情感影响的保护者会拥有更稳定的权力，因为他需要降低其他潜在保护者实施诱惑的危险。如果这些关系更具有特定性和功能性，对成本和利益的计算就会取代情感的忠诚。在这种情况下，关系会显得更具有强制性，保护者也会把自己的意志强加给没有任何援助的被保护者。因此，在大城市里，主张干涉的官员强迫公民服从于他们的指令。这通常会促使中介的产生。这些中介通过和行政机构进行谈判，从而保护他们的受庇护者。这就产生了一种分散的、不稳定的、经常处于协商状态中的庇护制度。

第四，保护者和被保护者总是在交换着某种东西，因此，他们或明或暗地各自盘算，但是相互性的平衡并不听命于一些明确的规则。双方的相对权力起着相当大的作用。拥有所有土地的地主会让佃户处于类似农奴的条件中。与此相对，一个从官僚制度获利的保护者，也可能成为自己权力的受害者，从而无法在他的被保护者那里获得等价的回报。

……

　　总结之时，我们无法回避一个问题，即庇护关系到底是有利还是有害？对于这个问题的回答要取决于评判者的意识形态。如果我们认为没有阶级、权力和财富平等的社会是一个可笑的乌托邦，那么我们就得捍卫庇护关系所具有的积极角色和整合功能，从而通过把穷人和手无寸铁者联系到一张保护网上，以此来抵制阶级裂痕和社会冲突。自以为是的贵族阶层和鼠目寸光的官僚制度会让人民陷于无助的境地。与此相反，我们也明显看到，庇护制度会维持特权，避免让所有的人都获得稀有财富，并且反对普遍主义的民主原则。对于马克思的阶级意识和韦伯的合法官僚制度模式来说，庇护关系都是一种阻碍。这是因为马克思和韦伯打造了合法性的信条。这种合法性拒绝庇护关系在政治生活中合法地存在。面对分散、顺从、依附性的被保护者，保护者们会联合起来，以形成一个富有、强大的阶级。于是，庇护关系只是阶级统治的权力工具，这应该受到批判。无论是支持还是反对庇护制度，民族学家都能在其中发现有待经验研究来拓展的广阔田野，并以此形成自己的规范性判断。

选自约翰·沃特伯里，盖尔纳＆沃特伯里，《地中海社会中的保护者与被保护者》（由孟德拉斯译成法文），伦敦，1975年，第229-233页

美国人如何凭借结社来对抗个体主义?

亚历西斯·德·托克维尔

　　个体主义是一种新观念催生出来的新词。我们的父辈只知道利己主义（égoïsme）。

　　利己主义是对自我的偏激和溺爱，它使人们只为自己盘算，让人们爱自己甚于一切。

　　个体主义则是一种只顾及自己而又能保持内心平静的情感，它使每个公民同自己的同胞群体隔离，同亲朋好友保持距离。因此，当每个公民各自建立了自己的小社会，他们就自愿放弃大社会，让其放任自流。

　　利己主义源自盲目的本能，而个体主义与其说是出于堕落的感情，不如说来自错误的判断。个体主义既源于精神的缺乏，又源于心灵之罪恶。

利己主义可让一切美德的幼芽枯死，而个体主义则首先让公共美德的源泉干涸。但是，长期而言，个体主义也会打击和破坏其他美德，最后变成利己主义。

利己主义是和人类同样古老的恶习，它的出现与社会形态毫无关系。

个体主义是民主主义的产物，并且会随着身份平等的扩大而自我发展。

……

很明显，随着公民个体越来越软弱无力，以致最后不能凭一己之力保住自己的自由时，他们亦更加无法联合同胞去维护自由，于是，暴政必将伴随平等的扩大而得以加强。在这一章，我只想讨论那些在市民生活中自然形成的，且完全没有政治目的的社团。

美国的政治社团，不过是美国各式各样社团构成的广阔画卷上的一个细节而已。

不同年龄、地位和兴趣的美国人都在不停地聚集结社。在美国，不仅有每个人都可以组织的工商业团体，而且还有其他上千种团体。既有宗教性社团，又有道德性社团；既有十分严肃的社会，又有非常无聊的社团；既有非常普通的社团，又有非常独特的社团；既有大规模的社团，又有小规模的社团。为了举行庆典、举办研讨会、开设旅馆、建立教堂、销售图书、向边远地区派遣教士等，美国人都要组织社团。他们也用这种办法来开办医院、监狱和学校。当希望明示真理或通过示范进行感化时，他们也要组织一个社团。在法国，总是由政府出面创办新的事业；在英国，则由当地的爵爷带头；而在美国，你会看到人们一定会组织社团。

坦白承认，在美国我曾遇到过一些知之甚少的社团，但是我非常欣赏它们能够动员美国大多数人力量共赴同一目标和让人们为之自动前进的办法。

后来，我从英国开始游历。尽管美国人采用了一些来自英国的法律和习惯，但我觉得在运用社团这件事上，英国人远不如美国人那样频繁和聪明。

英国人往往是单枪匹马地干一番大事业，然而哪怕是一件小事美国人也要组成社团。由此可见，英国人只认为结社是一种强有力的行动方式，而美国人则似乎把结社视为采取行动的唯一手段。

因此，世界上最民主的国家，就是我们看到的这个能让全体民众学会共赴目标，并把这种新方法用于大多数实践的国家。这是一种偶然吗？还是社团与平等之间的必然联系在其中发挥了作用？

在贵族制社会中，大多数个体本身无法建功立业。但是，此类社会中的少数人非常强大和富有，因此他们每个人都能单独地成就一番事业。

贵族制社会里的人没有必要为采取行动而联合起来，因为他们本来就是被紧紧地拴在一起的。

在这种社会中，每个富有的和有权势的公民，都像是一个永恒存在的、必然成立的社团之首脑，而该社团的成员则是那些依附于他并且执行其意图的民众。

相反，在民主国家，全体公民都是独立的，但又是软弱无力的。他们几乎无法凭一己之力去成就事业，其中的任何人都无法迫使他人来帮助自己。因此，如果不学会自主地相互帮助，那么他们就将全部陷入软弱无力的境地。

如果民主国家里的人们没有权利和兴趣为了政治目的而结社，那么，他们的财富和思想虽然可以长久保全，但是他们的独立就会面临巨大变数。而且，如果他们根本没有在日常生活中养成结社的习惯，文明本身就会处于危险之中。如果一个民族中的个人丧失了凭一己之力建功立业的能力，而且又没有形成共同成就伟业的能力，那么它很快就会退回到野蛮状态。

选自亚历西斯·德·托克维尔，《论美国的民主》，加尼埃-弗拉马里翁出版社，1981年，第125页，第137-139页

合法性的类型

马克斯·韦伯

所有的统治，无论是世俗还是宗教、政治还是非政治的，都可以被看作是某些纯粹类型的变体或近似形体。这些纯粹类型是根据以下问题而被建构起来的：即权力声称拥有何种合法性基础？西方现代"社团"，尤其是政治社团，属于"法制权力"类型。也就是说，持有权力者下达命令的合法性，是基于理性地经由协议结果或单方指令所制定出来的规则。制定规则的合法化过程，反过来又在于被合理地制定或解释的"宪法"。人们发布命令是以非人格的规则之名，而不是人格的权威之名；甚至发布命令这一事件本身亦是对规范的服从，而不是一种随意专横的自由、恩惠或特权。

"官员"是发布命令之权力的持有者；他绝不能以个人名义行使该权力；他的权力来自非人格机构的授权：该发挥规范作用的机构通过法律的方式，依据某些确定或非确定的纲要（这些纲要已经根据规范性的准则被制定出来）来调节众人的共同生活。

"权限"是客观地划定命令之可能对象的范围，从而也限定了官员合法权力的行使范围。因此，存在着"上级"的等级结构，官员可以根据等级途径向上寻求支持，这与市民或社团成员不同。现代教权制社团即教会的情况就是如此。主教或教士都有自己一定范围的"权限"，这种"权限"是根据规则被固定下来的。对教会的最高首长也是如此。现在，教皇的"无误性"是权限的概念，它的内在意义已经和从前不同，甚至早在教皇英诺森三世（Innocent Ⅲ）时就已经不同。

"职务领域"与"私事领域"（就教皇无误性而言，被定义为"来自圣座的"）在教会里的区分，也同样存在于政治或其他领域的职务系统当中。将官员与行政手段（无论是实物形式或是货币形式）法制地区分开来，这个贯彻于政治或教权制社团领域里的事实，和资本主义经济中劳动者与生产手段分离的情况相同，可以完全充分地把二者对应起来。

以上所述的全部，无论在遥远的历史中曾有过多少萌芽形态，它仍然还是在相当近代的时期才得到充分发展。过去，还有其他已知的、有关统治合法性的基础。这些基础几乎保留了所有的细节，一直延续到现代。在这里，我们只是希望用术语解释的方式大致描述一下。

1.在下面的讨论中，"卡里斯玛"（charisme）一词所指的是某人所具有的不平凡品质，无论这种品质是真实存在的，还是自称的，亦或是人们假设认定的。因此，"卡里斯玛权威"所指的是一种支配他人的权威（不管权威的性质主要是外在的还是内在的），被支配者是出于对某种非凡品质的信仰而服从具有该品质的个人。例如巫师、先知、狩猎或掠夺团队首领、战争领袖、被尊称为"恺撒"的统治者以及某种情况下政党的领导人等，都是该类型的统治者。他们支配着自己的信徒与随从、征集的军队与政党。这种权力的合法性是基于人们对非凡品质的信仰与服从，因为这种品质远非凡人所能拥有，并且它最初还被认为是超自然的。因此，卡里斯玛权力的合法性基于对巫术能力、神启与对英雄的信仰。这些信仰的源泉则来自通过巫术、胜利或其他成就来证明这种卡里斯玛品质；也就是说通过增加被支配者的福祉来证明它。如果无法证明这种品质，或如果具备卡里斯玛品质之人表现出已经丧失了巫术力量或被神灵抛弃，那么对这种品质的信仰便会消失，或者说至少有消失的危险。卡里斯玛权力并不是根据普通的规范（不管是传统或是理性的）来管理的；从原则上来看，它所依据的是启示和具体的感召，在这个意义上，卡里斯玛权威是"非理性的"。这种权力是"革命性的"，因为它并不受制于一切既有秩序："白纸黑字是这样写的……但是我要告诉你们的是……"

2.我们用"传统主义"一词指的是，将日常惯习视为不可违犯之行为规范的信仰，并以此来处理日常问题的心理态度。以此为基础的权威，亦即对已经存在之事物（无论其为实际存在、自称具有或被视为是存在的）的尊重为基础的权威，我们称之为"传统型权威"。

父权制是这种以传统作为权力的合法性基础中最重要的类型之一。这种父权制就是指家庭中的父亲、丈夫、长辈与氏族长者对家庭与氏族成员的权威；是主人与领主对附属农民、农奴与自由民的权威；是主人对家仆与家臣的权威；是君主对其宫廷或家庭内的官吏、贵族、食客与封臣的权威；是家产制领主与王子对其臣民的权威。

父权制权威及其变体家产制权威的特点是将不可违犯的规范体系视为是神圣的；如果触犯，就会招来巫术性的或宗教性的灾难。除了这种规范体系，还存在着承受掌权者之专断与恩惠的从属领域。在这个领域，起作用的是对人而不是对功能的重视。在这个意义上，传统主义权威是"非理性的"。

3.建立在对非凡事物之价值与神圣性信仰之上的卡里斯玛权威，与建立在对日常事物之神圣性信仰之上的传统主义（父权制）权威，这二者在人类历史早期构成了最为举足轻重的所有权威关系。只有经过具有卡里斯玛品质的人即先知所颁布的神谕，或者卡里斯玛式战争领袖的命令，才能够将"新的"法律导入被传统所占据的领域。启示与宝剑，是两股非凡的力量，因而也是两股典型的革新之力。然而，一旦它们完成了任务，二者就会典型地落入传统化的历程。

随着先知与战争领袖的去世，继承问题便产生了。要解决它，首先可以使用选择的方式来处理（最初它并不是一种"选举"，而是考察是否拥有卡里斯玛品质的"选拔"）。这个问题也可用卡里斯玛神圣客体化的方式来解决，即继承者经由圣职来任命，就像教权制或使徒团体中所采用的继承方式。或者，由于相信亲属也具有卡里斯玛资格，从而通过信任世袭式卡里斯玛来解决问题，如世袭的王权或教权。某些规则便开始通过"例行化"而占据支配地位。君权或教权持有者不再因其纯粹个人的品质，而是基于获得的或继承而来的品质，或者经过卡里斯玛的挑选行为而被合法化。由此，便开启了通过例行化从而实现传统化的过程。

当权力组织变得更加长久时，支持卡里斯玛掌权者的群体如弟子、使徒、追随者等，也通过例行化转变为教士、封臣，以及官员。原先仰赖赠予、施舍与战利品而过着共产制生活，并因此远离经济活动的卡里斯玛共同体，摇身一变成为帮助领主的阶层。他们依靠领主授予土地的使用权、职务的报酬、实物形式的好处、薪俸——概言之，俸禄等方式维持生计。他们权力的合法性，则通过极为不同的占有分配方式来获得，如受封、授予、任命等。通常，这意味着领主权力变成了家产。这种家产化源自于纯粹的父权制。

当支配者严格控制的权力瓦解，它就发展成了家产制。被授予官职的领薪者或封臣，按照惯例也可以通过家产制授获得已经取得的官职权力。就像工匠拥有经济生产手段一样，他们也拥有行政手段。他们必须从自己的职务酬劳或其他收入中支付行政开销，或者将从民众中征收而来的赋税上缴一部分给君主，其余的则留为己用。在最极端情况下，他甚至可以把官职像其他财产一样进行遗赠或让渡。

当卡里斯玛或父权制权力的分配占有达到这一阶段时，我们会称之为阶层制的家产制。

然而，事情的发展很少会停止于此。我们随时可见，政治或宗教权力的支配者与以阶层的占有方式拥有或篡夺支配权力者之间的斗争。双方都试图剥夺对方的支配权。支配者越是能够让官员依附于自己——这些官员与他利害相关并且依赖他，那么斗争也就越有利于支配者这一方，而阶层特权的所有者也就逐渐会被剥夺特权。因此，支配者拥有自己的行政手段并将之牢牢地控制在自己的手中。西方的政治领主是这样，教权首领们也是如此（教皇英诺森三世到约翰十二世之间），后者拥有自己的财政；而世俗权力的支配者拥有自己的兵工厂与仓库，用来为军队与官员提供给养。

在剥夺阶层特权的斗争中，支配者所引以为援的官员阶层，在历史上呈现出许多非常不同的类型，例如有中世纪亚洲与西方的宗教神职人员、中东的农奴与食客、罗马帝国内获得一定程度自由的奴隶、中国具有人文教养的读书人、最后还有现代西方政治或宗教领域的法律专家。

在任何地方，君主权力的获胜以及个人权利的被剥夺都意味着行政合理化的可能性，实际上经常也就是这种合理化的开始。但是，如同我们将会看到的，这种合理化无论是在水平还是在内容上，都有着许多极为不同的差异。

首先，我们必须要清楚地区分家产制君主的行政与司法之物质理性化过程，与受到良好训练的法律专家所引入的形式理性化过程。就前者而言，仿佛一个大家族的家长对待其家族成员一样，家产制君主试图站在功利、社会伦理的立场上，给他的臣民施恩。而训练有素的法律专家则致力于建立实现对全体"公民"都有效力的法律准则。尽管这种区别是非常微妙的（例如在巴比伦、拜占庭、霍亨斯陶芬家族统治时期的西西里、斯图亚特王朝时期的英国或波旁王朝时的法国等），然而，归根到底，物质理性化与形式理性化之间的区别仍然存在。并且，西方"国家"之诞生，本质上主要是在法律专家的努力下完成的。在此，我们将不讨论他们为了实现该事业而具备的思想、力量以及技术手段。

随着形式的法学理性主义的胜利，法律权力及各种衍生的权力类型开始出现在西方。虽然无论是在过去或还是在现在，官僚权力都不是法律权力的唯一类别，但却是最纯粹的一种。现代国家中央与地方官员、天主教神父与清教徒牧师、银行与资本主义大型企业的干部与雇员等所代表的，如同我们曾经提及的，是这种权力结构中最为重要的类型。

对我们使用的术语而言，下面是最具有关键意义的特征：在法律权力中，服从并非基于对具有卡里斯玛品质之人（如先知、英雄）的信仰与皈依；也不是基于对神圣的传统，或对传统秩序所指定之领主的恭顺，或对合法地被授予特权的官职受封者及受俸者的恭顺。法律权力之下的服从，是基于一种非个人性的关系之上，并且通常带有功能性的职责。职责，就像与其相对应的权力行使权即"权限"一样，是依据理性地被制定出来的规范（法律、政令、行政规则等）

来划定的。因此，权力的正当性无非就是一般规则的合法性，这些一般规则是围绕着某种目标而被制定出来的，并且用形式上明确无误的方式加以公布。

以上大致描绘的各种权威类型之间的区别，它仍然存在于各类型本身的社会结构及其经济意义的一切特点之中。

只有通过系统性的介绍，人们才可能会明白我们在这里所选用的术语与所分析的区别是多么地切中目的。在这里，我们所能强调的也只是下面这个立场：我们并不宣称我们所选择的研究途径就是唯一可行的，我们也不断言所有权威的经验形式必定对应着这些“纯粹”类型中的某一种。相反，绝大多数的经验性实例表明自己是若干纯粹类型的结合体，或过渡状态。我们将被迫不停地创造出像“家产官僚制”这样的词汇，以表明该现象的部分特征是属于理性的权威形态，然而其他特征却属于传统的权威形态（这种情况是社会阶层制的）。

另外，还得补充其他一些非常重要的形态，例如权力之封建式结构这种曾经在历史上遍布世界各地的形态；然而这个结构的各种重要特征却无法简单地归类到我们所区分出的上述三种形态之中。因此，它们只能被理解为是许多概念（例如"身份团体"、"身份荣誉"等概念）的结合体。同样，还有一些形态必须部分地用权力之外的术语来理解，而另一部分则用卡里斯玛概念特有的变异来理解。例如，纯粹民主制的官员（一方面是名誉职位的轮替以及其他类似形态，另一方面则是全民投票制的权利）；亦或者是名流的权威，这是传统型权威的特殊形态。这些形态是政治理性主义最重要的历史源泉。

我们此处所提出的术语用法，并不是想约束历史无穷无尽的多样性。我们只是想在某种特殊的研究目的中，或者为了得出一种总体参考框架而对一些概念做出定义。

选自马克斯·韦伯，《宗教社会学论文集》（卷一）（法文版），图宾根出版社，1947年，第267-273页

权力关系

诺贝特·埃利亚斯

当我们处理权力问题时，遇到的逻辑困难主要是"权力来源形式的多形态特征"。这些模式和这本社会学入门读物[①]并非以探讨上述问题作为唯一目标。在此也并非要解决"权力"问题，而仅仅是把这个问题拿来讨论，并让它成为社会学研究的主要问题之一。如果没有实际投入进去，就很难研究这个问题，这也就是为什么必须运用一些新视野去讨论它。他者的权力是可怕的：它可以强迫我们去做我们愿意或不

---

① 指诺贝特·埃利亚斯撰写的《社会学是什么？》一书。译者注。

愿意的事情。要质疑权力。人们使用权力是为了自己的目的去利用他人。看上去，权力与伦理相对：因为每个人本应该能够自主地做出决定。与这个概念有关的忧虑和怀疑很明显已经在科学理论的运用中引起反响。在这方面，人们本能地采纳了该术语的流行词义。当谈论某人时说他"有"权力就属于这种情况，尽管这个术语会走向死胡同，因为它让权力以物化的方式出现。我们已经说过，只有把权力理解为某种普遍存在之关系的结构特性时，才有可能给"权力"的问题找到解决办法。确切地说，这种作为结构特性的关系无所谓好坏。它可能同时既是好的，也是坏的：我们依赖他人，他人同时也依赖我们。如果我们对他人的依赖要多于他人对我们的依赖，那么他人就对我们拥有权力。于是，尽管我们的依赖有着强烈的理由，比如爱情、对情感或金钱的需要、渴望社会的认可、对成功的渴望、娱乐要求等都可以是依赖关系的源头，然而，这并不重要。不管怎样，在两个人的直接关系中，甲和乙的关系必然保护乙和甲的关系。排除某些边际情况，甲对乙的依赖总是和乙对甲的依赖联系在一起。但是，这并不排除甲对乙的依赖要比后者更加强烈。在这种情况下，乙对甲的权力以及乙控制和支配甲的可能性就比甲对乙的权力更大。力量的天平就会倾向于乙。因此，必须改变对关系这个概念的僵化用法，因为和打牌人之间的关系一样，所有的关系都是过程。

然而，关系以及它所包含的依赖概念并不局限于两者之间。它也可以涉及多人之间。假定在相互依赖的多个个体组成的结构中，所有人的地位都拥有近似相等的权力。甲的权力不比乙的大，乙的权力不比丙的大，丙的权力不比丁的大，等等。反之亦然。这么多人之间的相互依赖很可能迫使他们的行为不同于原本没有这种束缚之时。于是，我们希望能够运用概念来把这种互相依赖的关系人格化或者物化。口头传统所承载的神话让我们相信，必然存在"某个人""拥有"权力。因此，为了解释这种让人听命于之的权力，人们就假想了一个行使权力的人，或者说一种"超人"（就像自然或者社会一样）。由此，人们就说这个人有权力，并服从于它所带来的约束。

目前，我们仍无法很好地区分两种不同的约束：一种是各种可能的相互依赖形式施加在人们身上的约束（这种约束甚至也会存在于所有人权力相等的结构中）；另一种是在社会中由于力量分配不均而产生的约束，这也就导致理论和实践层面的一些弊端。

选自诺贝特·埃利亚斯，《社会学是什么？》（法文版），黎明出版社，1991年，第108—110页

现代官僚制度的理想类型

马克斯·韦伯

现代官僚制度是通过下列特殊方式来运作:

一、首先,存在着一种原则,它通常是通过固定规则(即法律或行政法则)来有序安排权力和权限,也就是说:

1.根据官僚制领导机构之目的所需要的和经常性的工作,固定分配正式的职务。

2.根据履行这些义务的需要,固定分配必要的权力,并且通过规则赋予权力相应的(有形的、宗教的或其他的)强制手段。这些手段都是由特定官员来执行。

3.为了经常性和持续性地履行分配的义务和行使

相应的权力，制定出预选方法，用来招聘具有符合某种普遍规定之资格的人员。

在任何法制政府中，这三个因素构成官僚权力机关的存在。在私有经济领域里，它们则构成一种官僚管理方式的存在。

因此，这种制度在现代国家的政治和宗教团体中才得以充分发展起来。在私人经济领域，则是到了资本主义最先进的形态才充分发展起来。具备一种权限明确、长期并且机构化的权力机关，例如在古代东方地区、日耳曼和蒙古征服的帝国里以及在许多封建国家的政治结构中都不是普遍情况，而是例外。那里的统治者正是通过个人的亲信、食客或者宫廷大臣来完成最重要的措施。他们的任务和权威是根据具体情况而暂时赋予的，而且没有固定界限。

二、职务等级和权力分级的原则贯彻在一个上下级安排固定有序的体系之中。在该体系中，上级监督着下级，而且存在着允许国民根据明确建立的程序向上级机关呼吁以反对下级机关某一决定的可能性。这种职务等级的充分发展确定了一种独裁组织。权力的等级化原则同样既存在于国家和教会的机构里，也存在于所有其他官僚体制的机构里，如大型的政党组织

和私人企业。这种官僚性质与权力机关是否是公共性
或是私人性无关。

当司法权限原则得到充分执行时，至少在公共行
政领域，等级的服从并不意味着"上级"机构能简单
地有权承担起"下级"机构的工作。情况正好相反。
一旦某个组织建立起来，而且实现了它的目标之后，
它也会和其他机构一起继续存在。

三、现代组织的管理是建立在文书（文件或案
卷）之上，这些文件以原始的形式被保存下来。而且
这种管理是建立在各种常设官员和文书班子的基础之
上。在机关里工作的全体人员和相应的物资及档案机
构组成了"办公室"，在私人企业里这种办公室往往
被称为"写字间"。

现代公务组织原则上把办公场所与私人住所区分
开来，因为它从根本上把职务工作同个人的生活范围
分开，把职位上的财物同官员的私有财产分开。在任
何地方，这都是长期发展的结果。今天，这种状况既
存在于公共机关，也存在于私人企业，而且在私人企
业里，该状况亦扩大到处于领导地位的企业家本人。
写字间和家庭生活、商务通信和私人通信、商务财富
和私人财富在原则上是分开的，而且这种现代管理类

型把两者区分开的做法从根源上可以上溯至中世纪。

现代企业家的特点就在于他被视为是企业的"第一官员"，尤其像官僚体制中现代国家的统治者自称为国家的"第一仆人"一样。在公共机关和私人经济领域个人生活与职业生活分离的概念是欧洲式的，但是对于美国人来说则是完全陌生的。

四、行政职务，至少是一切专门化的行政职务（这是现代行政工作的特点），通常以深入的专业培训为前提。这既适用于私人企业的现代领导者和职员，也适用于公共职务领域的官员。

五、当行政管理得到充分发展时，它就要求官员投入全部精力，尽管他在办公室里履行职务的劳动时间会有固定界限。这也同样是公共和私人领域经过长期发展后才实现的产物。从前正好相反，完成行政工作是"次要的职务"。

六、行政管理的运行是根据一般的、或多或少固定的和具体的、可以学会的规则来进行。因此，关于这些规则的知识就成为一种专门学问（包括私人和行政管理所需的法学知识）。

例如，现代公共管理理论认为，通过法令赋予某个机关拥有处置某些特定问题的权限，这并非是通过对具体个案发布命令去授权该机关，而仅仅是通过抽象的规定。正如我们会看到的那样，这同世袭制里通常占统治地位的规定方式形成鲜明对比，因为世袭制处理所有未经神圣传统确定下来的关系时，都是通过个别授予特权和恩宠的方式。

......

官僚制度组织得以广泛传播的决定性因素是因为它在纯技术上的优势超过任何其他形式。一种充分发达的官僚机制与其他组织形式的关系，就如同一台生产货物的机器与非机械方式之间的关系一样。精确、快速、明确、熟悉档案、持续、保密、统一、严格的服从、减少摩擦、节约物资和人力，这些优势在由接受专门训练的官员按照官僚体制来进行行政管理时，与所有通过协商或者通过名誉职务和兼任职务的形式相比，更能达到最佳效果。凡是涉及复杂任务，有报酬的官僚体制不仅更加精确，而且代价往往甚至比形式上无偿的名誉职务更小。

......

官方信息、经济或纯粹政治事件惊人的传播速度产生了一种持续且强大的压力，从而也提高了行政部门在上述情况下的反应速度。只有通过严格的官僚组织方式才能最大化地提高速度。（在此，我们将不讨论官僚机制在个别情况下也可以产生而且正在产生一些阻碍问题。）

无论如何，通过绝对客观的视角在行政机构内部进行劳动分工，官僚制度化能提供最多的可能性。它可以给受过专门培训的公务员分配不同的任务，而这些公务员通过不断的锻炼也越来越适合这些任务。在这种情况下，客观化地履行职务指的就是根据与个人无关的某些"可计算规则"来运作。

市场和一切赤裸裸地追求经济利益的行为都同样要求"无须考虑人"。逻辑性地推行官僚制度带来了"荣誉"地位的平均化。因此，如果自由市场的原则没有相应地被限制，身份等级的状况就会无处不在。如果说这种官僚统治的后果并非是普遍体现为官僚制度化之必然后果的话，从根本上看，这得归因于原则的多样性。通过这些可能的原则，政治党派可以让他们的需求趋向吻合。

至于第二个要素即"可计算规则"，对于现代官僚制度来说非常重要。现代文化的特性，尤其是其技术经济基础的特性要求这种极端的"能够计算后果的可能性"。在其得以充分发展之后，几乎可以说，官僚制度是受以下原则支配的，即"无怒无私"原则。它的这个特性已经很好地被资本主义的拥护者所接受。官僚制度之所以发展得很完美是因为它是"去除人情的"，因为它成功地在官方事务中，排除爱、恨以及一切纯粹个人的、非理性的、感情上的不可预计因素。

从前，社会结构中的统治者要运用个人的偏袒、宠信、恩典、感激。与此相反，现代文化，对于支撑它的外在机构来说，则需要"客观的"专业官员，这种文化越复杂、越专门化，就越要求不掺杂人情的，因而也是绝对"客观的"专家。这就是官僚制度特有的美德。

选自马克斯·韦伯，《经济与社会》（法文版），巴黎，UGE出版社，1976年，第45—53页

科层制度的恶性循环

米歇尔·克罗齐耶

　　我们的推理将从科层制度"恶性循环"的基本材料开始。这些材料来自我们对会计事务所和工业垄断集团每日运转的观察。

　　在上述两个观察对象当中，我们发现了四个基本特征。它们可以让人们了解诸多惯例的僵化情况，这都是源自我们的观察。这四个特征分别是非人格化规则的发展程度；决策权力的集中；每个等级化层次或职业类型的隔离以及团队对个人压力的同时增长；现存不确定领域中平行权力关系的发展等。以下，我们将逐一分析这四个特征。

1. 非人格化规则的发展程度

非人格化规则在最小的细节上确定了不同职位，规定了职位从业者在多数情况中的行为。还有一些非人格化规则负责挑选这些职业的从业者。我们的两个观察对象和法国其他所有公共职能部门一样（高级公共职能部门除外），控制选择的是以下两个原则，即竞争原则和工龄原则。前者适用于所有人，调节着人们在等级化的不同类别之间相互移动。后者是在每个类别内部调节职位分配、人事调动和薪酬标准。候选人的个性、他们在工作中取得的成绩、效率以及想象力都不会也绝对不应该成为考量的准绳，也不会进入竞争的测试，更不会影响工龄条例的运用。这些条例仅仅只评估最抽象和最非人格化的素质。

这样的体制很自然不会被机械地执行，它也会遇到例外。但是相对来说，它还是表现得非常严格。比如说在巴黎会计事务所内，所有职员以及下层干部的工作行为都被规定得非常细致。他们需要执行的每项操作都是提前设计好的，操作方法也是被指定的，即他们必须遵守唯一的"操作方法"。这些操作的先后顺序也是被规定好的。职业生涯层面，在法国光复的政治社会危机时期，不遵守竞争原则的插队现象经常发生。即使这些插队现象后来并没有受到质疑，但此后也没有出现新的例外情况。最后，至于干部职位，工龄原则无法得以全面贯彻，但在工作20年后根据工龄原则升职的例外情况是可能的。在工业垄断企业里，规则的实施方式更加严格。近五十年，不同级别里的调换非常少见，甚至在领导层级别的员工当中，工龄仍然占据优势。

这两个规则的结合既与职务有关，又与职业生涯有关。它们向职员确保全部的独立和安全。个人的专断和发挥没有任何空间。每个人每天的工作、获得其他工作的机会、在机构里的地位和前途都已经事先相当精确地设计好了。在这样的系统中，如我们前面所指，个人的依赖关系行将消失，或者至少极大地失去了它的重要性。如果在下属职员职务的确定和安排上禁止一切个人的专断和发挥，那么上级领导也就失去了对下属的权力。他的角色也就仅限于监督规则的实施。作为交换，如同我们所看到的，在下属行为完全由规则来确定的情况下，他们也失去了对自己上级施压的权力，还失去了与上级谈判的可能性。

这些规则的存在保护了机构内的每个成员，让其既不受上级的压力，也不受下级的压力。然而，这种保护也是一种隔离关系，具有双重后果。一方面，他被免除了一切个人发挥，只需要完全地服从施加给他的规则即可；另一方面，他也完全摆脱了一切个人依赖关系。他不用惧怕任何人，也几乎和非工薪者一样独立。这种类型的人际关系让上下级之间的个人感情不再重要，这对于上下级来说都是好事。如我们的研究成果所指，无论是在会计事务所里，还是在工业垄断企业中，在等级上相互隶属的级别之间，我们只发现协议关系，而失去了任何情感的意味。

实际上，很少有组织体系能够做到如此严格。不确定的情况总是存在，这就让当事人在规则限定的范围内拥有一定的活动空间。依赖关系和上下级之间的谈判不可能完全消失。对于各级职员来说，罢工的热情表明服从规则不足以确保分配给他们的职能，同时还表明领导层还是需要通过谈判来获得他们的配合。

2. 决策权力的集中

科层式组织系统内部的决策权重视"政治"内部系统的稳定性，这种稳定性建立在组织的功能性目标之上。这是上述特征的必然结果。如果我们想保障非人格性的关系，那么，非人格化原则没有排除的所有决策都必须符合以下原则，即决策发出者不受决策承受者个人因素的影响。

因此，解释和完善规则的决策权、改变规则的决策权以及制定新规则的决策权将会越来越远离基础实施单位，或者概括来说，远离执行规则的职员等级。如果倾向非人格性的压力过于强烈，这种权力集中的趋势就无法避免。适应环境的问题可能会要求在人们更好地了解自身的特点并在发展层面上做出决策。和这些适应问题相比，权力集中化的倾向实际上更加优先考虑内部的"政治问题"，即与徇私和专断做斗争，保障系统各个部分的平衡等。在工作第一线，以及在承担的职能、经济活动或者和公众的关系层面，个人的专断和发挥的确可能带来差异，从而带来人际关系层面的专断，并因此导致新的依赖关系。因此，权力集中是第二种在组织机构内部消除专断以及个人自由行事权的方法。组织机构为此付出的代价就是更加严格的规则。决策者并不直接了解他们要去解决的问题；处于工作第一线，了解这些问题的人又没有足够的权力做出调整，无法尝试必要的创新。

巴黎会计事务所的情况就是这种权力集中化的最好例子。这也是为什么我们花了大力气去深度分析

高层职员与低层职员之间的相互关系。这些关系明确
指出了科层制组织机构必须面对的两难困境以及必须
做出的选择。但是，不要忘了，这些压力也同样存在
于事务所和它的上级总部之间，存在于垄断企业的总
领导层和各个工厂之间，甚至存在于每个工厂内部。
在工厂里，如同我们已经指出的那样，经理和副经理
必须亲自解决车间里所有的人际问题，而关于这些问
题，他们绝对不可能掌握第一手信息，甚至不可能掌
握足够可靠的信息。总的来说，我们可以确信，这类
权力分配模式在法国公共行政机构中普遍存在，它们
是所有权力集中具体实践的根源，尽管人们常揭露权
力集中的本质。

　　3. 每个等级化层次的隔离以及团队对个人的
压力

　　随着非人格化规则体系的发展以及决策权力的
集中，高层领导专断的可能性就被消除了，下层职员
施压的可能性也同时被消除。这就带来了一个非常重
要的结果，它形成了科层制组织体系的另一个基本特
征：即每个等级化的职业类别、每个层次将和其他的
层次完全分离，无论是上层还是下层级别都一样。因
此，此类型的科层制组织机构将由一系列置于其上的

层次所构成，相互之间的联系也非常少。各层次之间的障碍在于没有空间留给不同层次的成员，以便他们重新组合，形成新的团队和群体。

　　不难理解，每个层次的相互隔离会同时伴有同僚团队对其组成成员的强烈压力，这种同僚团队是由同一层级的所有成员组成。如果等级的压力在减少，而且又没能形成一种非正式的、汇集不同层级成员所组成的团队，那么，同僚团队，即不同层次里地位相等的成员组成的团队，就成为个人与组织之间唯一的中介力量。另外，既然在同一层级的成员之间必须一直保持充分的平等，而且成员间被认可的差别只能由工龄年限这一非人格因素来决定，那么层级内部的斗争就会被不同层级之间的斗争所代替。一个层级里的个体成员首先要考虑的就是自己团队的利益，他也不可能逃避同僚对他的影响。在涉及团队共同利益的事情上，任何个人寻求独立的愿望都会受到无情地惩罚。

　　最后，同僚团队的压力也就成了在规则外调节成员行为的唯一因素。既然来自上层的压力和同级成员间相互比较成绩所带来的惩罚几乎没有，或者非常小的话，那么个体成员就会发现衡量他们努力程度的唯一方式就是通过遵守非人格化的规则，以及遵守置于这些规则之上、行业和等级类别内部的准则，从而更好地诠释它们，完善它们。因此，他们也就会完全地服从一种集体意志。

在我们看来，为了理解职员的"团队精神"和"仪式主义"，同僚团队的压力也是必须考虑的基本要素之一。只有对同僚团队来说，"目标转移"成为一种对抗其他团队和组织必不可少的自我保护方法，它才有意义。非人格化任务和令人头疼的规章可以在现代大型组织机构中得以发展，而不产生与仪式主义有关的相同后果。这些相同的力量在科层制组织系统中举足轻重，因为相互隔离让各层次完全控制属于自己领域的事务，而不需要知道组织的总体目的。我们甚至再往前推进一点，可以说为了在与组织机构其他组成部分的谈判中获得尽可能好的结果，每个分层必须认为自己的职能才是自身的目标。在这一视角上，成员的仪式便成为团队战略的重要因素。仪式主义可以让团队显得与众不同，可以让它宣称自己的目标就是总体目标，或者说是达到总体目标所必需的决定性中间目标。最后，仪式主义也同时强化了团队成员间的相互团结。

无论如何，从上述观点出发，我们可以发现，从属于深度"科层式"组织体系的职员与从属于轻微"科层式"组织体系的职员之间的差异是多么深刻。仪式主义是前者的王牌，因为他升职的可能性和对组织的良好适应都取决于他在团队中的地位，以及团队在整个组织机构中的地位。而仪式主义对于后者来说则是一个严重的缺点，因为他成功的机会首先取决于他在不同团队间调动的能力，同时还在于他能表现出愿意牺牲自己和团队工作的狭隘目标，而满足组织机构更加总体的目标。

4. 平行权力关系的发展

在以前的篇章里，我们已经用很长的篇幅分析了平行权力发展的问题。现在，让我们用更加总体的表述来概括一下我们的结论。无论付出怎样的努力，增加非人格化规则也好，发展决策权力的集中化也好，都不可能在组织机构的内部消除一切不确定因素的源头。围绕着这些仍然存在不确定因素的领域，平行的权力关系将会得以发展，而且附属现象和斗争也会随之发展。在每个人的行为都已经被提前设计好的关系和活动体系中，那些控制经常产生不确定情况之源头的个体和团队，会对那些可能会受到这种不确定情况影响的人拥有某种权力。

而且，与其说这些不确定因素变少了，还不如说是他们的战略地位提高了，由此产生的权力也就更大了。正是在等级清晰、任务明确的深度"科层式"组织体系中，平行的权力才最重要。这一悖论可以在我们多次指出的公共行政机关的例子里得到证明。在这些行政机关里，一些级别不高的小职员反而可以在处理重要事件中发挥关键性的作用，这仅仅是因为他们在规则过多的组织体系中占据着战略性的位置。因此，这也就能够解释为什么在以平等为基本规则的环境里，某些团队能够保持一些过度的特权。

平行的权力关系可以在正常的等级序列里得以发展。但是就像在工业垄断企业里的例子那样，在大多数时间里，它们是在等级序列之外发展起来的。这就导致了人际关系体系更加严重地失衡。从这一角度看，在专家的任务不能精确定义和控制的情况下，专家这一职别往往就是拥有特权的团队。的确，这些专家通常都能获得自主权，如同赛尔兹尼克（Selznick）所分析的田纳西河谷管理局专门化所带来的恶性循环一样。乍一看，这种自主权和这种专门化在行政权力集中化的框架里共同存在，可能会令我们感到惊讶。但是，该情况既不偶然，也不奇怪。确实，正是在非人格化规则和决策权力集中化体系的总体框架内，也正是由于这种体系自身的僵化，专家团队的特权才能得以发展，并且最长久地保持下去。

选自米歇尔·克罗齐耶，《科层制度的现象》，瑟伊出版社，1964年，第230-236页

名流的权力

皮埃尔·格雷米翁

名流的权力在行政机构和地方社群的结合处发芽，成长，并且获得养分。它是一种特殊的连接方式，让国家与社会相互关联。在这种连接方式中，官僚制度的终端环节为其中央机构的中立化提供支持。如果近距离观察省政府和中央各部驻地方机构的运作，以及与行政机关联系紧密的各领域中名流的策略，我们会发现该体系的基本特征之一是行政单位网络的多孔性。因此，通过这些孔道，行政网络内外的交流一直持续不断。每项决策都需要调动官员的非行政资源和非官员的行政资源。官僚制度本身的概念似乎不再适应地方行政行为的特点。对外联系孔道较少的行政单位也是存在的，例如省政府、路桥部门和财务部门的地方单位就具备调节功能。但是从总体上看，地方官员行为的理性在很大程度上由他们的社群融入情况所决定。相应地，通过不断地在公共行政单位之间充当中间人和协调人，名流也就获得了老练官员的能力。因此，名流的权力具有以下特点，即相互覆盖的"官员"和"名流"概念之间暗自趋同。名流体系同时指明了行政体系和代理体系的特征。这种代理体系相当于一种角色扮演游戏，它孕育着一个共同价值世界。

当官员和地方代表的互动催生出名流之后，后者的权力就衡量着共同利益单位里前两者的行动能力。名流代表性的范围对应着官员地方性的区域。公务员的地方性又以名流对他的信任程度来衡量。名流的代表性则是由官员向其咨询的程度决定。在自动维系的官员——名流环境中，一方对另一方行为的影响力相互促进。

名流系数（公务员的地方性、地方代表的代表性）在既定网络内（省级以下，省级或者中央级别的）衡量着行政体系在当地社群中的效率。当然，名流之间地位不同，他们的行动力也各不相同。然而，尽管网络之间有所不同，代表和官员的资源长期相互交流保障了系统的统一性。这些资源把他们双方都变成了名流。

名流权力的另一特征是面对中央行政机关、政党和民众时它的持有者能够拥有行动的自主权。态度表示、行为观察和社会调查数据均表明我们谈论的是由自身法则所主导的决策群体。

面对中央机关的权力，只有从诸多行政组织机构出发，我们才能把握名流权力的自主性。我们已经明白，地方官员的所有策略既在于在自身等级上确定评判的可能性，同时还在于中断其行政单位和当地社会环境之间的关系。中央并没有忽视任何主导上述交流的机制。但是，它无法介入。例如地方的微型封建关系就在国家政权的周边地带形成了许多"囊肿"。但是，中央无法解决这些地方微型封建关系，其中原因有很多。很显然，中央部门无法实际控制它在外省的所有分部。从法律角度看，这些中央部门拥有"决策权"，但是它们必须把预审众多卷宗的工作交给地方单位。预审和决策的分离产生了缺口。通过该缺口，大量细节调整、微小特权、信息偏差等情况不断发生。这些情况试图限制中央所拥有的信息，并最终让它交出裁判权。进一步说，如果金字塔尖无法战胜其内部的名流权力，这是因为为了限制这种权力，它所拥有的唯一武器是规则，而这一武器却是双刃剑。的确，为了控制周边地带，中央颁布的规则越多，规则裂缝为地方名流提供的策略价值就越大，围绕规则的商讨就越重要。这一体系的寄生部分就是规则中央集中化的直接产物。

因此，中央的中立化是以它颁布措施的反效果程度来衡量的。在首创权力只属中央的政体内，反效果一直存在，而且规则的拓展和名流化的加强，二者的关系是不断重现的恶性循环。

与地方官员和中央官员之间的关系一样，地方代表和政党之间的关系也体现了名流体系的自主化。众所周知，普选代表的政治参与不能解释他在当地的行为。在接触选民时，议员通常表现得比在议会会场上更加保守。国家不同意识形态的划分不足以解释县市的地方选举结果。有必要把名流的党派和政治活跃分子的党派区分开来。如果我们区分二者，名流的概念将会属于右翼政治派别。也许我们得承认左翼名流人士的存在。然而，这是延伸情况，指的是以前独占某些职位、被指责为墨守成规的领导者。……

　　政党活跃分子对地方代表的控制常常并不可靠，也几乎没有效力。"同情某一党派"的当地代表会组成符合规定的、独立于政党之外的联合会。政治同情者组成的联合会与其他类别代表组成的联合会（如法国市长联合会、大区议会主席联合会、参议员——市长联合会等、等）相互交叉加剧了这种分裂。所有的联合会都加剧了当地代表的隐蔽性和封闭性，让政党活跃分子越来越不了解市政府或者省议会的运作。因此，政党活跃分子就越来越过度地追求意识形态，而名流则成为他们的拥护者。每个政党都会复制这种分裂状态，它一方面确保了地方代表行为逻辑不断增长的自主化；另一方面又保障了名流权力的延续，成为地方政治行政体系的转角石。……

　　公民、无权势者、非名流们利用官僚制度是为了从它那里获得对规则的遵守。他们把近乎司法的裁判功能转移到该制度上。他们纷纷从内心里接受了官僚制度自身所扮演的形象：即一种无激情、裁判式的政府形象。在省政府门前示威游行是一种公开的力量对比，这种行为内在地属于同一逻辑。示威游行是一种象征化之暴力的展示，其潜在功能之一就是建立求助武力的弹性机制。它是暗含的调停过程，以提醒政府注意自己的任务。

名流对政府的行为模式则完全不同。他知道地方官僚制度会违反普遍规则。而且，他自己还可以获得一些违反规则的权力，他的功能也会一直存在。因此，名流的权力就体现为自己和政府之间关系（这种关系和普通公民与行政机关之间的关系不同）的自主性，它还会增强面对政党和中央机关时保持的自主性。这样，名流的权力就基于政府和国民社会之间即时关系的转化，从而有利于产生能够转变成政治关联的关系。

这种确保名流调解作用长期存在的转变既不是自动地获得，也不是无条件地获得。对名流来说，公民对愈发因循守旧的规则所施加的压力既是威胁，也是心头刺。而且，官员在处理与名流的关系时会利用这一点，把它当作暗含的要挟条件。通过直接的集体行为求助于民众力量，这相当于取消了代表制。这就承认名流调停作用的失败。政府经常会严厉地向名流指出这一点，以便在面对他们时获得自己的自由。

为了和政府谈判，名流必须得利用他所代表的团体或集体单位。消除异议的能力就决定了他的代表地位。他对民众的影响可以让行政机关拥有更多适应、

名流的权力 / *275*
皮埃尔·格雷米翁

违反和实施的可能性。简而言之，在地方官员眼中，名流所带来的好处取决于后者为前者带来的保障。这种保障是为了让地方官员在面对中央行政机关时拥有自己的自主权。官员没有直接进入民众的渠道。他必须借助名流的中介作用。相对应，如果没有名流的帮助，公民也很少能够接触官僚制度的领导层。

把战略地位变成实际收益的愿望非常强烈。另外，常识对"名流"一词的使用指的是后一种状态：即人们用"名流"一词所指的是某一个体的角色，他轻松地在社会体系中承担起调停、代表和说情的功能。但是，固定下来的名流地位只是名流化过程的最后阶段。在它的活跃期内，这是建构、巩固和确认一种扩大化代表性的过程。这一产生扩大化代表性的过程需要遵守地方官员和当地精英之间的互动准则。为了成为名流而需要遵守的这些准则是名流权力定义的组成部分。那些不遵守这些准则的人都会出局。

由名流催生出的这些准则控制、调节和稳定着地方行政和当地集团之间的交流。该体系强烈要求政府和民众社会之间的实际联系，它把那些不遵守名流圈法则的人排除在外。这些法则是疏通官僚机器和社会群体之间互动关系的社交原则。因此，对于名流的行为来说，它们是一种约束。对于那些名流圈之外的人来说，它们是一道栅栏。

名流权力首先基于接受国家和地方集团的分工。前者主要由官员组成，他们具有行政技巧和能力。对于后者来说，主要由当选的代表组成，他们表达了民众的需求。对于该体系的延续来说，对二者各自功能的尊重是最基本的。任何侵入对方领域的行为都是危险的。通过对官员能力的吹捧，名流从官员那里获得了对民众所需的关注。通过对名流代表性的接受，官员把名流变成了自己的盟友和拥护者。

在名流式的官员和官员式的名流之间的讨价还价还遵循一个永恒的惯例，词藻华丽，但规则却很简单。为了保护同伴，必须讲究程序的效率。官员式名流抗议名流式官员的不近人情同样激发了名流式官员抱怨官员式名流的不负责任。与其说是意识形态还不如说是修辞，没有人会被话语蒙骗。名流的修辞能力是一种规范。谈判的关键点体现在语句的拐弯抹角处，只有那些精于此道的人才明白。无关紧要的变化能够让每位谈判参与者知道在规则的弹性里到底可以走多远。但是对修辞的掌握是有选择性的，不知道如何运用它会立即孤立"不负责任的"个人。我们马上就会明白这种修辞的政治意义就在于迷惑对方。

在地方行政机关和民选代表或经济利益代表之间会晤仪式的戏剧性背后，地方官员和当地代表的相互默契建立在占有特定信息之上，这样就可以改变或者绕过中央的规则。无论是官员还是名流都没有兴趣公开这些信息，因为它们被公开就意味着终结上述二者之间相互协商的可能性。正相反，只有让他们之间互动的逻辑尽可能地躲开中央机关和民众的控制，地方官员和名流才能保留政治行政体系的自主性，这确保了他们相互行为的自由。

名流权力是一种可以阻碍、抗衡中央命令的权力，是一种对官僚行为进行筛选的权力。但是，即使从总体上看，这种政治行政体系如果不是一种新体系，那么它至少也为一种独特的新方法留有余地，即在国家体制的缝隙里运用计谋。名流这种角色会利用官僚制度，利用它的矛盾和迟钝，利用其成员间的不同反应。他还知道如何最大化地利用官员们的内部争斗，让不同机构相互斗争，他会根据情况介入政府事务，从而保护他所代表的团体、机构或者集团。作为交换，他通过完成自己潜在的协调工作来为政府行为辩护。例如，在内政部的运作以及该部在地方的工作中，省长起的作用比议员要小。其实，这些议员们暗自地承担起一部分省政府的职能。也许，这个独特现象是有宪法依据的。根据这些依据，省政府、区政府成了地方行政工作的唯一机构。但是那些乡下市长们的支持者不是以同样的方式加强了路桥部门日常事务的推进吗？地方行政部门及其下属部门的一体化是几乎具有普遍性的运行原则，正如在行政机关中，地方一体化对机构一体化的优势地位所阐明的。但是，财政部地方机构所涉及的情况例外。

最后，名流权力决定了地方民主的实施方式。这一方式的特点有二，第一是在选举职位上精英们的低更新率，第二是责任与合法性的双重转移。

获得官员的信任，扩大自己在政府内的活动圈，在多个网络内兼职以确保谈判的可能性，这些都是缓慢的社会化所带来的结果。已经获得的地位是不可动摇的。名流变得无法替换。行政机构为他的长期存在贡献良多。为了换取名流保障政府参与行为的合法化，行政机构也会"知恩图报"，并且通过重视名流的调停行为以加强后者在民众眼中的合法性。从此，阻碍新精英出现的因素不仅仅是来自名流，同样也来自官员。和他们已经习惯的、人数有限的合作者谈判，使地方官员更加倾向于和"他们自己的"名流交往，而不是冒着风险去和新人对话。

选自皮埃尔·格雷米翁，《周边的权力》，瑟伊出版社，1976年，第248-256页

第五章

社会化、越轨与社会调节

本章引言

　　塔尔科特·帕森斯完全按照涂尔干对社会约束的思考，质疑社会秩序的可能条件。在这位结构功能主义之父看来，社会体系的稳定性基于社会化过程中存在的内化价值和准则，而且这些价值和准则在互补性角色的期待体系中得以固化（选文1）。

　　乔治·赫伯特·米德分析了儿童的社会化过程，并指明了两个重要阶段。在第一个阶段，儿童会模仿周围的人，并通过角色扮演游戏学会采用他人看待自己的视角。在后一个阶段，他会参加一些集体游戏，这些游戏让许多相互连接的互补性角色参与进来。如此，他学会了采用整体社会的视点，并且内化了不同角色相互关联所决定的全部普遍规则（选文2）。在劳动分工占统治地位的复杂社会中，社会化的功能之一还在于促进每个特定群体之特定价值和准则的内化过程。个体在成年阶段将会加入各具特色的群体。彼得·伯格和托马斯·卢克曼认为，相对于初级社会化，这种次级社会化会同时起到补充和中断的作用（选文3）。

尔文·戈夫曼致力于建立一种名副其实、最为日常的社会交往法则，描绘了在场关系中的许多仪式化交往。这些交往以难以觉察的方式在日常生活中维持社会秩序，并在社会生活最普通的活动中延续着社会化的效果（选文4）。

越轨是社会化的对立面，而且在某种程度上是社会控制的产物。于是，涂尔干曾用让人不悦的语气断言，犯罪是正常的。他让我们明白的事实是，越轨既取决于社会对每个人行为的看法，又取决于这些行为的内在本质（选文5）。作为对照，格奥尔格·齐美尔也依据贫穷所激起的社会反应（即被救济的事实）来定义它，即被忍受的越轨（déviance subie）。他也用这个概念揭示了在社会中被指定给穷人的社会角色（选文6）。

通过强调社会反应的重要性，后两位大师提出了社会标签理论。埃德温·勒迈特于1951年发表了一篇奠基性的文章（选文7）。几年后，霍华德·贝

克尔又通过越轨生涯的概念发展了这一理论（选文
8）。这个概念是他从老师埃弗雷特·休斯（Everett
Hughes）那里借用的。

　　当今，有关社会控制的研究不会简化为确保个人
行为符合相对不变的准则，如同塔尔科特·帕森斯曾认
为的那样。在一直处于变化中的某些社会里，社会调适
（让–达尼埃尔·海诺更喜欢使用这个表达，而非"社
会控制"）致力于根据力量对比和不同社群之间相互妥
协，研究规则如何产生、变化和消失。（选文9）

价值和准则的制度化

塔尔科特·帕森斯

　　某些共同的价值取向支配着协同行动的亚体系或者体系，这些价值取向都包含在行动的动机里。这样的体系具有一种集体性。团结的群体（即集体）的共同行动表现出这种共同价值的整合化过程，它构成了社会体系总体整合的特征。

　　社会整合化取决于内化的准则，但是仅凭这些准则可能无法实现这一整合化过程，还必须要有明确的角色功能、禁忌、规则（例如法律）来起到补充性的协调作用。社会明确规定了社会参与者的职责，而上述种种协调之事正是这些社会参与者所期待。……

　　制度化一词既想表达集体成员对共同价值的内化

过程，又想表现对规则和禁忌功能的期待。

价值模式的制度化支配着行动（价值取向模式），因此它就是社会体系整体化的主要机制。然而，社会整合并不要求在整体的社会体系中同等地和普遍地去复制某种唯一的价值游戏。

社会整合可以完美地在一系列亚价值体系中发挥作用，这些亚体系从一种共同模式里辐射出来。这在总体社会体系中导致了价值亚体系部分整合的分析问题，以及在制度层面导致了社会整体中集体（或者局部制度）的整合问题。

在所有这些情况中，角色的期待是围绕着导向自我/导向集体这一维度。每个体系都可以在某些范围内确定制度。在这些范围中，内部单位和个人完全合法地得到许可做他想做的事，无须专门参照整个集体的利益，甚至也无须参照专门针对他的特殊义务。反之亦然，来自集体的直接义务在其他范围里则是强制性的。大多数时候，这一区别是潜在且心照不宣的。在争斗和威胁的情况下它才会以非连续性的方式被公开地调动起来。在第一个情况中，当许可的底限被打破时，被动的惩罚方式才会被采用。在第二个情况中，每次主动的义务没有得到履行时，也会运用惩罚的方式。当然，对于社会体系而言，二者之间的界限经常变化。于是，我们可以把拥有集体、正式和明确义务之团结群体称为"整合化的社会体系"。

还要补充一点，没有任何社会体系是完全整合化的。出于各种各样的原因，在角色期待和个人实际履行角色的方式之间总存在差距。对于另一个极端而言，也不存在完全非整合化的社会。事实非常简单，即在社会体系中生活的个体或多或少都是社会化的。它意味着个体需要而且只能通过符合他者期待的方式来得到满足。对于这些期待而言，它们让个体变得敏感。即使社会可能陷入混乱，或者受困于阶级矛盾，或者处于内战之中，等等，在这些极端情况下的社会中仍存在相当广泛的团结。任何社会都多少会受到整合，霍布斯（Hobbes）所描绘的"自然状态"从来就没有出现在任何社会中。完全地去整合化是一种极为特殊的情况。某些社会体系，尤其是在社会结构的某些领域里，它们可能会向这种特殊情况发展，但是永远都不可能到达这种状态。当然，某个社会体系可能会丧失自己的身份，变成另一种根本不同的体系，或者被另一个社会体系所吸收。它也可能分解成好几个体系，但是都无法实现那种"自然状态"。

实际上，所有的社会体系都是不完美的。没有任何完美协调的价值体系在特定的社会内能够完全地实现制度化。在社会的不同部分之间，总有一些不平等的组织以及价值冲突和角色冲突。这种不完美整合的结果导致了不稳定性，为变革埋下伏笔。而完美的整合总是排除一切变革。

力量之间的平衡可能非常微妙，也可能在某个战略点上被颠覆，因此变革不是源自某次偶然地偏离制度化模式，而是源自两个或者多个模式之间被打破的平衡，并导致模式间相互侵犯。那些制度化体系中的罅隙是能够带来诸多变革的出路。因此，多亏了导致偏离的内部趋势和不完美的整合状况，变革才可能渗透到任何体系之中。

选自塔尔科特·帕森斯（和希尔斯合作出版），《通往普通的行为理论》，哈佛大学出版社，1951年，第16-128页（由孟德拉斯译成法语）

玩耍与游戏

乔治·赫伯特·米德

　　如同我曾说过的那样，在原初民族中，人们正是通过我们所谓的"双重属性"认识到区分自我和有机体之必要性：个体拥有一个类似于事物的自我，他会影响到这个自我，就像会影响其他人那样；由于这个自我既能够离开肉体，又能够回到肉体上去，所以，人们可以把它和有机体区别开来。这也就是认为灵魂是独立实体之概念的基础。

　　我们在儿童身上发现了与这种双重属性相对应的某种东西，因为许多儿童在自己的经验中也创造了隐性的、想象性的伙伴。也就是通过这种方式，他们组织起自己既在他人，也在自己内心中产生的各种反应。当然，这种与想象性伙伴的玩耍只是普通自由玩耍特别有趣的一个阶段。这个阶段存在于有组织的游戏之前，而且这种玩耍是在扮演。一个儿童可以扮成妈妈、老师或者警察；也就是说，他正在像我们所说的那样扮演着不同角色。在动物的游戏中，我们也看到了能够说明该观点的某种情况：一只猫会和它的小猫们玩耍，而且狗也会和其他的狗一起玩耍。两只狗会一起玩攻击和防守的游戏，而这个游戏过程若完全进行下去则可能相当于一场真正的打斗了。游戏中的某种反应组合可以控制撕咬的深度。但是，在这种情境中，从儿童有意扮演某个角色的意义上说，我们从没有看到过狗在扮演某种明确的角色。在幼儿园里，我们正是运用儿童所具有的这种倾向在教学——在这里，我们以儿童扮演角色为基础训练儿童。当儿童确实在扮演某种角色时，他就会在自己身上产生某些导致这种特定反应，或者说导致这组特定反应的刺激。当然，当他被追赶时，他有可能会逃跑，他也有可能转身反击——就像狗在游戏中所做的那样。但是，这种情境和扮演某种对象的情境并不相同。儿童们聚在一起扮演"印第安人游戏"，这意味着，儿童拥有某组刺激，这可以在他自己的内心中产生与其他人相同的反应，而且，这些刺激还与一个印第安人相符合。在玩耍过程中，这个儿童利用了自己对这些刺激（他曾经以此确立某个自我）的反应。他会针对这些刺激做出反应，并把这些刺激组织起来。例如，他在玩耍中会把某个东西递给自己，然后买下它；他会递给自己一封信，然后把它拿走；他也会模仿父母或老师和自己说话；他会扮演警察并逮捕自己。在此类游戏中，他都拥有一组刺激，这在他自己身上产生了和在其他人身上相同的反应。他接受了这组反应，并且把它们组织成整体。对一个人的自我来说，这是最简单的变成他人的方式。它包含着一种时间性的安排。儿童以某个人物的身份讲述某个事物，并以另一个人物的身份对此做出反应，然后他以第二个人物身份做出的反应又会对扮演第一个人物的自己产生刺激，从而使这种对话继续下去。某种有组织的结构既出现在他的内心中，也出现在做出回应的、他所扮演的另一个人物身上，从而使不同身份间的对话得以实现。

　　如果我们把自由游戏和有组织游戏情境相对比，我们就会注意下列本质性的区别，即参与有组织游戏的儿童必须能够扮演游戏所涉的全部角色，而且，各不相同的角色之间必定存在某种明确的关系。以捉迷

藏这种非常简单的游戏为例。除了躲藏者之外，所有
的人都在捕捉。儿童所要做的只不过是扮演被捉的
人和正在捕捉的人。如果儿童在第一个意义上玩耍，
那么他就仅仅是在玩耍而已，他在这里并不具有任何
基本的组织规则。在这一初级阶段，他受自己兴致支
配，从一种角色转变到另一种角色。但是，在一场由
多个个体参加并且有组织规则的游戏中，承担某种角
色的儿童则必须准备好承担其他每个人的角色。如果
他参加棒球队，那么，他就必须考虑所有九个位置上
队员的反应。为了在比赛中打好自己的位置，他必须
了解每位队员准备做什么。他必须承担所有这些角
色。这并不是说这些角色必须全部同时出现在意识
中，但是，他有时必须让三个或者四个角色在他自己
的态度中表现出来，例如那个即将投球的人，那个即
将接球的人，等等。从某种程度上说，这些反应必须
在他构建自我角色的过程中出现。因此，在有组织的
游戏中，存在着一套经过组织的、由其他人的反应组
合而成的整体，因而一个人的态度才能够唤起其他人
恰如其分的态度。

这种组织是以游戏规则的形式所建立。儿童对各
种规则非常感兴趣，他们当场制定规则以避免麻烦。游

戏所具有的部分乐趣就是制定这些规则。因此，这些规
则就是一套由某种特定态度引起的所有反应。如果你采
取某种态度，你就可以要求其他人做出某种反应。这些
反应同样也都全部存在于你的内心之中。你在此获得了
一套有组织的、与上文所述反应类似的反应，这套反应
要比自由游戏所涉及的各种角色复杂得多。这里存在的
只是一组无限地彼此相继出现的反应。在这个阶段，我
们认为儿童尚不具有充分发展的自我。儿童虽然相当聪
明地对那些直接迎面而来的刺激做出反应，但是，他还
没有对这些刺激进行组织。他也并没有像我们所期望的
那样组织他的生活——也就是说，并没有将生活组织成
整体。这里出现的只是一套与这种自由游戏类型相一致
的反应。儿童对某种刺激做出反应，而且这种在其内心
中的反应也就是他在其他人那里所引起的反应，但是，
他并不是一个完整的自我。在游戏中，他必须对这些角
色进行组织，因为如果不这样做，他就无法游戏。有规
则组织的游戏代表着儿童生活的过渡，即从自由游戏中
承担他人角色的阶段，发展到有规则组织之角色的阶
段。从术语的完整意义上看，这种有组织的角色就是自
我意识的根本。

……

　　自由游戏和有组织游戏之间的根本区别在于，就后者而言，儿童必须具有所有该游戏参与者的态度。一个游戏者要承担起其他游戏者的态度，并且这些态度被组成某种单元。而且，正是这种单元在控制着个体的反应。为了说明这一点，我们还可以举个例证，即正在打棒球的人。通过假定其他队员的角色，他决定了自己的每一个动作。他做什么是由他所拥有的其他每一个队员之态度所控制的，这些人的态度至少可以影响他自己的特定反应。于是，我们就发现了一个"他者"，它是对参与同一过程之人的态度进行组织后所形成的。

　　当一个有组织的共同体或者社群把自我单元授予个体时，我们就可以把它称为"普遍化的他者"。"普遍化他者"的态度，也就是整个共同体的态度。……因此，就社会群体而言，例如一个球队，只要该球队（作为一种有组织的过程或者说社会活动）进入了任意成员的经验，那么，它就是这种"普遍化的他者"。

　　如果某个既定的人类个体要获得最完整意义上的自我，那么他仅仅采取其他人针对他本人以及互相针对彼此的态度，或者他仅仅把这种社会化过程引入他的个人经验，这都是不够的：通过和自己采取其他人针对他本人以及互相针对彼此的态度相同的方式，他还必须采取他们（作为有组织的社会或者社群的成员）对于共同社会活动或者一系列社会事业之各个阶段或者各个方面的态度，而且他们自身也都作为有组织社会之成员参与了上述共同社会活动和社会事业。于是，他必须对某个既定时刻完成的诸多社会规划做出反应，或者对普遍社会进程中诸多更为重大的阶段做出反应。这一社会进程构成了该社会的生活，而且这些社会规划也是它的特定表现。换句话说，让一个既定社会整体（或者有组织的社会）更为广泛的活动处于任何参与者或者被包含在该整体中的个体经验领域之中，这一过程构成了自我获得最充分发展所必需的基础和先决条件。只有当他采取了自己所属的、有组织的社会群体针对合作性社会活动或者针对该群体所承担的一系列活动的态度时，他才能真正发展成完整的自我，或者说才能拥有已经发展成熟的这种完整自我。反过来说，有组织的人类社会中存在着许多复杂的合作过程、活动以及机构运作。然而，只有当每个参与其中的个体都能够采取所有其他个体与这些过程、活动和机构运作有关的，以及与这个因此而由各种关系和互动经历组成的、有组织的社会整体有关的一般态度，并因而能够相应地指导自己的行为时，上述合作过程、活动以及机构运作才是可能的。

正是通过这种"普遍化他者"之形式，社会进程影响着那些参与和实施者的个体行为。也就是说，共同体就是这样控制个体成员的行为举止；因为只有通过这种形式，这种社会过程或者共同体才能够成为一种可以发挥决定性作用的因素，进入到个体的思维过程。个体则是通过抽象思维让自己采用"普遍化他者"的态度，而并非是其他任何特定个体所表现出来的态度……；在具体思想中，他之所以采用这种态度，是因为它是通过共同参与既定社会境遇或者既定社会活动的其他个体对他自己行为的态度而表现出来的。但是，从根本上说，只有通过这两种方式之一的"普遍化他者"的态度，他才能够思维；因为只有这样，思维或者通过态度内化而构成思维的对话——才能出现。而且，只有通过个体采取"普遍化他者"对自己的某种态度或者各种态度的过程，社会的或者共同的象征系统的论域才可能存在，而且思维也正是将这种论域预设为一种背景。

选自乔治·赫伯特·米德，《自我、心灵与社会》，法国大学出版社，1963年，第126—133页

初级社会化与次级社会化

彼得·伯格托马斯·卢克曼

　　我们可以设想一个社会，在其中，通过初级社会化之后就没有发生更进一步的社会化过程。当然，这样的社会将会是一个只有某种非常有限的知识储存的社会。所有的知识通常来说都是相关的，仅仅是依据不同个体而在视角上有所不同而已。这一设想对于一个特定受限的案例来说是有用的，但是据我们所知所有的社会都存在某种程度上的劳动分工，以及随之而来的知识的社会性分配。只要存在这种情况，次级社会化就会变得非常必要。

　　次级社会化是把制度性的或是以制度为基础的"亚世界"内在化。它的范围与特征是通过劳动分工的复杂性以及随之而来的对知识的社会分配所决定。通常，相关知识也可能由社会来分配——例如，以阶级为基础的"知识版本"——但是我们这里要说的是"专门知识"的社会分配，这些知识是劳动分工的产物，其"传承者"是通过制度来进行界定。如果暂且忽略它的其他层面，我们可以说，次级社会化就是获取角色的专门知识，这些角色或直接或间接地扎根于劳动分工。我们可以在一定水平上辨别某个狭小的定义，但这样做是不够的。次级社会化要求获得专门化角色的词汇，这意味着要把语义场进行内在化。这些语义场构建了对惯例的解释，并深入到制度领域。与此同时，还可获得"缄默理解"，即对这些语义场的评价和情感色彩。与初级社会化中获得的"基础世界"相比，次级社会化中的"亚世界"通常只是部分的现实。不过，它们也组成了或多或少具有整体性的现实，其特点是规范、情感以及认知部分。

而且，次级社会化也至少要求以合法化作为基础，这种合法化经常是仪式或物质性的象征。例如，步兵和骑兵之间出现的分化。后者必须接受特殊训练，其所涉及的内容侧重于控制战马而不是纯粹地训练体能。骑兵使用的语言也会变得与步兵十分不同。

这种语言将会确立一套术语来指称马、马的品质、对马的使用以及其他在骑兵生活中出现的情境。而骑兵的生活可能也会与步兵少有相关。骑兵也会在远非工具性的意义上使用不同的语言。一个愤怒的步兵可能会咒骂自己受伤的脚，而骑兵则可能会提到他的马背。换句话说，一整套意象和寓意就是建立在骑兵语言的工具性基础上。这一专门角色的语言也会被接受骑马打仗的个体所内化。他之所以变成骑兵，不仅仅是通过获得必要的技能，同样也是通过能够理解和使用这一语言。因此，他能与战友用许多寓意丰富的话语来进行交流，但这些暗示性的话语对步兵来说就如同天书。不言而喻，这一内化过程也会包含对角色以及相应规范的主观身份——例如"我是骑兵""一个骑兵绝不会让敌人生还""永远不要让妇女忘记被马刺踢的感受""战场上的好骑手也是赌场上的好手"，等等。必要时，一整套意义就会通过合法化来得以维持，其范围覆盖了简单的格言与复杂的神话。最后，还会有许多具有象征意义的仪式和实物，比如说每年庆祝的马神节。在该节日上，必须骑着马用餐，新加入的骑手会接受护身符（在这种情况下，护身符其实就是一根马尾），从此他们就会将它缠在脖子上。

这种次级社会化的形式，取决于知识体系在作为整体的符号世界内部的地位。要学会让马拉车或让马上战场，训练是必不可少的。但是，一个限制用马做苦力的社会，不会用精心准备的仪式或崇拜来美化这一活动，被指派这一任务的人员也不可能以任何意义深远的方式来识别角色；合法化很可能只是补偿式的。这样的话，次级社会化相关的再现中存在着大量的社会历史变化。但是，在大部分社会中，仪式性的细节都会贯穿于从初级社会化到次级社会化这一过程。

次级社会化的正式过程是由一个根本问题决定的：即它总是预先假设一个先时的初级社会化过程。也就是说，它得应对一个已经形成的自我和一个已经内化的世界。它不可能凭空构建主观现实。这就导致了一个问题，因为已经内化的现实有持续存在的趋势。所有新的内容如果想要被内在化，都必须叠加在已经存在的现实之上。因此，在最初的内在化和新的内在化之间存在稳固性的问题。根据不同的情况，解决这一问题可能会或多或少有些困难。已经知道爱清洁是人的优点，将这一优点转移到动物身上也就不是什么难事。但是，已经知道对于步行的孩子而言某些下流举止会受到指责，对于现在作为骑士的他们则必须这样做，关于这一点可能必须做出解释。为了建立和维持自己的稳固性，次级社会化预设了一些概念性程序，从而得以整合不同的知识体系。

选自彼得·伯格、托马斯·卢克曼，《现实的社会建构》，梅里迪安·克林克西耶科出版社，1986年，第189–192页

日常生活的仪式

尔文·戈夫曼

　　仪式是形式上符合某种约定的行为。通过这种行为，个体在面对具有绝对价值的对象时，可以向它或者它的代表表示尊重和重视。根据涂尔干对宗教进行的著名分析，仪式分为两个类别，即积极仪式和消极仪式。消极的类型意味着禁止、避开和保持距离等。当我们仔细思考保留自我和保持安静的权利时，我们所说的也正是这个概念。积极的仪式则是以不同的方式，通过各种祭献物来表示敬意。这要求进献者通过一定的方式，处于一种接近领受者的地位。传统的论题是，这些积极仪式表明并证实了把进献者和领受者结合起来的社会关系。不履行积极仪式是冒犯；不履行消极仪式则是违背。

在当代社会，敬奉超自然实体之代表的仪式在各地都有所衰退，比如说那些必须佩戴仪式所需之长念珠的重要宗教仪式。只有短小的仪式还仍然存在，个体完成此类仪式是为了向他人表达礼貌，送上来自仪式实施者的愿望，也是为了证明获益者拥有的小额神圣财富。简而言之，只有一些人际间的仪式仍然存在。这类小型的、表示敬意的行为从来都不是人类学家的领地。但是它们并非就不值得研究。只是社会的世俗视野阻碍了我们去重视其中的普世性和地方特殊性，以及它们在社会结构中的功能。

世俗社会人际间的仪式以一种特别的方式证明了涂尔干对积极仪式和消极仪式的区分。

首先，涂尔干没能料想到，当今关于地方群体和个人行为的研究能够让我们对消极仪式做出非常细致的描述，这些消极仪式不是作为一种偶然性的限制，而是作为公共秩序核心组织的方法。

其次，人际间仪式具有对话性，这是与一般仪式的不同之处。当发生仪式性敬献时，也就是说当个体表达了自己和他人的关涉和联系时，就该由获益者表示已经收到信息，以及非常欣赏此次关联的价值，而且承认自己和敬献者之间的关系真实存在。敬献者表达了对某个人的敬意，而获益者确认收到讯息并表示感谢。呈献（如果用莫斯偏爱的词汇）会因此带来回赠，而且如果我们把注意力集中在在场双方所完成的小型仪式，我们就会明白表示慷慨一定会立即带来感激的回应。这两种方向相反的运动共同形成了一个小型典礼，即得到"肯定性的交换"。消极仪式也会带来对话，只不过更加间接，而且是通过另一路径完成。一般的预防措施通常不会引起回应性的评论。分寸适度的惩戒会带来感激的表示。而且，这样做是在天然的限度内，因为这些惩戒的表达触及到受初始距离保护的私人生活。更重要的是，每次违犯都要求对话，因为冒犯者必须得提供纠错性的解释和保证，而且被冒犯者要做出举动来对此表示接受和满意。简而言之，一种"纠错性的交换"就此产生。我要补充的是，这两种基础性的交换，即"肯定性"和"纠错性"交换属于人人都会做出的、最符合习俗的和最正式的行为。研究现代社会的学者按照传统的方式把它们视为社会行为没有意义和粗鄙的残余。但是，个体之间几乎所有短暂的交往都是精确且完全地由这些交换组成。总之，每次个体触犯别人时，我们听到的最平常的话就是"您好"或者"对不起"。现在，是时候去研究这些"您好"和"对不起"，以及其他的类似举动。此外，即使精心设计的对话不可能完全地依靠这些举动来建构，但是它们通常都是通过这些举动开始或终结的。

　　选自尔文·戈夫曼，《日常生活中的自我呈现》第二卷《公共关系》，子夜出版社，1973年，第73-75页

犯罪的正常性

爱米尔·涂尔干

　　如果存在着一种不容置疑的病理性事实，那就是犯罪。所有的犯罪学家都一致认为犯罪是一种病态。尽管他们解释这种病态的方法不同，但都一致承认这一点。然而，这个问题仍然需要谨慎对待。

　　那么，让我们来实际应用上述的准则。在大多数社会都存在犯罪，无论是哪种社会，也就是说犯罪存在于所有类型的所有社会当中。没有犯罪行为的社会是不存在的。虽然犯罪的形式各有不同，而且各地被认定为犯罪的行为也并非相同，然而，不论何时何地，总有一些人因为自己的行为而遭受刑罚。如果伴随社会类型从低级向高级的发展，犯罪率（即每年犯罪的人数在居民总人数中的比例）呈下降趋势的话，那么我们至少可以认为，犯罪虽然仍是一种正常现象，但它会逐渐失去这一特点。但是没有任何理由可以让我们相信犯罪的确会减少。而且许多事实似乎证明情况刚好与此相反。从本世纪初，统计数据让我们得以观察犯罪行为的趋势；实际上，所有地方的犯罪行为都在增多。在法国增加了近300%。因此，没有任何现象能最为肯定地表现出正常状态的全部征兆，因为一种现象与整个集体生活的条件保持着密切联系。把犯罪视为社会疾病，就是承认疾病并非某种偶然，反而在某些情况下是源自基本的生物构成。同时，这也可能抹杀了生物学和病理学上的一切区别。也许，犯罪本身有时也具有不正常的形式；举个例子来说，犯罪率可能会达到一个夸张的程度。毫无疑问，这种过度现象就是病态的。对于每个社会类型来说，只要犯罪行为没有超出某一水平，它就是正常的。而这个水平可以由上述规则确定。

如此，我们就可以得出一个表面上看似乎相当悖论的结论。我之所以说这个结论可能是荒谬的，是为了避免引起误解。把犯罪归类为正常社会学的现象，这并非仅仅是表明由于人类身上无法纠正的恶习，所以犯罪就成为一种虽不愿意但又无法避免的现象；而且，这也表明犯罪是社会健康的因素，是任何健康社会的组成部分。一开始，这个结论相当令人惊讶，以致让我们困惑良久。然而，一旦我们消除这种一开始的惊讶印象，就不难找到能够解释并证明这种正常性的理由。

首先，犯罪之所以是正常的，是因为排除了犯罪的社会是绝对不存在的。

我们在别处已经指出，犯罪是一种触犯某种强烈的、十分鲜明的集体情感的行为。为了在既定社会里确保被视为犯罪的行为不再发生，就得让被伤害的情感毫无例外地在所有人的意识中得到修复，并需要必要的力量来遏制相反的情感。但是，假设这种条件确实能够实现，犯罪也不会因此而消失，它只是改变了形式而已，因为导致犯罪的原因本身在抑制犯罪行为的同时，又马上开辟了新的犯罪源。

的确，为了让国家刑法保护下的集体情感在该国既定的历史时期深入到那些一直保持封闭的个人意识中去，或者在它们的权威性尚不强的地方树立更大的权威，这些集体情感就必须获得比以往更大的强度。也就是说，必须让整个共同体比以往更加强烈地

感受到它们的存在，因为它们只能通过这样的源泉来
汲取更大的力量，以使自己渗入到那些一直抵制它们
的个人。为了让杀人犯消失，就必须让产生杀人犯的
社会层感到行凶的可怕之处，但是为了实现这一点，
还必须让整个社会都感受到这种行为的可怕。另外，
没有出现犯罪可能直接有助于产生这种结果，因为当
一种情感总是受到普遍尊重时，它就表现得更加应该
受到尊重。但是，人们没有注意到，为了对杀人之可
怕产生一种更加强烈的公共意识，必须同时加强人们
对以前只是造成纯道德性错误的损害行为的认识，因
为后者只是害怕行凶杀人的意识状态的延续和减弱后
的形式。因此，偷盗和轻微的诈骗，都只是触犯了一
种单纯的利他主义感情，即对他人所有权的尊重。只
是这种相同的情感被两种行为伤害的程度轻重不同。
另一方面，一般说来，在人们意识的平均水平中，这
两种侵害的较轻者也没有产生足够的受害情感，所以
人们对因此而受到的伤害能够保持最大限度的容忍。
正因为如此，骗子只是被指责，而盗贼则会被惩罚。
但是，如果这种受害情感变得十分强烈，甚至所有人
认为诈骗比盗窃更加严重，这样就会对至今一直认为
只是造成轻微损害的诈骗行为更加敏感，人们也就会

更加强烈地抵制这种行为，轻微的伤害也就因此而受到人们更加强烈地谴责，其中某些伤害行为也就会从原来一般性的道德错误演变成犯罪行为。例如，违约或者不履行契约的行为原来只是激起公愤或造成民事赔偿，现在就会变成一种犯罪行为。让我们假想一个由圣徒组成的社会，一个模范、完美的修道院，在那里可能没有纯粹的犯罪，但是，对于常人而言非常轻微的错误也可能在那里造成常人眼中犯罪行为才会引起的丑闻。因此，如果人们赋予该社群审判权和惩罚权，它就会把这种行为判定为犯罪，并按照犯罪的方式进行惩罚。完美诚实的人以普通人对待真正犯罪行为那样严肃地对待自己在道德方面的瑕疵就是同理。过去侵犯人身的行为比今天更加频繁，这是因为在过去人们对个人尊严的尊重不如今日。今天，较少地发生侵犯人身的行为，这也是因为今天比过去更加尊重个人的尊严。原来的刑法并没有规定的侵害该情感的行为，现在也被写进了刑法法典。

为了穷尽所有逻辑上可能的假设，我们可以自问：为什么这种一致没有毫无例外地扩展到全部的集体情感呢？为什么这种极为微弱的集体情感没有足够的力量来防止出现各种不一致呢？如果能这样，社会的道德意识就可以完整地进入每个人身上，并有足够的活力来阻止一切损害它的行为，无论这一行为是纯粹的道德错误还是犯罪行为。但是，道德意识不可能达到这样普遍、绝对的一致，因为我们每个人所处的自然环境不同，所继承的遗传因素不同，所受的社会影响也不同，所以每个人的意识也就各不相同。在这一点上让所有人都达成一致是不可能的，因为我们每个人都有自己的机体，而且每个机体都占有自己应当占有的空间。这也就是为什么在个人独特性极不发达的未开化民族那里，这种个人独特性也依然存在。由此可见，既然在任何社会里，个体与集体类型之间或多或少总是有些分歧，那么，在这些分歧当中，就难免会有一些分歧具有犯罪的特点。然而，并非是分歧本身所具有的重要性，而是公共意识所赋予的重要性才会让该分歧具有这些特点。因此，如果这种公共意识特别强烈，并且其权威足以让这些分歧缩小，那它就会成为一种更加敏感、更加苛刻的力量，用在其他地方对抗重大分裂之强度来对抗任何一点小的分歧，并把它看得与重大分裂同样严重，也就是说把这些分歧视为是有罪的。

这样，犯罪也就成为必然的；它同整个社会生活的基本条件联系在一起，同时也正是因为这一点而成为有用的。对于道德和法律的正常进化而言，与犯罪有着密切联系的这些条件是必不可少的。

实际上，今天已不再会去怀疑，法律和道德不仅随着社会类型的变化而变化，而且哪怕是在同一种社会类型里，如果集体生存的条件发生了变化，法律和道德也会随之变化。但是为能够实现这种变化，作为道德基础的集体情感就必须不抵制这种变化，从而也就只是一种有节制的力量。如果集体情感过于强烈，则会缺乏弹性。实际上，一切原有的体制都是变化的障碍，而最初的体制越是牢固，抵制的力量也就越强。某种结构越是突出，就越是抗拒一切变化：无论是对于功能性结构，还是对于组织性结构而言都是一样的。不过，如果没有犯罪，那么就不会形成这种条件。因为我们这个没有犯罪之假设的前提是集体情感达到前所未有之强度。任何事情都应有限度为好。道德意识享有的权威不应该过度，否则就无人敢批判它，它也就容易固定为不会变化的形式。要让道德意识能够向前发展，就必须能够催生出个人的特点。然而，为了让意图超越时代之理想主义者的特点表现出来，也得让落后于时代之犯罪的特点成为可能，这二者相互依存。

　　还不仅限于此。犯罪除了具有这种间接的有用性之外，它本身对于道德意识的进化也是有用的。它不仅要求为必要的改革敞开道路，而且在某些情况下，它还为必要的改革做好准备。在犯罪存在的地方，那里的集体情感就成为形成新形式所必需的可塑状态。甚至，有时犯罪还有利于预先决定集体感情应采取什么形式。实际上，犯罪无数次预言了未来的道德，开拓了未来的道路！按照雅典的法律，苏格拉底就是一个罪犯，对他的判决也完全正确。然而，他的罪行，即他的独立思想，不仅有利于全人类，而且对他的祖国也是有用的，因为当时雅典人的传统已不再适应他们的生存条件，他的犯罪行为为雅典人所必须形成新的道德和信仰做了准备。苏格拉底的例子并非偶然，这种情况在历史上周期性地发生。我们今天之所以拥有思想的自由，是因为在禁止该自由的法规被正式废除前已经有人触犯禁令了。但是在当时，犯罪就是犯罪，因为它触犯了当时人们意识中十分强烈的情感。然而，这种犯罪是有用的，因为它预先准备好了后来越来越必要的变革。自由哲学的先驱们都曾是中世纪乃至近代被世俗政权合法惩治的异端分子。

　　从这个观点来看，犯罪学的基本事实就以一种完全新颖的面目呈现在我们面前。与人们通常的想法截然相反，罪犯已经不再被视为是一个绝对反社会的人，不再被视为是社会内部的寄生物，即无法被同化的异物，而是社会生活的正常成员。不应该在极为狭小的范围内考察犯罪。当犯罪率明显低于正常水平时，那不仅不是一件值得庆贺的事，而且可以肯定地说，与这种表面看起来的进步同时出现并切实相关的是某种社会混乱。例如也只有在饥荒的年代，刑事责任的伤害才会降到最少。同时，作为回应，要重新研究刑罚理论，而且更确切地说，必须对它进行重新研究。实际上，如果犯罪是社会疾病，那么刑罚就是医治这种疾病的良药，除此之外，也不可能再有别的概念了。而一切相关的讨论都是为了明确如何才能发挥这种良药的作用。但是，如果说犯罪不是病态的，那么，刑罚也就不能以医治为目的，而它的真正功能就该从其他方面来进行研究。

选自涂尔干，《社会学方法的准则》，法国大学出版社，1977年（1895年初版），第65—72页

任何贫困都是相对的

格奥尔格·齐美尔

　　穷人的地位是明确规定的。为了自身利益，共同体有义务提供救济，但是在大多数情况下，穷人无权索要救济，因为救济使他成为群体活动的客体，让他远离整体。这种距离往往使他成为微不足道的人，从而依靠整体的恩赐而活。通常，恰恰是因为这个原因让他成为该整体讨厌的敌人。当国家剥夺接受公众施舍之人的某些公民权利时，就是在表达这层意思。然而，这个"之外"并非意味着绝对的分离，而恰好是意味着与整体保持着某种十分特殊的关系。如果没有这个要素，整体也就可能是其他模样了。穷人身处其中的集体也在和穷人保持着某种关系，和他对立，同时又把他当作客体来对待。

但是，这些标准似乎并不适用所有的穷人，而仅仅适用于他们中的一部分，也就是说适用于那些接受救济的人，然而还有一些没有接受救助的穷人。后者表明贫困概念是相对的。贫困是指那种资金不足以满足自己目标的人。对实际应用来说，要限制这种纯粹个人主义的概念，取消某些特定的被视为随心所欲和纯粹个人的目的。首先，人的身体必定需要某些东西，如食物、衣服和住所等。不过，我们也不能确定在任何情况和任何地方都行之有效的需求水准，也不是在该水准之下就是绝对意义上的贫困。事实上，每个环境和阶层都具有某些典型的需求，而不能满足这些需求就意味着贫困。因此，有些人在他们的阶级之内是贫困的，而在一个更低的阶级内则并非贫困，因为他们的资源足以达到更低阶层的各种典型目的。对于所有的发达文明来说都是如此。毫无疑问，真正贫困的人并不因自身资源与所处阶级的需求存在差异而受苦，因此对他来说并不存在心理学意义上的贫困；或者说一个富人也可能会拥有一些超出所处阶级水平和自己资源无法满足的目的，因此，从心理学意义上看，他也会感到贫困。因此，在存在社会贫困的地方，可能并不存在个人贫困——即资源不足以实现个人的目的。而且，一个人可能就个人意义而言是贫困的，而就社会意义而言是富裕的。

贫困的相对性并不对应着个人资源与个人实际目的之间的关系（这种关系是某种绝对的东西，按其内在的意义，是某种独立于个人之外的东西），而是对应着在身份等级上固定下来的个人目的，即社会性的先验需求。这种社会的先验需求随着身份等级的不同而有所不同。

另外，每个群体把某种程度的需求确定为零点，在零点之上或之下就开始算是富裕和贫困，这是一种很明显的社会历史差异。在一个不怎么复杂的文明中，总是有一个通常比较明显的边界来确定这一程度。与这个问题有关的是诸多社会学意义上的重要差异。例如，这个零点与真实的平均水平之间的关系；人们是否属于受到优待的少数派就可以不被视为是穷人；一个阶级是否出于避免加剧贫困感的功利性本能而大大降低开始算作贫困的刻度线；个案是否能够改变这条刻度线（例如，由于一位富人迁居到一个小城市或者进入一个封闭的社会环境）；亦或者群体是否严格地坚持已经形成的贫富分界。

　　每个社会阶层都形成了一种典型的、为每个人预先确定的需求标准，而且贫困存在于每个社会阶层之内。由此直接产生的结果是，对它来说，救济穷困往往是不可能的。然而，救济的原则比各种正式确定的现象所显示的范围还要广。例如，如果在一个大家庭内，较贫困的成员和较富裕的成员之间相互送礼，那么这不仅让后者表现出慷慨大方，而且也增加了前者之前所收到的价值。而且，恰恰是礼物的质量显示出了资助的特征：一些有用的东西会被赠与较贫困的成员，也就是说，这是一些便于后者维持自己所处阶级水准的东西。

　　因此，从社会学观点来看，礼物在不同阶级里是完全不同的。礼物社会学与贫困社会学有一部分是相吻合的。在礼物当中，不管是根据它的内容，还是根据赠与的意向和方式（也包括接受的意向和方式），它都能形成人们相互关系的延伸。赠与、偷盗、交换是一些外在的互动形式。这些形式直接与财富所有权问题相联系，并催生出无数引发社会学过程的心理现象。这些现象符合行为的三大动机：利他主义、利己主义、客观的准则。交换的本质是相互投入客观上相等的价值，善良或者贪婪等主观的因素都被排除在外，因为在交换的纯粹概念中，物品的价值不会以个人的渴望程度来衡量，而是以另一种物品的价值来衡量。在以上三种行为中，赠送表现出了最丰富的社会学内容，因为在赠送过程中，根据他们所有的个人差异，给予者的意向和地位与接受者的意向和地位以最为多样的方式组合在一起。

在可以对这些现象进行系统分类的各种范畴中，就贫困问题而言，以下这些范畴似乎最为重要。一方面，赠送的意义和目的是否包括它所实现的最终条件，是否包括接受者将拥有某种特定的价值对象？或者，另一方面，赠送的意义和目的是否包括行动本身，即把赠送视为是给予者某种意图的表现，是必须有所牺牲的爱之表现，还是自我努力走向外在的表现，这种自我是否或多或少都毫无选择余地，必须通过赠送来得以体现？在后一种情况下，赠送的过程可以说就是它自己的最终目的。在该情况下，很明显，富有和贫穷的问题根本没有发挥任何作用，除非涉及与金钱购买能力相关的实际问题。但是，在向穷人赠送时，重点不在于过程，而在于其结果，即重要的是穷人应该接受某种东西。

在赠送概念的这两种极端之间，还存在许多混合形式。赠送越是在自己最纯粹的形式中占有优势，往往就越是不可能以礼物的形式把穷人所缺乏的东西送给他，因为个人之间的其他社会学关系不能适应赠与的形式。在存在很大的社会距离时，或者在很亲密的个人之间，人们几乎总是可以赠送；但是，在社会距离减少而个人距离增大的情况下，赠送往往就会变得非常困难。在贵族当中，往往出现这样不幸的场面：受苦者乐于接受救助，富有者也乐于给予救助，但是前者不可能为此而提出请求，后者也不会赠与。也就是说，在处于优势地位的阶层中存在着一种经济上的先验水准，在该水准之下就被算作贫困。但是建立这种先验水准的原则就是指在该阶层中贫困很少发生，甚至原则上讲是不可能发生的。因此，接受救济就会使被救助者离开他所处的等级，救济直接地在形式上证明了他的阶级地位已经降低。在出现这种情况之前，只要贫困依旧是一种个人苦难而没有发挥社会影响，阶级的偏见就足以强大到让贫困变得视而不见。优势阶级之生活的所有假设条件决定了某个人可能在个人的意义上贫困，也就是说，他的各种资源不足以满足他的阶级需求，如果他不因此而求助于救济的话。也就是出于这个原因，只有当任何人接受救济时，他才在社会意义上处于贫困之中，而且，这具有一种普遍的有效性：从社会学上看，不是首先有贫困，然后才进行救济（这在个人形式中更像是一种命运），而是那种接受救助以及根据他的社会学状况应该接受救助的人（尽管有可能由于运气不佳而没有得到救助），才叫作穷人。

社会民主派认为，现代的无产者虽然贫困，但不是穷人。这种论调就完全是该意义上说的。作为社会学的范畴，穷人不是那种忍受着某种特定程度的短缺和匮乏之人，而是接受救助或者根据社会的准则应该接受救助之人。因此，在这个意义上，贫困本身是无法通过定量状态来确定的，而是必须根据某种状况的社会反应来确定的，就像是人们把犯罪（确定它的实际概念也暗含着类似的困难）定义为"一种受到公众惩罚之行为"一样。

选自格奥尔格·齐美尔，《穷人》，法国大学出版社，1998年法文版（1908年初版），第91-99页

初级越轨与次级越轨

埃德温·勒迈特

为了阐明人类行为的各种越轨形式,各种理论众说纷纭,然而它们皆非研究越轨的普遍理论。对于有些越轨形式,如酗酒、犯罪甚至口吃等,可以说诸多学者各有己见。他们乐于揭示这些越轨行为的根源,但是却把根本原因和具体原因混为一谈。每种理论都有各自的具体实因,但不同的观点仍可和普遍理论相适应,前提是我们接受越轨之因存在极大的多样性。就导致越轨行为的处境和心理机制而言,也是如此。某一个体可能出于主观原因,在特定的处境和影响中,开始酗酒,例如挚爱去世、事业失败或是聚众饮酒。无论原因如何,它们皆依研究者之目标而被分析：即解决某个社会问题或者发展社会科学。

社会学家认为，越轨行为应该用角色和社会地位方面的术语来解释。越轨个体象征性地对他们的反常行为做出反应，赋予它们一个社会和心理学意义。如果越轨作为可接受社会角色之功能而被合理化了，那么它就是初级的、症候性或者境遇性的。在这些条件下，正常和病理的行为依然奇怪，而且它们都和同一个体相联系。

何种程度以及何时，个体会减弱越轨倾向，使这些倾向只是社会角色简单附加的干扰因子？对此，我们并不了解。也许，这取决于个体对同一行为所做出的众多可选定义。……然而，如果越轨行为反复出现、明显可见，如果个人已经把严苛的社会反应内化为自我的一部分，那么他们的角色就很可能陷入混乱，新的角色也会被建立起来。这种重建可以产生被社会所接受的新角色。还有一种可能性是主动选择越轨角色。面对社会反应所带来的或明或暗的问题，个体开始把越轨角色当作自我防卫、进攻或者调整的方式时，这就可以被定义为次级越轨。这种变化的客观证据将会出现在新角色的象征性特征上（如服饰、说话方式、姿势态度、矫揉造作等），这些特征也因此加强了社会辨析度。

单个的越轨行为很少会引起强烈的社会反应，并催生出次级越轨。除非在内投的过程中，个体把象征符号注入或者投射到他本不具备的社会境遇中。例如，在反复灌输"好女人"和"坏女人"之区别的文化中，质疑道德的单一行为可能激起对某一女孩人格的强烈反响，导致她被定义为"坏姑娘"。但是，如果家庭和身边人的反应并不强烈，那么过渡到次级越轨的情况就不会发生。同样地，惩罚性的、甚至是伤害性的反应并不导致个体被定义为越轨角色。而在越轨和周边反应之间产生的某种逐渐、相互的关系则可能导致由许多轻微越轨和反复反应组成的、不断增大的复杂情况，于是当这种情况达到临界点时，个体就被打上越轨者的烙印。

二者互动的顺序总结如下：1.第一次越轨；2.社会惩罚；3.新的初级越轨；4.更强烈的社会惩罚及排斥；5.对惩罚者充满敌意和怨恨的越轨升级；6.危机、到达宽容的临界点、越轨者被周边的人标签化；7.越轨者以更强烈的行为回应标签化；8.最终，越轨者接受并适应自己的越轨者角色。

我们可以用"坏男孩"的行为解释这种顺序。

出于某种原因（比如说精力过剩），一位男学生开始起哄，他也因此受到惩罚。后来，他又愚蠢地打了架，也因此受到训斥。再后来，他会因为某个自己从未犯过的错误受罚。当老师将他当作惹事生非的"坏男孩"对待时，他就感觉到人们阻止他扮演自己本身的角色。于是，他就真想扮演老师赋予他的角色了，尤其是如果他能在该角色中找到和受罚同等的好处时。随之而来的并非是这个男孩将变成轻罪犯人甚至罪犯，因为他后来还是可以恢复正常的角色。可是，如果上述过程延续到校园之外，那么这个男孩就将变成轻罪犯人。当越轨行为融入到更广泛的社会范畴中，而且该社会范畴又让个体把自己归类为社会边缘人物，他的人格就会发生最严重的变化。

越轨过程的第一阶段通常都是犯下某个违规行为，也就是说做出不符合规则体系的行为。我们该如何解释这一阶段呢？

通常，越轨行为会被想象成是有意为之。人们认为，一个人哪怕是第一次（而且可能特别是在初次时）做出越轨行为，他都是故意的。这种意图可能不会完全被意识到，但是在背后一定有强烈的力量推动着这个行为。在讨论有意图的不遵守行为之前，首先得强调，很多时候，不遵守规定的行为都是由并非故意的个人所犯下。很明显，对于这些情况也必须做出专门的解释。

解释没有意图的越轨行为很可能比较简单。做出这些行为往往是因为不了解规则的存在，或者不知道规则是针对该情况或该个体的。但是，有必要解释这种不知规则的情况：一个人不知道自己的行为违反了规则，这是如何发生的呢？很可能是身处特定次文化（宗教、技艺的，等等）中的个人没有意识到自己的行为方式和他人不同。也可能是因为某些重新组建的领域，而该领域的规则还不为人所知。玛丽·哈斯（Mary Haas）已经注意到禁忌词汇中的语言差异：即某种语言中完全正面的词汇在其他语言中意义会非常"粗俗"，以至于单纯地使用自我语言普通词汇的人会发现，自己让其他文化听众惊吓不已。

在分析故意越轨的行为时，关于越轨动机，人们通常会问，为什么越轨者愿意做出越轨的举动呢？该问题有个预设的前提，即越轨者和非越轨者的深层差异在于动机的本质不同。许多理论都致力于解释为什么有些人比别人更有越轨的动机。心理学理论在早熟

328 / 第五章 社会化、越轨与社会调节

者个人经历中找到了越轨行为与动机的原因，该经历
引发了个人为维持平衡而必须满足的无意识需求。社
会学理论在社会中寻找社会结构化张力之根源：有些
人处于社会的对立地位，他们试图用不合法的方法去
解决问题（莫顿有关反常的著名理论就属于此类）。

　　但是这些观点的先决条件也许完全错误。没有任
何理由相信只有犯下越轨行为的人才会倾向于如此行
事。很可能，大多数人经常会有越轨的倾向。至少在
想象层面，人们要比自己的具体表现更加容易越轨。
因此，我们不需要问为什么越轨者想做被谴责的事，
而是应该探究为什么那些遵守规则的人尽管也有越轨
倾向，但是却不会将该倾向表现在行动上。

　　通过分析"正常"人逐渐接受规则并做出符合
规则之行为这一嵌入过程，我们可以初步得到答案。
"嵌入"这一术语指的是一个过程。在其中，不同类
型的利益融入到行为准则中，尽管它们和这些行为准
则之间似乎没有直接联系。由于之前完成的行动，或
者由于众多制度性机制日常的运转，个体会认为自己
必须接受行为准则，否则，他的许多活动就会间接地
受到危害。因此，中产阶级的年轻人不会放弃学校教
育，因为他们未来的职业取决于他们将会从中受益的

入学年限。同样地，那些遵守现行规定的人不会屈从自己对毒品的某种倾向，因为吸食毒品除了会带来一时的麻痹外，还会牵扯到许多其他事情：在他们看来，家庭、工作以及周边人对自己的看法都取决于自己抵抗这种诱惑的意志。

事实上，我们可以把我们社会中（而且很可能是任何社会中）个体的正常行为看成是一系列个体对约定俗成之制度和规则所做出的、越来越频繁和深入的归属。当"正常"个体在自己身上发现了越轨倾向时，他能通过联想到随之而来的后果而克制住这种倾向。保持正常是如此重要，以至于他不会受越轨倾向左右。

上述发现意味着，当我们研究有意图的越轨行为时，必须弄清楚相关个体是如何能够忽略自己归属规则世界后的那些结果。他有两种方法来实现这一点。首先，在整个青少年阶段，个体可能曾经以某种方式成功地避开与规则社会建立联系的需求。对于在规则世界里既无维护名誉也无维持工作之需求的人而言，对表面上遵守规则约定的需求也就不再重要，因此，他也就可以自由地听任于自己的冲动。

然而，大部分人仍然对行为的规范法则保持敏感。而且，为了能够放任一次初次越轨行为，他们得和这种敏感达成妥协。赛克斯（Sykes）和马特扎（Matza）曾经指出，轻罪犯人实际上也有遵纪守法的强烈倾向，并且通过运用中性化技巧来和这种倾向达成妥协。这些中性化技巧是轻罪犯人认为对越轨行为所做的、与总体社会和司法相对的、有价值的"辩护"。

选自埃德温·勒迈特，《初级与次级越轨》，《社会病理学》，1951年，第75-78页（由亨利·孟德拉斯译成法文）

污点与越轨的生涯

霍华德 · 贝克尔

越轨是社会造成的。我不想依据该词最常见的意义说越轨之因在于越轨者的社会处境或者在于促成他如此行为的"社会因素"。我想要说的是，社会群体创造了越轨行为。他们制定了准则，而对准则的侵犯就构成了越轨。而且，他们还把准则运用在某些个体身上，给他们贴上"越轨者"的标签。从这个观点出发，越轨就不是个人行为的品质，而是由他人把准则和惩罚施加于"侵犯者"的结果。越轨者就是被成功地贴上标签之人，越轨行为也就是被集体贴上该标签的行为。

既然越轨还是一种他人对某人行为做出反应的结

果，那么研究者就不能事先假定所有的越轨都同质。更确切地说，他们不能事先假定被质疑个体确实做出越轨行为或者侵犯准则，因为命名越轨行为的过程并非一定正确和可靠：有些个体可能被称为越轨者，然而事实上他们并没有侵犯任何准则。而且，研究者也不能事先假定被归类为越轨者的类别将包括所有实际侵犯准则之人，因为他们中的一部分可能还没有被抓住，因此也就没有被纳入已被研究的"越轨者"总体。只要这个类别缺乏同质性而且无法包括可能涉及的所有情况时，我们就不能合理地认为，在个性或者个体生存条件中找到了可以解释被归类为越轨行为的共同要素。

那么，对于所有被划在越轨者标签之下的人而言，是否具有共同特点呢？至少，他们共有"越轨者"这个称呼，而且共有被标签为"异于集体之人"的遭遇。这一基本同一性将成为我分析的出发点：我将把越轨视为社会集体和个体之间妥协的产物，该个体被集体视为曾侵犯了某条准则。与越轨者的社会特征和个人特征相比，我更感兴趣的是这一被视为"异于集体者"的过程，以及他们自己对该评价的反应。

　　选自霍华德·贝克尔，《局外之人》，梅塔耶出版社，1985年（1963年初版），第28—32页（第48—51页）

从社会控制到社会调节

让-达尼埃尔·海诺

  规则就是约束，而非习惯。但是，我们也许可以批判霍布斯（Hobbes）的推论，至少是以我们采用的简化形式，并同时让人们看到把权力完全归于统治者这一假想并不能很好地解决问题。何以证明统治者将会让人尊重合同，尤其是尊重所有权呢？需要将兔子和黄鼠狼区分开来，但是负责这件事的老虎可能会把它们都吃掉。放大来看，社会约束的存在能够推论出所有规则是一次性地被确定下来，而且可以说不受个人以及他们之间互动的影响吗？尽管规则的确是在个人决定之外，而且被置于个人决定之上，那么就必须把它们置于一种超越个人意识之物如集体意识当中吗？尽管这种集体意识诞生于我们和我们的同类所结成的联合，那么就个人而言它就是超验性的吗？它所包含的规则就是一次性被决定的，而且至少是建立在普遍价值之上的吗？这些普遍价值是以法典原则的方式形成，并且规定了法典的主要发展方向吗？

在涂尔干的概念里，规则并非不可变动。它们会随着社会的变化而变化，比如当我们从机械团结过渡到有机团结之时。劳动分工的进步要求产生新的规则。涂尔干认为，为了解决当代经济生活的混乱状态，创造出新的行会不仅可能是有用的，而且也可能是必要的。

另外，规则的社会现实是活态的。对规则的应用并非毫无困难。违反规则是经验事实，犯罪也是"正常的"。某些个体不遵守规则（比如贪污是对政客的一种长期诱惑），这并无令人惊讶之处。镇压的核心目的在于表明规则持续有效，而且还在于消除违法行为对"集体情感"造成的破坏性结果，即对履行义务的削弱。我们可以把这部分的社会活动称之为"社会控制"。它的目的在于确保维系规则，与越轨行为做斗争，无论是通过行政机器，还是通过严厉斥责以形成一种广泛的压力，亦或是通过斥责引起自发性的惩罚。

我们还可以进一步思考该问题。社会控制只限于镇压越轨和维持规则吗？它是否也会像法律原理和法律之间的关系一样，逐渐地修订规则呢（再以法律为对照，法律原理可以促使立法者做出新的决定）？相对应，我们今天自然无法承认，越轨或者不一致行为不只是和规则之间的分离，而且是否还是反击规则、影响规则并提前使规则发生改变的方式呢？

我们所观察的社会现实，因此也就不是规则的存在，不是一次性把条款全部固定下来的法律约束之存在了，而是对这种法律约束的实际运用和调节活动。并非必须如涂尔干所相信的那样，把集体意识作为规则的源泉。与其这样，还不如去分析规则产生、变化甚至消亡的方式，也就是说去分析社会调节的过程。

因此，要远离涂尔干的理论吗？是的，因为要关注的是社会调节，而不是集体意识这个替代了霍布斯"专制统治者"的社会概念。而且，尤其是因为我们认为规则的制定对社会来说非常重要。它可以，而且也的确经常被不同群体（或者不同个体）所争论。它可以导致或明或暗、或暴力或规范（即遵守既定的讨论方式）的斗争。这种斗争针对的不仅仅是规则的实施，同样也包括建立规则本身。

社会历史已经如此丰富地指明了这一点，以至于没有多大必要再去论证。例如，经济生活的许多进步都是通过冲突后建立的新规则来实现。从11世纪到14世纪的商人通过转变自产自销的手工业者身份，通过让他人承认自己提供的服务（例如运输、交付等）是合法、（后来甚至是）光荣的活动，并承认他们获得的利益（早期曾被视为是一种偷窃）。对于金钱贸易即银行业来说更是如此。

关于雇主和雇员之间的关系，从19世纪到20世纪已经制定了许多规则。有趣的例子是涂尔干的分析在该问题上恰好有误。

这个例子来自于对失范的观察。在19世纪末的法国，工资、工作时间、等级划分、雇主眼中雇员的所有义务以及雇员眼中雇主的所有义务的确都是作为激烈的争议对象而出现，如罢工的发展和其他形式、有时甚至是暴力冲突等所证明。那么，我们该如何重新发现那些确保劳动关系之稳定与和睦的公共规则呢？和平的社会秩序如何取代威胁性的、一群人反对另一群人的战争呢？

我们都知道，涂尔干的答案是行会的重生，即建立共同属于老板和工人的组织。该组织能够重新调节他们之间的关系。这个回答比对现实的观察还要令人吃惊，它恰好表明建立新规则的运动不仅仅在法国，而且在英国也大量存在。甚至在英国，人们还给这种运动正名，为其建立了一套理论。这可能仅仅是因为涂尔干关于社会规则的概念没有考虑到它是通过两个群体之间相互会晤与协商而制定出来的，尽管这两个群体在组织上相互分开，而且他们各自作为原则的价值观也不相同。这个概念并没有考虑到公共规则是敌对群体之间的妥协和调适。

因此，我们认为社会调节的概念才能让人理解社会约束之现实。只要我们注意到调节活动是社会之关键，那么规则也就是一个典型的社会事实。

选自让-达尼埃尔·海诺，《游戏的规则》，阿尔芒·科林出版社，1993年，第30-32页

第六章

集体行为与社会冲突

　　与合作一样，冲突也应该被视为众多社会内部进行调节与联系的一种正常方式。卡尔·马克思曾经指出，冲突构成了社会变革的基本动力之一。马克思的观点是进化论的，而且非常乐观，因为他认为社会冲突的最终结果是过渡到没有任何阶级冲突的社会（选文1）。与这一观点不同，维尔弗雷多·帕累托提出一个既大胆又消极的概念。在帕累托看来，历史是以反复的方式重现精英之间的对抗，这些精英是在相互敌对中利用人民，并让人民永远地远离权力（选文2）。罗伯特·米歇尔斯把这个论题延伸开来，指出通过少数人来领导多数人的趋势（他把这一点称作"寡头政治的铁律"）是一切组织的特点，甚至也包括那些自称代表工人阶级的工会和政党（选文3）。

　　阿兰·图海纳用同一性、对立性和总体性来总结社会运动的特点，他通过某种方式对马克思的观点进行了一些显著的改动：即阶级冲突不再表现资本主义体系的客观矛盾，而是让具有敌对文化背景的参与者相互对抗。它不再催生一个新的社会，而是为现有社会的事务管理提供了某种选择而已（选文4）。同样，对于拉尔夫·达伦道夫来说，阶级冲突是任何社会的构成要素之一。因此，阶级冲突并不一定导致社会的总体变革，而是导致某些部分的变化。敌对群体之间新的冲突调节形式推动了这些变化。达伦道夫在选文5中亦研究了这些群体的条件和表现。

以法国革命为例，托克维尔指出，当弱势社会阶层的情况变糟糕时，发生革命的可能性并不一定最大。正相反，当弱势阶层的情况变好时，发生革命的可能性反而更大（选文6）。因此，他也就预示了一种相对挫折的理论。后来，莫顿（Merton）进一步分析该理论，并由布东（R. Boudon）完成该理论的结构化过程。奥尔森的悖论更加令人担忧，他指出，通常既定个体介入集体行为之时，他未必是理性的，因为他的行为边际成本要比他为公共事业之成功所做出的贡献更高。换句话说，群体得战胜其成员所拥有的成为"自由骑士"之愿望（选文7）。

　　对于格奥尔格·齐美尔来说，冲突是社会化的积极形式，它可以把群体之间焊接起来（选文8）。同样，刘易斯·科塞亦探索了冲突的效果，并把它同群体的社会结构联系起来。如此，他就指明冲突之调节功能的重要性，也就是说冲突可以重新激活已经存在的规则或者促使新规则的产生，因此也就能够让社会群体适应正在发生变化的存在条件（选文9）。

阶级意识与阶级斗争

卡尔·马克思

劳动者相互联合的早期尝试就是通过同盟的形式。

大工业把大量互不相识之人汇聚在同一个地方。竞争让他们因利益而产生分裂。但是维护工资是他们对付老板的共同利益，这使他们在共同的反抗思想（即组织同盟）下联合起来。如此，同盟就具有了双重目的：它既消除了工人之间的竞争，又有利于同资本家进行总体的斗争。最初，反抗的目的只是为了维护工资。后来，资本家为了压制工人逐渐联合起来，原来孤立的同盟也就形成了集团。而且对于工人而言，由于要面对经常联合的资本，所以维护自己的联盟就比维护工资更为重要。事实上，让英国经济学家感到非常惊讶的是，工人为了联盟的利益而牺牲了自己相当大的一部分工资，然而经济学家原先认为这些联盟只是为了工资而建立的。在这一斗争（真正的内战）中，发展和汇聚着未来战斗的一切要素。一旦达到这一步，联盟就具有政治的性质。

经济条件首先把国家的民众变成劳动者。资本统治为他们创造了相同的地位和共同的利害关系。因此，对于资本来说，他们已经形成阶级，但是就他们本身而言还不是阶级。当他们在斗争（我们仅仅谈到它的某些阶段）中联合起来时，他们才形成一个对自身而言名副其实的阶级。他们所维护的利益也就是阶级利益。但是，阶级之间的斗争是一种政治斗争。在资产阶级当中，我们应当将它分为两个阶段：在第一个阶段中，资产阶级在封建主义和专制君主制的统治下形成了阶级；第二个阶段是形成阶级后，他们推翻了封建制度和君主专制，把社会变成了资本主义社会。第一个阶段的时间最长，也是最需要付出努力的。它也同样是通过部分联盟的方式开始对抗封建领主。

为了描绘从城市自治团体到组成阶级这一过程中资产阶级所经历的不同历史阶段，我们已经做出许多研究。

但是，当涉及准确了解罢工、同盟以及无产者在我们眼前为组织成阶级而采用的其他形式时，有些人就陷入真正的担忧，而另一些人则表现出一种"超验的"蔑视。

被压迫阶级的存在是每个以阶级对抗为基础之社会的根本条件。因此，解放被压迫的阶级必然要求建立新社会。要让被压迫阶级能够自我解放，就必须让既得的生产力和现存的社会关系无法继续并存。在一切生产工具中，最强大的生产力是革命阶级自身。把革命的成分组织成阶级，是以旧社会内部所能产生的全部生产力为前提。

这是不是说，当旧社会崩溃以后就会出现一个表现为新政权的新型统治阶级呢？答案是否定的。

劳动阶级获得解放的条件是要消灭一切阶级，正如第三等级即市民等级获得解放的条件就是消灭一切等级一样。

在自己的发展进程中，劳动阶级将会用一个消除了阶级和阶级对抗的联合体来代替旧的公民社会；从此也就不再会有所谓的政权。因为政权正是在公民社会当中阶级之间互相对抗的正式缩影。

此前，无产阶级和资产阶级之间的对抗仍然是一个阶级反抗另一个阶级的斗争，这个斗争的最高表现是全面的革命。另外，构建在对抗之上的社会最终将会走向剧烈的矛盾、人与人的搏斗，这又有什么奇怪的呢？

不要说社会运动排斥了政治运动。一直以来，任何政治运动同时都是社会性的。

只有在没有阶级和阶级对抗的秩序中，社会进化才不再是通过政治革命的方式。然而，在这以前，在每一次社会总体修复的前夜，社会科学的最后之语总是：

"战斗或者死亡；血战或者灭亡。问题最终必然是以这种方式呈现出来。"（乔治·桑）

选自卡尔·马克思，《哲学的贫困》，社会出版社，1947年（1847年初版），第134-136页

历史是贵族制的墓地

维尔弗雷多·帕累托

　　把底层精英送上权力顶峰，让掌权精英衰落消亡，这种循环往复的运动常常被许多因素所掩盖。首先，因为这种运动通常相当缓慢，只有通过研究长时段的历史，例如研究长达几个世纪的历史，我们才能发现这种运动的总体方向和主要线路。当代观察家只是把目光聚集在短时期上，所以他们也只能看到一些偶然情况。他们能看到种姓集团的敌对、专制君主的压迫、人民大众的起义、自由党人的请愿、贵族政治、神权政治、暴民政治，等等，但是却无法看到这些特殊事件背后的总体现象。

　　如此产生的幻象中，有些因为特别频繁，所以更加值得关注。

　　为了避免情感因素的影响（当涉及具体情况时，这种影响很难摆脱）干扰我们的推理，我们将使用抽象方式来表述。假定甲方为掌权精英，乙方为夺权精英，丙方为剩下的人民大众。甲方和乙方都是首领，他们都要依靠丙方来充当他们的支持者和工具。只有丙方没有权力，就像是一支没有首领的军队，他们只有在甲方或乙方的领导下才会发挥重要作用。最为常见的情况是，乙方领导着丙方，而甲方还在虚假的安全感中沉睡，他们往往也瞧不起丙方。另外，由于乙方当时并未掌权，他们承诺的期限也就更加长久，所以乙方也就能更加容易地欺骗丙方。但是，有时甲方也会试图拿出比乙方更高的价码，他们希望能够用表面的、但不需要全部实现的让步来满足丙方。如果乙方可以通过渗透的方式逐步取代甲方，而且如果这一社会循环运动没有被中断，那么丙方就会失去能够推动他们参加暴动的首领，我们也就能够看到一段繁荣时期。通常，甲方会试图阻止这种渗透方式，但是他们的反对未必有效，而且最终只能发一通毫无用处的牢骚。

　　如果他们的反对有效，那么乙方就只有在丙方的帮助下通过战斗来获取地位。当乙方成功地获得权力后，一个新的精英群体丁方将会形成，而且这个丁方会重新扮演乙方对抗甲方时的角色，如此不断反复下去。

大部分历史学家都看不到这个运动过程。他们把这种现象总是描述成相同的贵族集团或者寡头集团与相同的民众之间的斗争。然而，在事实上有两个情况：1.这的确涉及贵族集团和另一集团之间的斗争；2.掌权的贵族集团在不断地变化。经过一段时间之后，今天的贵族集团已经被它的对手所取代。

当乙方掌权后，而且当他们代替了衰落的甲方精英，人们通常能够迎来一段大繁荣时期。有些历史学家把它归功于"人民"，也就是说归功于"丙方"。如果说在这种判断中有何真实之处，那就是底层阶级催生了新的精英；而对于底层阶级本身而言，他们没有能力执政，暴民政治也总是最终走向灾难。

但是，和那些远观事情发展之人的幻想相比，那些身处于运动中并发挥积极作用之人的梦想更加重要。那些乙方精英真诚地认为，他们所追求的不是其个人或者个人所处阶层的利益，而是为了丙方（即人民大众）的利益。他们还认为自己是为了正义、自由和人性而战斗。这种梦想在甲方精英那里也是如此。他们当中有许多人背叛了自己所处阶级的利益，坚信要为实现这些美好的信念而战斗，要帮助受苦受难的丙方（即人民大众）。然而，实际上，他们的行动在效果上只是帮助了乙方去夺取权力，然后再给丙方套上另一个沉重的枷锁，这个枷锁通常比甲方所给的还要沉重。

选自维尔弗雷多·帕累托，《社会主义的体系》，德罗兹出版社，1965年（1902-1903年初版），第34-36页

寡头政治的铁律

罗伯特·米歇尔斯

　　然而，这是不可避免的社会规律，即任何集体的组织机构都诞生于劳动分工的需要，而一旦该机构稳固下来，它便会形成属于自己同时也是利己的特殊利益。这些特殊利益必然与集体利益相矛盾。发挥不同功能的社会阶层甚至逐步趋向分离，并为自己建立起维护这些特殊利益的机构。最终，他们也就逐步转变成各自独立的阶级了。

　　在这里和在前几章中，我们讨论了社会学现象的一般特征。这些现象因此也就给那些敌对民主之人提供了许多软肋。

　　毫无疑问，这些现象似乎表明，社会离不开一个

"占统治地位的"阶级。然而，虽然统治阶级内部的各组成部分经常部分地得以更新，但这毫不影响让该阶级成为人类历史发展进程中唯一持久有效的推动因素。

根据这个概念，政府或者说政权，只能是少数人的组织。而少数人的目标就在于将某种"法律秩序"强加于社会中的其他人。这一秩序只是少数统治者实现自己统治的急切需要，并且它维护的是少数统治者对大众的剥削，因而绝不可能真正代表多数人的利益。

多数人永远不可能，甚至也许也没有能力实现自我治理。

即使当大众的不满累积到足以成功地夺取资产阶级手中的权力时，正如莫斯卡（Mosca）所指出的，这也不过是一种表象而已：即总是会从大众中间诞生一个新的、有组织的少数派，它将上升为统治阶级。大多数人将永远地处于被统治的状态下，他们注定要服从诞生于己的少数人的统治，不得不心甘情愿地成为寡头统治的基石。

从一个统治阶级必然要被另一个阶级所取代这一原理出发，我们可以得出如下规律：寡头统治是任何大型社会集合体之共同生活的必然形式，这不仅不违背历史唯物主义的观念，而且还进一步完善并强化这一观念。

认为历史就是不断持续之阶级斗争的理论，与认为阶级斗争总会催生出与旧寡头融为一体之新寡头的理论，二者之间并不存在根本性的矛盾。

政治阶级的存在并非是与马克思主义基本内涵相冲突的事实。与其说马克思主义是经济理论，还不如说它是历史哲学，因为在每一种特定的情况下，政治阶级的统治实际上只是各种社会力量围绕最高统治权相互斗争的结果。应该动态地对这些力量加以考察，而不是做定量分析。

俄国社会主义者亚历山大·赫尔岑（Alexandre Herzen）的作品表现出对心理学的巨大兴趣。他曾指出，自从人类变成财产的附庸，生活变成逐金之争，资本主义世界的政治集团就已经分化为两大阵营，即有产者阶级和无产者阶级。前者努力维护自己手中的巨额财富，而后者尽管意欲剥夺前者手中的财产，却缺乏足够的权力。一方是吝啬鬼，而另一方是贪婪者。

历史的发展就只是一系列持续不断的对抗，说得文雅一点，就是"一个接一个地获得权力，同样都会快速地从贪婪转变为吝啬"。

因此，社会革命将不会对大众的内在结构产生任何改变。社会主义者的胜利并不是社会主义的胜利，后者在其信徒们取得胜利之时就将会消失。

人们试图将这一过程比喻为一幕悲喜剧，在其中，大众只是满足于更换他们的统治者而已。留给工人的也只是"参与政府招募"的荣誉。最终的结果似乎并不让人乐观，特别是当我们发现下列心理学现象时：即哪怕对于最纯粹的理想主义者而言，在其担任领导职位的数年中，也很难避免权力腐败。

在法国工人阶级当中，流行着这样一句谚语，"谁当选，谁完蛋"。如同政治革命一样，社会革命也退化成一次行动，如意大利谚语所言，指挥虽换，但音乐依旧。

傅立叶（Fourier）曾把现代社会定义为一种机制。在该机制中，无节制的个人放纵总是占据着主导地位，它无法保证让个人免受来自大众的侵害或让大众免受个人的侵害。

历史似乎已经让我们了解，大众运动（无论它的声势是多么的浩大）并不能让文明世界的社会机体发生深刻而久远的变革。大众运动的最初发起者（即领导和推动运动的力量）最终也会逐渐远离大众，并被吸收到"政治阶级"的范围当中。但是，他们为该阶级带来了一些"新观念"，同样，他们也为该阶级带来了更多的创造力和实践智慧，并因此为统治阶级注入了一种新朝气。

选自罗伯特·米歇尔斯，《政治党派》，弗拉马里翁出版社，1971年（1911年初版），第290-292页

社会运动的本质

阿兰·图海纳

　　首先，人们想说，社会运动与其他类型的集体行为不同，主要体现在它是把道德标准以及一种社会和人类构想作为自己的方向。尽管它也有宗教、政治和经济方面的内容，但是它难道不提倡平等、公平、自由和幸福这些原则吗？

　　斯梅尔瑟（Smelser）的分析可以排除上述论断的错误。呼吁道德标准是为了应对社会结构价值体系的危机，这完全不需要引入在此使用的社会运动之概念。恰恰相反，社会运动的本意也不是把有意表达出来的道德准则作为自己的方向。因为，它位于历史行动体系之层面，其定义是为了控制前进的力量和社会历史历程产生的敌对利益之对抗。社会运动不是世界的某个意图或者某种概念之表达。如果我们不能同时定义它所面临的反运动，我们就不可能讨论社会运动。工人运动之所以是社会运动，是因为除了反对社会组织危机的请愿和为谈判施加的压力之外，它还质疑了领导阶级的统治。

至于这种质疑是改良性的还是革命性的，至于它对制度体系处理冲突的能力是否抱有信心，这些都不重要。重要的是，参与者不再由他与运行准则或者与讨论决策程序之间的关系来定义，而是取决于他与总体社会冲突之间的关系。这种冲突并非直接让某些具体的社会群体之间相互对抗，它质疑的是对社会发展的控制，即它是由文化模式和历史行动体系的其他要素决定。

冲突有一个关键特点，它总是处于场域之中。即对手们总是说着相同的语言，如果不是这样的话，他们就无法争论，亦无法战斗。

在科技革新的作用、处理变革的组织、以知识为基础的社会等级以及消费秩序的私有化追求等因素决定的社会中，不可能存在走向另一种历史性的社会运动。甚至在19世纪，资本主义的自由主义运动和工人运动也没有出现两种完全不同的社会类型，它们只是带来了两种冲突的版本而已。今天，人们经常谈论青年人、尤其是学生运动对消费社会的敌意。没有比这更错误的了。物质世界和享乐世界之间的冲突，以及表述世界和想象世界之间的冲突，这二者只是关于消费的两种对立版本而已。专家治国论者和抗议者都同样会提到创造力、变革、知识的核心功能等，但是他们所有人都认为是对手在滥用和破坏历史行动体系的基本方向。

因此，我把社会运动描述为是同一性、对立性和整体性三者的结合，而且从更深远的意义上说，它是历史行动场域的参与者。

1.同一性原则是社会运动参与者对自我的定义。如果意识到这一点，他们才可能组织起社会运动。但是，运动的形成远比这一意识要早。冲突构成并组织了参与者。参与者通常首先是被组织和机构的措辞所定义。人们谈论起穷人（即社会经济状态）或者依附者（即不能进入政治机构系统之人和没有代表之人）时比谈论工人阶级要容易得多。

社会关系实践确定和定义了历史参与者和社会运动，同样，决策场定义了政治参与者。因此，在即时观察中，从来都没有社会运动参与者。工人阶级并不是工人的整体，甚至也不是工人，因为后者被置于资本家的控制之下。该定义也适合辨别政治或者组织参与者。只有当它在与资产阶级的冲突中把目标指向工业历史行动体系的控制时，工人阶级才是社会运动的参与者。同一性的意识属于阶级或阶级社会力量之定义，因为阶级只能通过社会关系的术语来定义，因此也就是通过社会敌对力量各自的发展方向来定义。

在社会关系实践中，同一性原则超越了承载它的群体或类别。车间、工厂或者城市里的工人在某些情况下会认为自己应该介入到超越自身所属群体之外的斗争。这种斗争激活了在组织或政治范围内无法得到完全满足的要求。他们意识到必须超越自己所在的小群体，因为他们的对手也不是单枪匹马，而且还因为他们的目标可能是一致的。研究罢工的观察家常常把罢工分为工具性的和表达性的两种，前者有自己明确的目标，而后者是为了确认或者建立它的团结关系。这种自我表达就产生了同一性原则。我之所以这么说，是为了让人们明白，在进入由形势所造就的战场并和对手进行斗争之前，社会运动并不是源于自我意识，也并非源于自己的利益和目标。给参与者的同一性下定义不能撇开和对手展开的真实冲突，也不可能无视斗争的关键所在。

2.因此，我们还可以确定对立性原则。运动只有在确定对手时才能被组织起来，但是它的行动并非以辨别对手为前提条件。冲突可以让对手显现出来，它会造就在场参与者的意识。

即使冲突受限于它的直接利害关系和动员起来的力量，我们也只有当参与者在斗争中感受到面对某一总体社会力量时才可能讨论这条"对立性原则"。而且，该斗争针对的是一些社会生活的总体发展方向。

在每一次社会运动中，冲突的范围都是基本概念。在制度层面，这种冲突可能部分地被研究过，但是从未达到被全面认识的地步。它可能会求助于仲裁者、调停者或者一些法官。但是，这涉及的是策略，一种运用合法手段的决心和攻防时所需要的策略，而不是相信权力分配的变化可以消除导致冲突的原因。不能简单地认为一切社会运动都是为了经济利益而斗争。

即使的确总是存在着一些关键利益，但是社会运动也只能在下列情况中存在，即冲突发生在既定社会中起核心作用的文化模式层面。

在某种社会类型（农业的、商业的、工业的或者后工业的）中，只存在着一对社会运动，即让在场的社会阶层相互对立的社会运动。

但是，那些具体的社会运动并非总是"全面的"，尤其是在某种社会类型的形成期或衰弱期。

因此，社会运动的因子可以不直接运用阶级的概念来解释。我相信，学生运动揭示的是后工业社会中的社会冲突，但是没有人会去证明学生是社会阶级。市民的、消费者的运动，地方的或者文化的运动也可以是社会运动的体现。但是它们的因子并不是阶级参与者，即使社会运动包含着有组织的请愿、政治层面的压力或者渴望革新的抗议。

3.最后需要强调的是，只有冲突这一个特征的社会运动是不存在的。所有的社会运动都具有我称之为"整体性原则"的特征。工人运动之所以存在是因为它并非只把工业化看成是资本家实现利润的工具，而是想要建立非资本家、反资本家的工业社会，该工业社会不再把生产工具私有化，而且能够更好地发展下去。

整体性原则就是历史行动体系，该体系内的敌对方身处不同的社会阶级，相互争夺着统治权。

因此，社会运动不一定是整体的。冲突可以是历史行动体系的要素之一。根据它是秩序或运动、是方向或资源、是社会性的或文化性的等不同情况，它还有其他特征。但是，即使能够把该特征确定下来，社会运动还是要经常求助于整体性原则。它的特点是努力控制和引导确保历史行动体系中某个要素存在的社会机构。

然而，那些最重要的社会运动也最具有整体性。难以想象运动能够持续地被局限于历史性的某一要素上，因为在制度或者在组织层面，它有可能会和某些可被分析的集体行为混淆在一起。那些重要的社会运动针对的是历史行动体系的总体方向，也就是说对手的整体性行动。

经常会有一些"极端者"否认任何整体性的原则。他们会试图找到一些断裂的阶段。即使在这种情况下，正在形成的社会运动也不是遇到了某个对手，而是遇到了该对手在社会发展中所起到的主导作用。

于是，工人砸碎机器、破坏生产，学生罢课。如果人们把这些行为孤立起来，那么他们就可以无须借助社会运动的概念去解释它们。大学危机或者工业危机也就没有任何意义。工人或者学生也就是通过实际或虚拟的罢工或罢课来拒绝"社会"。但是，如果它们是某些特定情况下的极端表达，它们就属于社会运动。这些社会运动也就自发地与某些倾向做斗争，因为后者试图把这些行动限定为社会组织危机的表现方式而已，这也就消解了社会运动。破坏工厂或者大学这些组织，也就是破坏在它们当中形成的社会运动。破坏或妨害都是未做区分的敌对行动形式。因此，它们也就可以在最基础的层面加以分析，即在社会组织危机的层面。

无法在形成社会运动的历史性层面之外分析它。通常，我们可以说，它让某些阶级或者社会力量相互对抗。归根到底，这些社会力量还是试图控制历史行动体系的阶级力量。但是，认识到这一点也就能够确定阶级层面参与者的本质，确定冲突的范围和关键。由此会产生与真实历史相错位的危险：通过在前工业历史中寻找工人运动的相似现象，我们有可能无法清楚地了解前工业社会时代的社会运动，也就会忽视前工业社会中的参与者、利害关系以及行动形式都与工人运动不同。以此为工人运动提供的参照可能会阻碍我们了解那些在后工业社会中形成的、并且以各种文化自治的形式为名去对抗消费社会的社会运动。这涉及的难道又是乌托邦或者对变革的抗拒吗？当然不是，因为新的历史行动体系需要重新定义社会运动的整体性原则。

工人运动本身也不可能被简化为一种经济利益的冲突或者一种反抗无产化的反应。工业"文明"的形象，以及为所有人之财富而努力提高生产力的观念赋予它新的生命。这与简单的、平均主义的乌托邦相比截然不同，后者不会关心经济增长条件。

选自阿兰·图海纳，《社会的生产》，瑟伊出版社，1993年（1973年初版），第322–327页

冲突的调节模式

拉尔夫·达伦道夫

    我将要通过一些相对纯粹的术语来思考社会冲突的调节问题。但是，读者很快就能发现，这些思考是如此紧密地与冲突的基本问题联系在一起，以至于区分术语和基础研究徒劳无益。

    某些对立的概念仍然可以用来指明我们称之为"冲突调节"的问题，然而并非所有概念都适用。对于解决冲突的概念来说更是如此。认为冲突能够得以解决的观点也许想说明，而且经常被认为可以说明从根本上消除某些特定的冲突是可行的。有些学者认为，解决冲突的概念更多的是针对社会冲突的原因而不是社会冲突的表现模式。这样的概念至少会引起一些误解，而且我会提议把它交给理论论述去处理。唯有在以下意义上，我们才可以说冲突已经被解决：即特定冲突的特定内容，比如某个工会提出在既定日期内具体提高多少工资的要求，这就可以通过达成协议的方式让它不再出现。但是，从本文采用的观点来看，毫无疑问此类协议并没有影响到冲突的普遍原因以及决定因素，甚至没有影响到上述例子中特定的冲突。当冲突的内容还在变化时，冲突也就继续存在。如此，冲突也就没有被解决。于是，我们就得抛弃解决冲突的概念，因为从社会学观点来看，这反映了一种错误的意识形态。它居然认为彻底消除冲突是可行而且适当的。

消灭社会冲突的概念也同样无法被接受，因为这丧失了社会学的真正意义。人们不会把消灭当作一种（或者适当的）调节社会冲突的有效方式，这一点也许不言而喻。但是我想对此展开进一步讨论，换言之，我想确认有效地消灭冲突从长远来看并不现实。当然，"长远地"一词的意义是模糊的。甚至在20世纪，历史就已经表明，极权体制下的工厂和政府里，在某个对于利益获得者来说相当长的时期里消除敌对是可行的。当使用"长远地"一词时，我并不愿意让人们认为，在此类事实面前我采用一种犬儒主义的观点。但是，在我看来，当代极权政府本身的历史就已经证明，这种情况的时长不会超过十年。该观点足以让失之浅表的观察家大吃一惊，遗憾的是在此我仅能以一两句扼要之言证明。当人们试图从根本上消灭冲突时，在紧接而来的十年里会导致以下两个后果。要么徒劳无益，对立依然无法解决，甚至很可能会导致类似1956年匈牙利那样的革命；要么消除敌对之举伴随着谨慎的试探，并延续潜在敌手初步显露的利益，甚至还需要时不时地做出改变以满足上述利益。如此，何谈百分百地消灭冲突？而且，更严重的冲突可能会在爆发临界点下长期酝酿。至于上述第一种消灭冲突的尝试为何无果，这里就不再讨论。

因此，我们感兴趣的既不是解决社会冲突，也不是消灭社会冲突，而是调节社会冲突。通过调节，我们会找到控制冲突的方法。这些方法更关注冲突的具体表现，而非原因。而且它们意味着利益之间和利益群体之间的对立长期存在。在这个意义上，有效调节冲突至少需要三个要素，每一个都影响着冲突表现出来的暴力程度。

首先，为了让有效调节冲突成为可能，应该让冲突双方都承认冲突的必要性和真实性，以及承认由此赋予对方利益的合法性。关于这一点，在某种程度上说，我们已经触及价值领域。当然，承认对方利益的合法性并不意味着从一开始就必须认可对方的利益。这里必须认清的事实是双方都得接受他们之间的冲突，认识到它是双方阵营权力结构不可避免的产物。每次当人们试图指责对方的意见"不现实"，甚至否认对方拥有抗议权时，有效的冲突调节就无从谈起。同样，我们的确没有真正弄清楚冲突的本来面貌。而且关于冲突，我们过度地强调了所谓的"共同利益"，这种说法既多又差。我认为，伦敦的报纸《经济学家》曾合理地指责英国工会的"节制"，认为它必须部分承担起英国经济停滞和资本主义生产力过低等责任。它把英国糟糕的工会政策和更为激进的美国工会相比较，认为美国工会经常性提高工资的请愿实际上保护了美国经济的活力。毫无疑问，任何冲突中都存在共同利益；没有社群也就没有冲突，反之亦然。但是对于有效的调节冲突而言，决定性因素在于承认分歧和系统性对立。利用和谐与团结等意识形态去掩盖冲突的努力事实上反而会加剧而不是减弱冲突表现出来的暴力程度。

　　有效调节冲突的第二个先决条件是利益群体的有效组织。当冲突各方的力量只是未成形、松散的聚合时，调节是不可能的。根据科塞（或者齐美尔）的观点，尽管形势有不合常理之处，但是冲突群体都经常致力于在事实上相互增强它们的团结和组织。这种观点倾向于认为"团结的政党更喜欢另一个团结的对手"。乌合之众是不会进行有效调节的。杜宾（Dubin）认为可以用总体的方法确认"群体间的冲突在自我制度化"。但是，时长的问题再一次被提出来。很可能惯性原则同样会作用于群体冲突，以至于在总体规则上大部分的群体冲突都变成了有组织的冲突。然而，我们已经明白这种组织基本上取决于一些并非普遍存在的结构性条件。关于有效调节冲突，我们可以说这些组织性条件构成了先决条件之一，因为冲突群体的组织本身就是一个先决条件。

　　另外，有效调节冲突的第三个也是最后一个先决条件，即社会冲突中敌对双方会在某些游戏规则上达成一致，这些游戏规则提供了他们关系的框架。关于这一点，杜宾似乎认为这种一致必然会在所有的情况中发挥作用，"群体间长期的冲突带来了冲突的标准化模式……也带来了例行的交换"。也是在这一问题上，杜宾因过于乐观而有所偏颇。使用游戏规则一词，我们想指的是敌对双方都要服从的程序规则（如果不提前预判争议结果的话）。正常情况下，这些规则包含了地点、会见方式、会见过程、做决定、违反规则时的惩罚以及修改规则的方式等。凯尔（Kerr）曾强调，作为冲突的调节方式，这些规则通常有利于所有在场的利益群体，"总的来说，这些规则确保双方继续存在，降低双方发生错误的风险，在一定程度上能够预见它们的行为，最后还保护了第三方，让其免遭可能的损害"。无论是工业生产领域的冲突还是政治、国际领域的冲突，我们都能找到许多运用规则的例子。然而，重要的是，要注意这些游戏规则只有以平等为基石维护双方利益时才能发挥功效，另外还要注意它们排除了任何严重的、可能只损害单方冲突群体的条款。

第一种也是最古老的调节冲突形式是通过某些机构，它们为涉及冲突的争论和决定提供了框架。我们可以通过总体的方式分析这些作为议会机关或者类似议会的机构。在它们当中，冲突的利益群体或其代表可以保持接触，以便以相对和平有序的方式解决它们之间的冲突。为了确保有效性，这些机构必须至少满足四个条件：1.它们必须是享有决策权的独立机关，而且无须求助于任何外在机构；2.在类型上，它们必须在某一既定联盟内部独一无二，而且占据着垄断地位；3.在发生尖锐冲突时，利益群体必须求助于它们，而且利益群体及其成员必须执行它们做出的决议；4.最后，它们必须民主，也就是说必须聆听双方的意见，并在做出任何决定前给予双方提出要求的平等机会。还有一些涉及商讨和决策方式的补充性机构也属于游戏规则的一部分。

很明显，只要创建上述议会机构或者类似议会的机构，就能很好地减小群体冲突的暴力程度。通过讨论来处理纠纷并达成一致的个体通常也就不再使用身体上的暴力方式。另外，伴随着议会机构效率日益增长，冲突的暴力程度也就逐渐下降了。但是，单凭这些机构通常不足以确保不再发生任何暴力冲突。在许多情况下，如果我们想有效地减少群体冲突的暴力程度，除了自主和解外，还得让其他调节冲突形式发挥作用。这些形式与和解不同，它们要求"第三方"介入，也就是说外部机构介入。

外部介入群体冲突的最微弱形式是工业生产领域通常称之为"调解"的方式。在同等情况下，双方同意咨询第三方意见，但是第三方意见对于他们来说并无强制力。乍一看，这种调节似乎并没有多大的有效性。但是，事实证明，在社会生活的诸多领域，调解经常是调节冲突最有成效的方式。通过对调解进行细致分析，凯尔认为这种外部干预类型对调节冲突来说至少有五种有利结果：减少非理性因素、消除不理性因素、积极寻找解决方案、有助于和平解决冲突以及提高冲突的成本。工业生产和国际领域的冲突提供了该调节类型的许多案例，但是它在政治领域的冲突中比较少见。尽管如此，在某些情况下，法律机构和重要人物（如国王、总统等）仍然可以在政党之间扮演调停者的角色。

然而，法律机构在冲突调节中的地位更严格地说是工业生产领域称之为"仲裁"的方式。根据冲突各方指定仲裁者的方式不同，存在着两种不同的仲裁类型。也就是说，游戏规则可以分成两种情况：要么在和解和调解失败的情况下，冲突各方被迫需要求助于仲裁方，但是他们可以自由地决定接受或拒绝仲裁方的决议；要么冲突各方自由地决定是否求助于仲裁方，但是如果他们一旦决定求助于仲裁方，他们就必须接受它的决议。在这两种情况下，仲裁也就成为减少阶层冲突暴力程度的有效方式，尽管如洛克伍德（Lockwood）曾强调，这种调节方式可能有问题。在他看来，仲裁存在着"政治"和"司法"两种设计版本。前者给仲裁指定一个任务，即找到一种在冲突方之间可接受的折中方案，而且该方案后来也的确被接受。在冲突理论看来，这种设计富有成效。至于第二种设计，它以法律的角度来对待冲突，也就是说，它赋予仲裁方的任务是依照"善""恶"的严格标准去切断冲突方的法律依据。在这种设计中，游戏规则就会损害冲突中某一方的利益，因为如果某一理由被宣布为正当，这种正当就同时有了法律和道德的意义，于是冲突本身也就没有得到承认，而利益受损方就会感到失望，以致诉诸暴力。

选自拉尔夫·达伦道夫，《工业社会中的阶级与阶级冲突》，穆东出版社，1972年（1957年初版），第225—232页

相对挫折与集体行为

亚历西斯·德·托克维尔

在法国，我在前文中描述的繁荣不断发展，与此同时，精神却显得更加不稳定，更加令人不安；公众的不满已经尖锐化；对一切旧制度的仇恨也在增长。整个民族看上去正走向革命。

而且，作为这场革命主要发源地的那些法国地区，恰恰正是进步最明显的区域。如果研究法兰西岛前财政区档案所记内容，人们就能很容易地确定，正是在巴黎的周边地区，旧制度最早也是最深刻地进行了改革。在那里，对农民自由和财产的保护比任何其他财政区更好。远早于1789年之时，这里的个人徭役就已消失。征收军役税也比法国其他地方更加规律、温和和平等。如果我们想了解当时总督如何改善全省福利和减轻贫困的，就必须读一读1772年改进征收军役税的条例。其中，捐税已是另一个模样。政府特派员每年会来到各个教区；公社成员在他面前集合；他会当众确定财产价值，并以对审方式确认每人的财产；最后，通过所有应纳税者的协助来制定军役税。不再有专横的行会理事，也不再有无用的暴力。无论通过何种征收制度，军役税也许仍然保留自己固有的缺陷；它只是压在某一个纳税者的阶级身上，同时打击了工业和田产；但是在其他所有方面，此处的军役税和邻近财政区的同名捐税差别巨大。

相反，在任何地方，对旧制度的保留都不如卢瓦河流域及其出海口、普瓦图沼泽地带和布列塔尼荒原地区等地方。然而，内战之火恰恰是在这些地方点燃并得到支持，那里人们最激烈地，也是最长久地抗拒大革命；以至于人们会说，当处境变得越好，法国人就越觉得难以忍受。

这样的观点让人惊讶；但历史总是充斥着同样的场景。

并非总是因为处境越来越坏，人们才会投身革命。最为常见的是，一直以来默默忍受着最沉重法律的人民，一旦压力减轻，他们也就瞬间将它抛弃。被革命摧毁的制度几乎总是比之前紧挨着的制度更好，而且经验告诉我们，对于一个坏的政府而言，最危险的时刻通常就是开始改革之时。只有伟大的天才才能拯救着手减轻长期受压迫臣民负担的君主。人们之前耐心地忍受着苦难，以为它是不可避免的。但是，一旦有人设法摆脱苦难，它就似乎变得难以忍受了。当时所有被废除的流弊似乎更容易让人发现其他遗存的流弊，于是人们的情感也变得更加剧烈：痛苦已轻，但感觉更甚。处于全盛时期的封建制度并不比即将灭亡时更能激起法国人心中的仇恨。路易十六最轻微的专横行为似乎都比路易十四的整个专制制度更加令人难以忍受。把博马舍（Beaumarchais）短期监禁起来比路易十四时期龙骑兵迫害新教徒更能激起巴黎的民情。

再也没有人声称1780年法国正处于衰退之中；相反，人们会说，此时再也没有什么可以限制法国的进步了。正是在那个时候，人类能无限地不断自我完善的理论诞生了。20年前，人们对未来毫无期望；现在人们对未来毫无畏惧。人们的想象力已经提前沉浸在下一个闻所未闻的幸福之中了，这让他们对已经拥有的财富无动于衷，并且迫不及待地奔向新事物。

选自亚历西斯·德·托克维尔，《旧制度与大革命》，拉封出版社，书籍丛书系列，1986年（1856年初版），第1057−1098页

冷漠的合理性

曼瑟·奥尔森

　　三个独立、叠加的因素阻碍了较大集团增加自身利益的可能性。第一，集团越大，每个增加集团利益之人所获得集团总收益中的份额就越小，那么他有利于集体的行动所获得的报酬就越少；即使个人能从中有所收获，其所获得的数量也远低于最优水平。第二，集团越大，任何代表集团之个体或某些成员所能获得的总收益份额也就越小，他们从集体财富中所获得的收益也就更加不足以抵消他们为此所支出的成本；也就是说，如果集团越大，有利于获得集体财富之寡头式互动的可能性也就越小。第三，集团成员的数量越大，也就意味着需要更高的组织成本，因此在获得任何数量的收益前需要克服的障碍也就越大。出于以上这些原因，集团越大，它提供最优数量的集体财富所遇到的困难也就越大，而且一些很大的集团在没有强制措施或独立外在激励的情况下，通常都不会这么做[①]。

① 我们可以抽象地设想，大型集团能够自发地为自己实现很小数量的集体财物。如果很小的集团能够很廉价地使用一件集体财物，即使任何成员不得不承担全部成本，他也能获益，然后成千上万的人都加入了这一集团而获取财物的成本依然保持不变。因此，这个大型集团就可以为自己提供数量很小的集体财物。因为根据这一假设，成本没有发生变化，所以个体仍受到激励并致力于实现那一财物，然而即使使用这个例子来说明大型集团的行动是为了集团利益也并非十分正确，因为集体物品的数量远低于最优水平。每次当新的个体加入集团时，都会提高集体财物供给的最优水平。因为根据假设，集体财物的单位成本是不变的，而增加的集体财物所带来的收益却会随着每多一个加入者而增加。然而，除非原来的提供者建立了某个组织，而且该组织与这个集团（现在已是大型集团了）的其他成员分担成本，否则他在集团变大的时候不会受到鼓励，从而也就不会实现更多的集体财物。但是这样的话，建立大型组织所需要的成本也就会增加，而且无法通过集团个体成员自愿和理性的行动来承担这些成本。这样，如果某种集体财物所带来的总收益比其成本多一千倍或者上百万倍，那么从逻辑上讲，一个大型集团就有可能为自己获取一定数量的集体财物，而与最优水平相比，这时的供给水平微不足道。但是很难找到这样的实际案例，但在本书（指原著，

　　考察了所有规模的集团后，我们现在可以对集团进行必要的分类。在一篇原本属于此书但已另行发表的文章中，笔者和合著者就提出可以赋予集团或产业的概念一个足够精确的理论意义，这样就可以在研究市场结构时与纯粹垄断的概念一同运用。在那篇文章研究的工业企业当中，只有一家企业能够被划定为纯粹垄断；因企业数量很少以至于其中某家企业行为会显著影响其他企业的情形被称为"寡头卖方垄断"；任何企业不会对其他企业产生显著影响的情况被称为"原子式竞争"。"原子式竞争"又被分为纯粹竞争和垄断竞争。根据产品种类是否相同，寡头卖方垄断又可以包含两种细分种类。

　　对于包容性或非市场经济的集团来说，分类略有

　　译者注）上一章的第 94 条注释里讨论了一个可能的例子。然而，如果把所有能为自己提供一定数量集体财物的集团定义为"小型集团"的话（或者使用其他名称），而把所有不能做到这一点的集团另外归类，那么这些特例就很容易被排除在外。但是我们必须拒绝这种避重就轻，不然这一部分的理论就会变成同义反复而无法经受辩驳。这里，特例只是让我们做了一个经验性的假设（当然是合理的），即大型集团需要集体财物的总成本在预期收益中所占的比例很大。

不同。与纯粹垄断（或纯粹买方垄断）等同的显然是在市场之外寻求某些不受任何外界费用或收益束缚之集体财产的个体。与市场集团的寡头卖方垄断规模相对应，存在两种独立的非市场集团类型，即"特权"集团和"中间"集团。在"特权"集团中，每个成员或至少其中某个成员有兴趣获得集体财富，即使他得独自承担全部成本。在此类集团中，集体财富是有可能被获得的[①]，而且不需要任何集团组织和协调。在"中间集团"中，单独的某个成员收到的收益足以让他独自去谋取集体财富。但由于成员数量不够，以至于其中任何成员都没有注意到其他人是否也在帮助实现集体财富。在此类集团中，可能会、也可能不会获得集体财富，但是如果没有集团合作或组织，则永远

---

① 我们可以承认，一个"特权"集团可能不会去实现集体财物；因为集团中可能存在着讨价还价，而这种讨价行为可能毫无结果。设想在这样一种情况中，即使同意承担实现集体财物的全部成本，每个成员仍然有可能受益。甚至，通过了解其他个人在类似情况下的举动，每个人都可能因为错误地假设没有自己其他人也会去实现集体财物，并因此而拒绝让自己去承担。然而看起来，集团的所有成员不大可能会永远犯这样的错误。

无法获得集体财富①。在非商业环境中与原子式竞争等同的是特别大的集团，我们在此称其为"潜在"集团。它的特征是无论某个成员是否提供帮助，其他成员都不会受到明显的影响，因此也没有理由做出反应。根据该定义，"潜在集团"中的某一个体不可能为任何集团事业做出多大贡献，而且即使他什么也不干，集团中也没有人会做出反应，所以他不会受到激励去做出自己的贡献。因此，没有什么能促使大型的"潜在"集团为了实现集体财富而采取行动，因为不管集体财富对集团整体来说是多么珍贵，它都无法给个体成员提供任何激励，让他们去承担实现潜在集团利益所必需的组织成本，或以任何其他方式去承担必要的集体行动之成本。

只有一种独立的和"选择性的"激励能够推动

① "因此，从数字上看，中间结构的特点可以解释为两者的混合：小型集团和大型集团的特征都会出现在中间集团身上，并表现出不完美的特性，它会时而出现，时而消失或者潜伏。因此，客观地说，中间结构同时拥有较小和较大结构的主要特点（部分地或交替地）。这解释了为什么在主观上很难确定把它们归于两类中的哪一类。"（齐美尔：《格奥尔格·齐美尔的社会学》，第116-117页。）

潜在集团中的理性个体去为集团利益而行动。在这种情况下，实现集团行动只有通过选择性地激励集团个体，而不是像集体财富那样针对整个集体。这种激励是"选择性地"进行的，这样那些不加入以实现集团利益为目标的组织的人，或者没有以其他方式为实现集团利益做出贡献的人，与那些参与其中的人分别才会有不同的待遇。这些"选择性的激励"既可以是积极的，也可以是消极的。也就是说，既可以是强制性的（通过惩罚那些没有承担集团行动成本之人），也可以是鼓励性的（通过奖励那些为集体利益而出力之人）。对集团中的个人进行消极的惩罚，或是对他们进行积极的奖励从而引导他们为集团利益而行动，这种潜在集团在此都被称为"被动员起来的"潜在集团。这样，大型集团之所以被称为"潜在"集团，是因为它们有采取行动之潜力或能力，然而这一潜在的力量只有通过"选择性激励"才能实现，或者说才能"被动员起来"。

　　根据刚才所解释的不同集团类型，集团行动的机会也是不同的。在某些情况下可以期待实现集体或公共财富；在其他情况下可以肯定（除非有选择性激励）它们无法被实现；还有一些情况则两者皆有可能。无论情况如何，规模是决定性因素，它决定了自发、理性地追求个人利益是否会激发有利于集团的行为。与大型集团相比，小型集团将会更好地捍卫它们的共同利益。

选自曼瑟·奥尔森，《集体行动的逻辑》，法国大学出版社，1978年（1966年初版），第70-74页

冲突使群体团结起来

格奥尔格·齐美尔

　　对于政治党派来说，减少成员的数量可能也是有利的，只要数目减少能让它清理那些倾向调解和妥协的成员，并因此变得更加纯洁。出现这种情况必须具备两个条件：首先是公开的冲突状态，其次是处于斗争中的群体相对较小。这种类型是少数派政党，尤其是当它不局限于守势的时候。英国议会史往往能够证明这一点。例如，1793年当辉格党已经完全融为一体并发挥强大作用之时，当所有在某种程度上试图调解或者温和的分子脱党之时，它的作用反而更大。少数留下来的人物往往十分坚定，而且此时才能推行完全统一和特别激进的政策。多数派群体就不必如此或赞成或反对地保持坚定性了。对于多数派而言，动摇者和有条件的追随者并不危险，因为它规模巨大所以能够容忍这种边缘现象，不会因此而触动群体的中心；然而，对于边缘与中心距离很小的群体，哪怕稍微扩展一下，或者说任何不安全要素都会立即威胁中心，因而也就威胁整体的团结；而且，由于各个要素之间的距离很小，群体就不具备这种弹性，而在这里，弹性是包容的条件。

这也就是为什么生活在斗争和迫害中的群体，尤其是少数派，往往拒绝对手提供的善意和容忍，因为这样就会软化他们团结一致的反对立场。如果失去团结，他们也就无法继续斗争。例如在英国的教派争端中，不只一次地出现这种状况。无论是在詹姆斯二世（James II）统治时期，还是在威廉（William）和玛丽（Mary）统治时期，非国教信徒和独立派分子，浸礼派信徒和贵格派教友，有时也能得到政府的某种善意，然而他们根本不接受这种善意。因为如此一来，就会让他们中间比较顺从和不坚定分子尝试并有可能形成一些中间地带，或者至少会软化他们的敌意。对方的任何善意都只能是局部的，但是却威胁着在所有环节的反对立场上的同等性，因而也影响着那种维系

388 / 第六章　集体行为与社会冲突

团结的一致性。而进行斗争的少数派必须拒绝妥协，坚持这种团结。因此，如果各种群体失去对手，也就往往会失去它们的统一。关于新教教会，人们已从不同的方面强调过这一点。因为对它而言，"抗议"是本质的，一旦它所抗议的对手不在自己的射程内，它也就失去了能量或者失去了内部的统一；甚至，内部团结会丧失到以下的情况，即在自身内部重新上演之前与对手的冲突。它本身也就分崩离析，分裂为一个自由的党派和一个正统的党派。这种情况同样也曾多次出现在北美的政党史上。当两大政党中的某个彻底消退时，导致的直接后果就是剩下的政党瓦解为充满对立的小集团。如果没有真正的异教徒，这对新教的统一没有好处。与此相反，天主教教会的统一意识是由于异教的存在和反对异教的战争而得以大大加强。教会中的各种成员在反对异教的问题上总能找到一致，而且尽管还存在着某些相互敌对的利益，却还能够保持他们的统一。因此，彻底打垮敌人的胜利在社会学意义上并非总是幸福的；因为让它保持团结的因素也就因此而减弱，而一直潜伏的各种瓦解力量却不断扩大。人们用来解释公元前5世纪拉丁同盟（Ligue Latine）瓦解的理由就是各种共同敌人都被打败了。

也许它的基本原则（一方面是相互尊重，另一方面则是献身精神）早就已经不是本来面目；但是，失去共同的对手，才突显了各种内部矛盾。的确，在某些群体之内，关注存在各种敌人这一事实可能在政治上是非常明智的做法，如此一来，各种要素就会刻意地保持统一，因为这是他们生死攸关的利益。

最后所举的例子让我们更好地了解到冲突能起到维系团结的作用。通过冲突，不仅更有力地集中了内部现存的某种团结，清除了所有可能与敌人划不清界限的成员，而且冲突还团结了平时相互之间毫无联系的个人和群体。

选自格奥尔格·齐美尔，《冲突》，希尔赛出版社，1992年，第122-125页

内部冲突与外部冲突

刘易斯·科塞

    如果社会内部冲突所涉及的价值和利益与构建关系的基本原则并不矛盾，那么这种冲突对社会结构就会产生积极的效果。它让人们得以根据群体或子群体成员的需要对群体内部的规范和力量关系进行调整。

    如果冲突双方不再共享那些基于社会系统合法性之上的基本价值，那么这种内部冲突就有可能会摧毁社会结构。

    然而，为了防止冲突威胁到双方公认的关系基础，最好的保障就存在于社会结构自身之中：即该结构源于制度化和对冲突的包容。社会冲突是平衡社会关系或者调整对立状态的手段，还是导致分裂的威胁，这在很大程度上取决于产生冲突的社会结构。

每种类型的社会结构中，都会发生冲突，这是因为个人或子群体常常会提出互相对抗的需求，如对稀有资源、名望或权力的需求等。但是，在允许对抗得以体现的方式上，各个社会结构并不相同。有些社会结构能比其他的社会结构更好地包容冲突。

互动程度高和成员参与度高的团结群体都倾向于消除冲突。虽然它们提供了表现敌意的许多机会（因为喜爱与憎恨这两种感情通过频繁互动而加强），但表现这些敌意的行为就被认为是危害亲密关系的因素，因此就倾向于压抑而不是允许敌意情感的表达。所以在紧紧团结一致的群体中，敌意的情感更容易累积，并得以强化。在经常禁止表达敌意情感的群体中，冲突的爆发就会显得特别强烈。首先，这是因为冲突的目标不仅是为了解决当前的问题（引起冲突爆发的问题），而且先前因为无法表达而积累的所有怨恨会在此时涌现。其次，群体成员的全面参与更加激发了人们在斗争中的全部情感。

因此，群体联系越亲密，冲突就越强烈。在成员全面参与，并且冲突又被压制的地方，一旦爆发冲突，就可能危及他们之间相互关系的根源。

　　如果群体中的个人仅是部分地参与，冲突的破坏性就有可能更小。一般而言，这样的群体经历大量的冲突，但是这些冲突会构成抑制破坏统一的机制：在不同方向的冲突分散了群体成员的力量，因此也就不至于集中在其中一种冲突上，从而扰乱整个群体。然而，当表达敌意的机会无法堆积，而且当冲突只有在压力减小时爆发，这种冲突将首先集中在导致冲突的条件上，而不会让已经被阻止的敌意死灰复燃。通过这种方式，冲突就被局限于"特定情况之事实"上。于是，我们会大胆提出，冲突的数量和它们的强度成反比关系。

　　到此为止，我们只是讨论了内部的社会冲突问题，现在我们应该考虑外部冲突了，因为与其他群体的冲突也在影响着群体自身的社会结构。处于不断斗争状态中的群体往往要求成员全面参与，以至于当内部冲突发生时更加容易调动成员的全部力量和热情。因此，这样的群体只能承受有限度的冲突。这种群体倾向于压制冲突；当冲突出现时，不管是由于分裂，还是由于反对派的离开，都会导致群体瓦解。

　　不经常与外界发生冲突的群体很少要求成员全面参与，因此也就更显示出结构的灵活性。而且，他们所容忍的诸多内部冲突反而还平衡和稳定了群体结构。

在富有弹性的社会结构里，由于大量的冲突相互交叉进行，所以集中在某个方向发生的根本性分裂也就无从发生。而且，群体成员的复杂性使他们与各种不同的群体发生冲突，所以他们也就无法以整体的方式参与每个冲突。因此，部分地参与大量冲突也就形成了社会结构的一种平衡机制。

在结构松散的群体和开放的社会里，冲突的目标在于缓解冲突者之间的紧张，因此它也就可以拥有稳定和整合功能。由于允许直接和即时地表达敌对的要求，所以这种社会系统能够通过消除不满之源来重新调整社会结构。经历的各种冲突将有助于清除分裂的根源，并有助于形成统一。通过包容冲突并把冲突制度化，这些社会系统就具有一种重要的稳定机制。

而且，冲突在群体内经常发生还有助于让现存的规范重获新生，或者有助于推陈出新。在这个意义上，社会冲突是一种使规范重新适应新环境的机制。弹性社会之所以能从冲突中受益，是因为冲突行为创造和调整了规范，从而也就保证它在新条件下继续存在。僵化的系统不会拥有这种调整规范的机制：由于压制冲突，所以它就失去了一个有用的警报，也增大了灾难性崩溃的危险。

在结构中，内部冲突还能用于探明利益敌对双方的相对实力，因此也就构成一种维护或不断重新调整权力平衡的机制。既然冲突的爆发表明双方先前存在的妥协失效，因此当意见不同的各方力量在冲突中被重新衡量时，新的平衡就会建立，相互关系也就会在新基础上继续发展。因此，为冲突留有余地的社会结构也就拥有了一个重要手段，即通过变换力量对比关系来避免或纠正不平衡的条件。

与某些人的冲突产生了与另一些人的联合或联盟。这些联合或联盟的冲突让成员之间形成了联系，从而减轻社会孤立程度或把互不了解甚至对立的个人与群体联合起来。能够容纳大量冲突的社会结构具有一种机制，它能把其他情况下毫无联系、漠不关心或相互敌意的双方联合到一起，并把它们带进公共社会活动领域。此外，这种结构孕育了大量不同目的之联合和联盟的相互交叉来往，因而阻止了它们沿着唯一的分裂线形成联合。

一旦与其他群体的冲突形成了一些群体和联合，那么这些冲突可能有利于在它们与社会环境之间形成边界。如此，通过为社会系统中不同的子群体分配位置，以及通过确定他们之间的力量对比，社会冲突有助于构造一个更广阔的社会环境。

并非所有个人部分参与的社会系统都允许表达敌对的要求，社会系统容忍冲突或把冲突制度化的程度也不相同。能允许立刻表达出所有敌对要求的社会并不存在。通过保持产生敌意之社会关系的完整，社会拥有一种引导不满和敌意的机制。这些机制就是类似于"安全阀"的制度，它们提供转移敌对情感的替代物，以及提供发泄侵略性倾向的方式。

能够充当安全阀的制度有利于同时维护社会结构和个人安全，但是这些制度对二者又不完全是功能性的。当条件发生变化，它们却阻碍着社会关系的变化，因此，它们能提供的满足感只是部分和暂时的。人们已经提出了一种假设，即认为对具有安全阀功能之制度的需要随着社会结构的僵化程度而提高，也就是说，僵化的社会结构禁止直接表达请愿。

安全阀制度会引起行动者目标的转移：他不再需要获得对不满处境的解决之道，而只是去发泄由它引起的紧张。当起着安全阀功能的制度为转移敌意提供了替代物，冲突本身也就远离了不能令人满意的关系，因为行动者的目标不再是得到特定的结果，而只是舒缓紧张。

这为我们提供了区分现实冲突和非现实冲突的标准。

那种源于涉及特定要求的受挫，源于对参与者所获成果的估计，或是源于受挫目标的社会冲突，就是现实冲突。由于它们是达到特定结果的手段，所以我们可以用一些与敌对方互动的方式来替代，如果这种替代方式看上去更能实现既定目标的话。

相反，非现实冲突不是由对抗者敌对目标所致，而只是因一方或双方需要发泄紧张而产生。在这种情况下，冲突不指向特定结果的获得。在这个意义上，非现实冲突就是它本身的结局。为了消除紧张，选定的对抗者可以被任何其他"合适的"靶子代替。

在现实冲突中，引导冲突的手段存在着一些可能的解决办法，对于实现冲突所指向的期望目标也是如此。然而，在非现实冲突中，只存在一个选择对手的功能替代。

如果对安全阀的需要会随社会结构的僵化程度而增长，那么我们可以预料到非现实冲突是作为目前社会结构僵化之后果而产生的。

围绕不同的冲突类型和不同的社会结构类型的讨论，可以让我们得出结论，即在一个对冲突根本无法或者不能充分地容忍和制度化的社会结构里，冲突就倾向于破坏社会结构。冲突瓦解社会体系基本团结的烈度，与这个社会结构的僵化度有关。威胁此类社会结构内部平衡的不是冲突，而是这种僵化本身。僵化能够累积敌意，一旦冲突爆发，这种堆积起来的敌意就会集中在一条导致分裂的主线上。

选自刘易斯·科塞，《社会冲突的功能》，法国大学出版社，1982年（1956年初版），第83-88页

第七章

信仰、价值观与意识形态

本章引言

在社会学传统中，存在两种思考宗教信仰和社会学价值观的主要方法。卡尔·马克思认为，观念与价值等诸如此类知识概念的建立往往忽视了它们对经济社会生活的依附关系。它们不仅无法从中独立出来，而且还要受历史社会关系决定。这些社会关系把统治阶级的特殊利益掩藏在它们的共同特征之下，以此让阶级统治关系永久延续。在这层意义上，宗教信仰和资本主义社会价值观也就成了意识形态（选文1）。曼海姆扩大了马克思对意识形态的定义，并且得出与马克思相对的概念：即任何政治介入形式都只是从人们的社会地位这一有限视角去看待现实；无论是对于资产阶级还是对于其他阶级政党而言都是如此。因此，真正认识到这一点的社会学会把诸多观念系统及其参与者之社会地位系统地联系在一起（选文2）。

通过从古罗马家神崇拜中找到私有权的源头，菲斯泰尔·德·库朗日找到了西方意识形态的基础。被18世纪的政治哲学和资本主义所有制接受和改造之前，该基础已经存在了数千年（选文三）。同样，涂尔干认为，原始人并不会因为自己宗教仪式的失灵而减少对其有效性的信任，同样，学者也不会因为存在矛盾事件而去怀疑科学法则，这两件事情在根本上说并没有什么不同。因此，信徒也有理性，而学者亦有信仰（选文四）。

马克斯·韦伯的论文很明显属于另一范畴。对于这位伟大的德国学者而言，加尔文教伦理的传播已经改变了人们和金钱以及劳动的关系，这催生了经济行为的一种新形式，即当时正在形成中的资本主义特性（选文五）。通过可信的经验材料，麦克莱兰从韦伯论文过渡到了一个更加普遍的现象：这就是"追求成就的需要"，也是自我实现的需要，对于麦克莱兰而言，这是经济发展的决定因素（选文六）。

从一个社会到另一个社会，价值系统也会随之改变。路易·杜蒙通过比较的方法指出，需要把个人主义和平均主义的范围相对化。在西方社会中，它们占据着统治地位，然而印度社会则是通过整体主义和等

级划分的价值观组织起来（选文七）。在现代民主本
身，托克维尔突出了自由和平等价值的内在张力，认
为它们之间既无法单独存在，亦不能相互兼容（选文
八）。丹尼尔·贝尔指出现代资本主义的矛盾，即现
代资本主义在经济范畴的禁欲主义价值和文化层面的
享乐主义之间备受折磨（选文九）。近年来，描述性
的研究成果越来越多（尤其是在"欧洲价值观研究"
项目中），然而这些成果在理论方面毫无建树。

意识形态与阶级统治

卡尔·马克思

　　思想、观念、意识的生产首先直接与人类的物质活动和物质交换紧密混杂在一起，它是现实生活的语言。人类观念、思维、精神的交流在这里还表现为物质行动的直接产物。表现在整个民族的政治、法律、道德、宗教、形而上学等语言中的精神生产亦是如此。人类生产了自己的观念、思想，等等，但这里所说的人类是现实的、活动的人们，他们受自己生产力和生产关系对应模式（包括他们所能采用的最广泛形式）所决定的发展所制约。无论在何时，意识都只能是被意识到的存在，而人类的存在就是他们现实生活的过程。如果在全部意识形态中，人类和人际关系对我们而言就像是在照相机的暗匣中那样颠倒过来，那么这种现象也是在人类生活的历史过程中产生，完全就像物体在视网膜上的倒影是直接源自生理生命的过程一样。

与从天国降到人间的德国哲学相反，我们在这里是从人间升到天国。换言之，我们并非从人们所说、所想象和所表现的东西出发，也不是从话语、思想、想象和表述出来的人出发去理解有血有肉的人类。我们是从实际活动的人类出发，而且也就是在他们真实生活的过程中，我们再现这一鲜活过程在意识形态上的反射和回响。甚至人们大脑中的幻影也是他们物质生活过程的必然升华，我们可以通过经验来观察物质生活，而且它也基于物质之上。从这个事实出发，道德、宗教、形而上学和其他意识形态，以及与它们相适应的意识形式也就马上失去它们独立性的外观。它们没有历史，也没有发展，然而发展着自己物质生产和物质关系的人们，在改变自己现实的同时也在改变自己的思维及其产物。并非意识决定生活，而是生活决定意识。在前一种考察事物的方法中，人们从意识出发，把意识视为是有生命的个人。在后一种符合现实生活的考察方法中，人们则是从现实的、鲜活的个人本身出发，把意识仅仅视为是他们的意识。

　　……

　　在任何时代，统治阶级的思想都是占据统治地位的思想。换言之，某个阶级是社会中占统治地位的物质力量，那么它也同时是社会中占统治地位的精神力量。占有物质生产资料的阶级，同时也会占有精神生产资料。因此，那些不占有精神生产资料之人的思想也同时是隶属于统治阶级的。占统治地位的思想只不过是占统治地位的物质关系之理想表现而已，不过是以观念的形式表现出这种占统治地位的物质关系而已，因此它们也就是那些让某个阶级成为统治阶级之关系的表现。换言之，这也就是该阶级的统治思想。构成统治阶级的个体也都具有意识，因而他们也会思维；既然他们是以阶级的方式进行统治，并且决定着历史时期的方方面面，那么不言而喻，这些个体在各个方面进行统治，而且由他们占据统治地位。另外，作为思维之人，作为思想的生产者，他们调节着自己时代的思想生产和分配；因此，他们的观念也就是所处时代的统治观念。例如，在某一国家的某个时期，王权、贵族和资产阶级相互争夺权力，因此，那里的权力也是分享的，那里占统治地位的思想就会是分权学说，于是这一学说就被宣称为"永恒法则"。

我们此书中（指《德意志意识形态》，译者注）已经发现劳动分工是迄今为止的主要历史力量之一。在统治阶级内部，它也以精神劳动和物质劳动分工的形式表现出来，因此在这个阶级内部存在着两类个体。一些人是该阶级的思想家（他们是这一阶级积极的理论家，思考和编造该阶级关于自身的幻想，并将这种工作当作主要的谋生之道），而另一些人对这些思想和幻想则采取被动的态度，并且准备接受这些思想和幻想，因为实际上他们是该阶级的积极成员，然而他们没有时间来编造关于自身的幻想和思想。在这个阶级内部，这种分裂甚至可以导致这两类人之间某种程度的对立和敌意。我们看到一种假象，仿佛占统治地位的观念并非统治阶级的观念，而且它好像拥有与该阶级之权力不同的权力。但是一旦发生任何威胁整个阶级的实际冲突，这种对立也就自行消失了。既定时代之革命观念的存在是以革命阶级的存在为前提，而且我们已经在前面讨论了所有关于革命阶级所需要的前提条件。

在考察历史进程时，我们假定人们能把统治阶级的观念和统治阶级本身分割开来，并把这些观念视为整体。我们假定人们不关心生产这些观念的条件和生产者而坚持认为该时代占统治地位的是这些或那些观念，也就是说，假定完全不考虑这些观念的基础即个人和历史环境，那么，就可以这样说：例如，在贵族统治时期，占据统治地位的是荣誉、忠诚等概念，而在资产阶级统治时期则是平等、自由等概念。总之，是统治阶级自身在为整个阶级想象了这些概念。所有的历史学家，尤其是18世纪以来历史学家所共有的这种历史观，必然与下列现象相抵触，即占统治地位的将是越来越抽象的思想，也就是说，它们越来越具有普遍性的形式。的确，每个企图取代旧统治阶级的新阶级，为了达到自己的目的就必须把自己的利益说成是社会全体成员的共同利益，或者说这在观念上的表达就是：这个阶级必须让自己的思想具有普遍性的形式，把它们描述成唯一合理、有普遍意义的思想。

选自卡尔·马克思，《德意志意识形态》法文版，社会出版社，1968年，第50—52页和第75—79页

从意识形态到知识社会学

卡尔·曼海姆

只要人们不质疑自己的立场，把它视为绝对，同时又把对手的观点解释为是所处社会立场简单作用之结果，那么，决定性的进步就还没有迈出。的确，在该情况下，人们运用的是意识形态的总体概念，因为他们致力于从总体上去分析其对手的思想结构，而不只是分离出几个孤立的推论。但是，既然在这种情况下，人们仅仅只是从社会学角度去研究对手的观念，那么他们便从未超越一种非常局限的，或者我称之为"特殊的理论阐述"。与这种特殊阐述形成对比的是意识形态总体概念的普遍形式①。假如分析者既能把对手的观点，也能把所有的观点（包括自己的观点）用于意识形态分析，那么他所使用的就是意识形态总体概念的普遍形式。

在我们理解的当下，几乎不可能避免这种意识形态总体概念的普遍阐述。它认为所有时代任何党派的思想都表明了意识形态特征。在整个历史中，几乎所有思想立场都发生了变化，甚至几乎所有思想立场现在都是以多种形式来表现。在这一点上，马克思主义也不例外，因为马克思主义本身也有许多不同的表现形式。对于马克思主义者而言，承认自己的社会基础应该不是太难。

伴随着意识形态总体概念之普遍阐述的出现，单纯的意识形态理论就演变成知识社会学。曾属党派的

---

① 在此我们给先前的"特殊的"与"总体的"之区分再补充另一种区分，即"特殊的"与"普遍的"。第一种区分所涉及的问题是去了解是那些特殊独立的观念还是整个思想应被判定为意识形态性的，或者是否社会形势仅仅决定了概念的心理表现或是否它甚至渗透进了本体论的意义；而在"特殊的"与"一般的"之区分中，问题在于了解是所有群体的思想（包括我们自己的思想）还是只有我们敌对者的思想才被承认是通过社会来决定的。

思想武器已变成总体的思想和社会史研究方法。一开始，某个特定的社会团体发现其对手观念中的"形势决定论"。然后，承认该事实被演绎成包纳一切的原则。根据该原则，人们发现每个团体的思想都诞生于它的生活条件。因此，思想社会学史的任务就是无视党派偏见地去分析现存社会形势中所有可能影响思想的因素。这种以社会学为导向的思想史一定会为现代人提供一种经过修正、对整个历史进程的看法。

于是，问题就变得很清楚，即通过以上论述，意识形态的概念具有了新意义。从这一新意义出发，又有两种调查意识形态的研究方法可供选择。第一种方法只局限于去指出，普遍存在着所持有的观点与所占据的社会地位之间的相互关系。这也就导致放弃所有揭露或暴露自己所不赞同之观点的念头。

在试图揭露他人观点的同时，揭露者必须让自己的观点显得绝对正确，然而如果人们要做非评价性的特定调查时，应全面避免这种方法。然而，第二种可能的研究方法是把非评价性的分析与明确的知识论相结合。从第二种方法的角度来看，在了解"什么构成可靠知识"问题上，存在着两种相互分离并且各不相同的解决办法：一种可被称为关系论，另一种可被称为相对论。

相对论是历史——社会学方法的产物，它基于以下认识，即任何历史学思想都与思考者在生活中的具体地位相联系。但相对论把这种历史——社会学的观点和一种更古老的认识论相结合。后者当时对生存条件与思想模式之间的相互作用还一无所知，而且它还根据静态原型（如可以用"2×2＝4"这类命题来表现）来为自己的知识概念建立模型。这种古老的思想类型把类似的例子视为一切思想的模式，它也就必然被导向拒绝所有依赖认知者主观立场和社会地位的认知形式。它只是"相对的"。因此，相对论把自己的存在归因于一种分歧，即在思想真实过程中形成的新观点和尚未接受该新观点的认识理论之间的差异。

如果我们想摆脱这种相对论的束缚，就必须借助于知识社会学来尝试理解以下事实，即与引导社会状况的思想类型相冲突的，并非绝对意义上的认识论，而是认识论的某种历史过渡类型。实际上，认识论与我们思想的整体性一样都是与社会进程紧密联系在一起的。如果它能把握源于不断变化之思维结构的各种复杂情况，它就能获得进步。

现代的知识理论重视相对性，认为它与一切历史性知识的纯粹相对性不同。这种理论必须从以下假定出发，即存在着此类思维领域，在这些领域中，独立于主体价值观和地位之外、并且和社会背景无关的绝对真理是难以想象的。神都无法阐述类似$2 \times 2 = 4$这样的关于历史主题的命题；因为阐述历史上易于理解的东西只能参照源于大量历史经验的问题和概念构成。

　　一旦我们发现任何历史知识都是人际间的知识，而且这些知识只能参照观察者立场来阐述，我们就再一次面临在这种知识中辨别真伪的任务。这就会产生以下问题：即针对历史的何种社会观点提供了更确切的、能够发现真理的机会呢？无论如何，从该层面看，必须放弃徒劳无益的希望，以免认为能发现一种意义不受历史和社会因素所决定的真理。当我们得出该结论时，问题还是完全没有得到解决；但是，我们至少会处在一个更佳的地位，以便提出以更不受限制的方式产生的现实问题。

　　选自卡尔·曼海姆，《意识形态与乌托邦》（法文版），马塞尔·里维埃出版社，1956年（1929年初版），第74-79页

古罗马所有制的宗教起源

菲斯泰尔·德·库朗日

从最古老的时代以来，希腊和意大利社会就牢牢确立了以下三个事象：家庭宗教、家庭及所有权。这三种事象相互间不可分离，从一开始就具有明显的关联。

私人财产的观念就包含在宗教当中。每个家庭都有自己的家火和祖先。每个家庭都只崇拜自己的神灵，每个神灵也只保佑各自的家庭；神灵也就成了家庭的财产。

然而，在神灵与土地之间，古人认为它们存在着神秘的联系。首先来谈谈家火：祭坛是定居生活的象征，它的古希腊名就能表明这一点。人们得把它放置在地上；一旦修好后，就不得把它移来移去。家庭的神灵喜欢固定的居所。实际上，放置圣火的石头也很难被搬动。如果从宗教的角度看则更加无法移动它了。只有在迫不得已时，比如被敌人赶走，或者土地不足以养家时才能迁移它。当人们修立圣火时，他们总是计划并希望能永远待在该地。神灵在那里定居下来，不是为了一天两天，也不是为了某人一生，而是让他的家族永远定居在那里，永远有人来燃火祭祀。因此，家火就占据了土地，这块土地也就归它所有；它即是家庭的私产。

从义务和宗教来看，家庭一直围绕祭坛而居，它也应像祭坛那样固定在土地之上。家庭住所的观念也就自然形成了。家庭系于祭坛，祭坛亦系于土地，家庭与土地之间的紧密联系也就如此被建立起来。这里也就是祭坛的永久之所，除非有强力胁迫，否则绝不会出现搬离它的念头。如家火一样，家庭也应该长久地占据这块土地。这块土地便是家庭的私有财产，它不是某人的私产，而是属于全家人，家庭的不同成员都要先后生于斯死于斯。

根据古人的观念，两个家火代表着两个不同的神灵，它们既不会联合，亦不能混淆。因此，即使两家人组成婚姻关系，两家之神灵也不会发生任何的联合。家火应该被隔离起来，也就是说，应该完全避开不属于它的一切。在祭祀礼仪举行时，外人不得靠近或偷看。因此，古人又称这些神灵为躲藏起来的神灵或者内部的神灵。为了履行这一宗教原则，必须在家火附近一定距离内修葺围墙，是篱笆、木头或者是石头都行。无论这个围墙是何种模样，它都标志着足以让这家圣火与其他家庭圣火分离开来的边界。这个围墙也就被视为是神圣的……

　　让我们参看一下雅利安人的原始时代。希腊人称之为ἕPXOS、拉丁人称之为herctum的围墙圈出了一个很宽的地方，在它中间家庭拥有自己的房屋、牲口和小块的田地。而保护神家火则修在中间。再后来，人们迁到了希腊和意大利，并修建了城市。各家相互靠近但不能相接。神圣的围墙依然存在，只是尺寸小了。通常就是一道矮墙、一条沟渠、一条垄，或只是一条几步宽的小道。无论如何，两个房屋是不能相接的，也不能共用边界。一墙不可属两家，否则分隔家神的神圣围墙就消失了。……

　　……

　　一旦根据礼仪把界石立起了，任何力量都不能移动它。它应当永远留在那里。一则罗马传说可以体现这一宗教原则：朱庇特打算在卡彼多林（Capitolin）山上找块地方修座神庙，但是却无法赶走界石之神。这个古老的传统指明所有权非常神圣；因为固定的界石表明所有权是不可侵犯的。

界石守护着田地的边界，并看管这块田地。邻人不敢过于靠近这个地方。就像奥维德所说的："因为如果靠得太近，神灵就会觉得有犁或锄在碰撞它，于是它就大声喊：'停下来！这是我的田，那边才是你的。'"要侵占某个家庭的田地，必须打翻或移动界石；但界石就是神灵。亵渎它会受到可怕的惩罚。过去罗马法写道："如果用犁碰到界石，人和牛都将被献给恶神。"这就是说，牛和人将被作为牺牲杀掉以抵罪。伊特鲁利亚人的法律也以宗教的名义说："触碰或移动他人界石者必被神灵惩罚，他的房屋将消失，他的族人将凋零，他的田地将不生产；冰雹、虫害和酷热将毁掉收成；犯罪之人将四肢溃烂，日渐衰弱而死。"

......

从所有这些信仰、习惯和法律出发，我们可以清楚地得出结论，即家庭宗教让人们学会占有土地，并确保他们的土地所有权。

选自菲斯泰尔·德·库朗日，《古代城邦》，阿歇特出版社，1905年（1864年初版），第63—73页

仪式、宗教信仰与科学活动

爱米尔·涂尔干

　　但是，即使我们能因此理解这些姿势如何在仪式典礼中占有一席之地，然而它们所具有的有效性还是有待于解释。之所以在新季节来临之际，澳洲人都要规律性地重复这些姿势，那是因为他们相信对于仪式的成功来说这样做是必须的。那么这种通过模仿动物就能让动物繁殖的观念究竟是从何而来呢？

　　当我们只在仪式中发现它试图实现的物质目的时，那么这明显就是一种让人难以理解的错误。但是我们知道，除了认为仪式能够对图腾物种产生作用之外，人们还认为它也能深刻地影响参与仪式之信徒的灵魂。这些人会感觉到自己更加舒适；尽管他们不是很清楚其中的原因，但这种感觉却是非常牢靠的。他们意识到典礼对他们是有好处的；的确，他们在典礼中重塑了自己的精神状态。这种舒适之感怎么不会让他们觉得仪式很成功呢？怎么不会让他们觉得事情会像预定的那样发展，并达到所追求的目标呢？而且因为人们自觉追求的唯一目标就是让图腾物种得到繁殖。而且通过这些所使用的方法，这个目的也总是能得以实现，仪式的有效性也就被证实了。因此，人们就会认为他们的各种姿势都具有创造的功能，尽管姿势本身实际上是徒劳的。现实仪式在精神方面的有效性，让人们相信它具有实质的有效性，尽管后者是被想象出来的。仪式的整体有效性会使人们相信仪式每个部分也都是有效的。整个仪典所产生的真正有用的效果，就像是通过实验证实了仪式基本实践的作用，尽管在事实上对于成功而言所有这些实践并非是必不可少的。另外，有些证据证明这些实践本身并不起作用，这是因为它们可以被其他本质上差异很大的实践所代替，然而最终结果却并没有随之发生改变。显然，某些因提丘玛（Intichiuma）就只有祭献，而没有模仿仪式；而另一些因提丘玛则只有模仿仪式，没有祭献。但是，人们认为两者都能够具有相同的有效性。因此，如果人们认为这些不同的做法都有价值，那么这并不是由于它们内在的价值，而是因为它们都构成一种复杂仪式，并让人们感受到总体的有用性。

现在，我们可以更容易地理解这种心理状态了，因为在我们的周围我们仍能观察到它。尤其是在那些最文明的民族和环境之中，我们经常能够遇到这样的信徒，虽然当他们分开看待每个仪式时，会对教条所赋予每个仪式的特殊有效性完全持怀疑态度，但是他们仍然继续参加仪式。他们也不确定仪式规定的戒律细节是否可以根据理性来判定，但他们认为如果自己摆脱了这些细节，就会陷入道德混乱的状态。他们的信仰失去精神基础这一事实，恰恰表明了信仰所依托的深刻根源。这就是为什么信仰者通常会不屑一顾那些笼统地把各种仪轨归结为简陋理性主义的肤浅批评：这是因为对宗教仪轨的真正验证，并非是通过它们表面上所追求的目标，而在于某种看不见的行为，这种行为会作用在我们的意识之上，并以此来影响我们的精神层面。同样，当布道者试图说服之时，他并没有致力于运用方法直接地去论证某种特殊命题的正确性，或者是各种教规的有用性，而是通过规律性地举行仪式典礼来唤起并且不停地唤起人们的情感，以恢复精神上的舒适。这样，他们就创建了一种信仰的心理倾向，这种倾向要比证明更重要，它可以让智力无视不充分的逻辑推理，并推动人们去接受这些命题。这种有用的偏见，这种信任的冲动，正是构成信仰之物；而且信仰也确立了仪式的权威。不论信仰者是基督徒还是澳洲人，都存在着这种权威。对于基督徒来说，他们的唯一优势就是能够更好地说明形成信仰的心理过程；他知道"只有信仰才能拯救"。

正因为信仰有上述源头，所以在某种意义上，信仰是"经验无法渗透的"。因提丘玛间歇性的失败并不会动摇澳洲人对仪式的信心，因为他们用自己灵魂的一切力量去维护这些仪轨。在这些仪轨中，他们会周期性地重塑自己，并且绝对不能否定这些原则，否则也就颠覆了自我的存在。而自我的存在也会抗拒这一点。但是，不论这种抗拒的力量多么大，它都无法从根本上把宗教心态和其他形式的人类心态（甚至是在习惯上与其完全对立的人类心态）完全区分。在这种关联下，现代学者也和先人一样，只是程度不同而已。当科学规律经过各种各样的实验建立起权威以后，哪怕发现有一个事实似乎与其不符，迅速抛弃该规律的做法并不容易。必须搞清楚这个事实是否只包含唯一的解释，倘若不放弃原来似乎失去价值的命题，也就无法把该事实弄清楚。澳洲人就不会转用别的法子，他们会把因提丘玛的失败归咎于某种妖术。假如庄稼提前获得丰收，他们则会将其归功于在其他地方秘密举行的因提丘玛。即使对于相反的事实，他们也有充分的理由不在信仰上怀疑仪式，因为大量相符合的事实已经确立或者看上去确立了仪式的价值。首先，仪典在精神方面的有效性是真实的，所有参与仪式的人都会直接感受到这一点。在仪式中，经验可以不断地更新，任何相反的经验都不可能减弱它的影响。其次，仪式的物质有效性也可以在客观观察的数据中找到至少是表面上的确认。事实上，图腾物种通常都可以定期繁殖，所以在绝大多数情况下，任何事情的发生都似乎是仪式行为所带来的预期效果。失败只是例外而已。因为仪式尤其是定期举行的仪式并不会要求任何大自然无法提供的东西，所以当我们看到大自然都能够服从仪式时，也就完全不会惊讶。因此，如果有信仰者对经验的某些教训

表现出不顺从，那是因为在他看来，存在着其他更
有说服力的经验。学者亦是如此，只不过他会更有
方法一些。

选自爱米尔·涂尔干，《宗教生活的基本形
式》，袖珍书出版社，1991年（1912年初版），第
603—607页

"经济人"的摇篮——清教主义

马克斯·韦伯

在人世间活跃起来的新教禁欲主义有效地对抗着自发的财富享受，并且约束着消费，尤其是奢侈品消费。与此相对，它又产生了把获取财富的欲望从传统伦理禁锢中解脱出来的心理效果。它打破了禁锢追逐利润的铁链，不仅使之合法化，而且（在我们所阐述的意义上）还把它视为上帝的直接意愿。正如教友派（quakers）的伟大辩护者巴克莱所明确表达并且和清教徒达成一致的观点，这场反对肉体诱惑和依赖外在财物的斗争，并不是反对合理地获取财富，而是反对非理性地使用财产。

这种非理性地使用财产完全体现在各种露骨的奢

侈品上，无论这些奢侈品在封建趣味眼中多么自然，它们都被谴责为过度崇拜创造之物。然而，对财富理性和工具性的使用则被认为是上帝的意旨，是为了满足个人和集体的需要。这完全不是要把苦行生活强加给财富拥有者，而是要求他们出于需要和实际目的来使用自己的财产。"舒适"的观念非常有特点地划定了伦理所允许的消费范围。而且，如果说与该观念联系紧密的生活方式最早也是最清楚地出现在最坚决地贯彻该生活态度的人即教友派信徒身上，也就并非偶然。他们把中产阶级家庭中那种纯净朴素的舒适视为理想，并以此反对骑士那种没有稳固经济基础的奢华，以及排斥简朴的态度。

在私有财产的生产领域，禁欲主义同时与欺诈和纯粹冲动性的贪婪做斗争。它控诉了为了自己而追求财富的行为，并斥之为贪婪、拜金主义等，因为财富本身就是诱惑。但在这里，禁欲主义是那种"总是在渴望善行却又总是在制造恶行"的力量（参看歌德的《浮士德》），这种恶对它而言是指财富和财富的诱惑。的确，为了与《圣经·旧约》保持一致，为了与善行的伦理评价相类似，禁欲主义严厉地斥责把追求财富作为自身目标的行为；但是，与此同时，它又把

获得财富视为上帝的祝福——如果财富是通过职业工
作而获得的劳动果实。更重要的是，在世俗职业中刻
苦、持续并有条不紊地劳动，宗教会把这种劳动视为
最高的禁欲手段，同时也作为重生与真实信念之最可
靠、最明显的证明，它构成了最强有力的杠杆，推动
了在此书中被称为"资本主义精神"的生活概念。

如果限制消费的约束与追求利润的自由结合在一
起，下列实际结果就很明显了：资本必然通过禁欲主
义的节俭而形成。很明显，反对消费财富的种种阻碍
有利于将财富用于生产，此时财富也就成为投资的资
本。……

……

我们可以认为，在清教生活观念的影响范围内（这
比简单地鼓励资本积累要重要得多），这种观念有利于
发展经济上更加理性的资产阶级生活。它是发展这种生
活最重要的因素，而且也是唯一始终不渝的因素。简而
言之，它看护了现代经济人形成的摇篮。

……

一种特殊的资产阶级劳动伦理诞生了。资产阶级
企业家意识到自己完全受到上帝的宠爱，也受到上帝
的祝福。因此，他们觉得，只要注意外表得体，只要

道德行为没有污点，只要财富使用没有激起反感，那么他们就可以关心自己在金钱方面的利益，甚至还认为自己有义务这么做。而且，宗教禁欲主义的力量还给他们提供了朴实认真、工作勤勉的工人，后者也把自己的任务视为是上帝赐予的目标。

最后，禁欲主义还向资产阶级确保：此世财富不均等的分配正是符合上帝的意旨；它把这些不均等当作是给每个人的具体恩宠，并且通过这些不均等来追求自身的秘密目的。加尔文本人亦曾断言：人们，即工人和手工业者组成的大众，难道不是在穷困之中才顺从上帝的吗？

选自马克斯·韦伯，《新教伦理与资本主义精神》（法文版），普隆出版社，1967年（1905年初版），第234—245页

追求成就的需要

麦克莱兰

　　这些动机中最重要的是我们称之为"追求成就的需要"。这种努力做事的欲望并非为了获得社会尊重或声誉，而是为了实现个人成功的内在情感。我们早期的实验研究表明，当引入打破纪录的概念而不是采用诸如金钱的激励机制时，那些拥有较高成就需要的人往往在某些任务上工作得更多，学习得更快，更能展现自己的最佳状态。他们更倾向于寻找能干者而不是自己的朋友来当工作伙伴。很明显，我们无法全面回顾该领域为数众多的研究。五年来，我们专注于了解由大量具有较高成就需求之人组成的社会到底有何不同。换言之，我们给自己提出了一个社会心理学难题：在社会中，把那些具有较高成就需求的人集中起来会产生何种效果？

也许，首先得说说我们是如何让自己走向该问题的。德国伟大的社会学家马克斯·韦伯所做的关于新教和资本主义精神之关系的精彩分析让我印象深刻。他提出身为新教徒之劳动者和生意人的特性，尤其是那些虔诚派教徒的特性，并非是他们以某种身份发明了资本主义制度或者更好的生产方法，而在于他们是带着追求完美的新精神投入到自己的工作当中。相信宿命论的加尔文教教义要求他们把自己生活的各方面都理性化，并试图在上帝给他们此生指定的位置上实现完美。当我读到韦伯对这些人的行为所做的描述时，我就从中总结出他们肯定拥有高水准的追求成就需求。也许，韦伯所描述的资本主义新精神与追求成就的高需求并无二致。这种需求在一定程度上为西方的高速经济增长做出贡献。另一个可以证明该假设的例证是温特波顿（Winterbottom）细致的研究。他指出，在具有较高成就需求的男孩家庭中，母亲很早就给他们强调了自信和自律。而在那些母亲没有很早就鼓励自信的家庭里，或者是在没有用崇高理想来鼓励孩子努力的家庭里，男孩们追求成就的需求就更低。

显然，新教改革的关键特点之一就在于它强调了自信的重要性。路德曾着重指出，"每一位信徒都是教士"，他为了让每一个人都能直接走近上帝，了解宗教思想而去翻译《圣经》。加尔文也坚持认为通过生活的理性化，每个人都能实现完美。从其自身的特点来看，宗教改革掀起了新的历史时期。在该时期，父母很早就鼓励孩子要自信，要追求成功。而且，如果父母亲真的这样教育孩子，那么在孩子身上就能培养非常强烈的追求成就需求，甚至他们很可能并非有意如此。而反过来，这种需求也就为资本主义的新精神做出了贡献。

下列假设更是激发了我们的研究。这当然不仅仅是一个值得深入研究的观点，而且还需要许多切实的研究来确定该观点的有效性。我们将相信，马克斯·韦伯所介绍的这些事实很可能只是某个更加普遍之现象的个案：即在这种情况下，与经济发展有关系是追求成就的需要，宗教改革只是间接地和它保持关联。在该情况下，它只是对自己信徒追求成就需求的平均水平产生影响。如果该假设是正确的，那么中上水平的成就需求也同样与古希腊、现代日本或者是被民族学家研究的南太平洋上某个无文字部落的经济发展有关系。换句话说，根据它的普遍性，我们的假设试图从所有的文明中找到经济增长的关键因素之一。为了支持这个相当大胆的普遍假设，我们可以提供哪些证据呢？到目前为止，我们已经搜集了许多资料，它们要比我在这里介绍的多得多。但是，在这篇文章中，我仅在诸多证据中挑选几个非常重要的例子。

首先，我们已经致力于按照历史顺序排列的研究。也就是说，我们必须得找到一种可以衡量其他时期追求成就需求之水平的方法。我们所编码的不是某个人在试验情况下写的短故事，而是充满想象的文学文献：诗歌、戏剧、葬礼祷告、船长们的叙述、史诗，等等。我们首先开始研究的是古希腊，它充分地说明了我们的方法。在我们看来，在类似的主题方面使用一些丰富的文学资料是可行的，而且这些资料分别撰写于三个不同历史时期：经济增长时期（公元前900年至公元前475年，涵盖了荷马和海希奥德时期）；全盛时期（公元前475年至公元前362年）；衰落时期（公元前362年至公元前100年）。因此，在第一个时期里，海希奥德（Hésiode）涉及农业和地产的管理；第二个时期里有色诺芬（Xénophon）；第三个时期里有亚里士多德。在此，全盛时期指的是经济方面，而不是文化意义上的，因为断言与柏拉图或者泰勒斯相比，亚里士多德代表了一种"衰退"，这种观点无疑过于武断。

当所有的文学文献都被编码后，如我们预料的那样，它们表明成就需求的水平在迎来雅典经济发展全盛时期之前的增长阶段里是最高的。换言之，成就需求的最高水平比经济增长的最高点至少要早上一个世纪。另外，成就需求的水平在经济最繁荣的时候已经开始下降，因此也就预示了后来经济的衰退。在研究16世纪西班牙的经济增长或者英国经济增长的两次浪潮时（第一次浪潮是在16世纪末，第二次浪潮是在1800年前后工业革命的开始阶段）都可以通过类似的方法获得相同的结果。在英国，成就需求的水平（以戏剧、船长信札和街头歌谣为研究基础）在1400年至1800年间提高了两次，大致在经济增长之前的一代或者两代人身上（这恰好是在每次新教复苏之时）。……

同样，我们也论证了无文字文明的情况。在耶鲁大学，我们努力搜集关于初民部落的完整资料，而且我们还运用了一种可以进行信息比较的分类系统。通过这些资料，我们获得了我们所需要的、能够证明上述假设的两条标准。在五十多个此类文明中存在大量的民间故事集。柴尔德（Child）和其他学者已经给它们编码，完全就像我们之前通过我们的主题给虚构故事和文学文献编码那样。在我们看来，这些民间故事所包含的虚构成分在确定"深层兴趣"方面发挥着非常重要的功能。同时，我们还在寻找一种能够把这些文明的经济发展程度进行分类的方法。这些方法能够辨明，在民间故事里，拥有较高成就需求的文明发展得会比成就需求较低的文明更好。在十九个表现出较高成就需求的文明中，有74%的文明都拥有依照我们的定义来判定的事业家，而且在二十个成就需求较低的文明中，只有35%的文明才有事业家。从统计数据来看，这个差距非常值得注意（$X2=5.97$，$p<0.02$）。因此，所得到的结果就可以证明上述假设。根据该假设，较高的成就需求能够催生一种形式更加发达的经济行为。

但是，关于现代国家，我们也能对成就需求水平进行评估，并把它和经济发展联系起来吗？很明显，回答这样的问题最为重要，但是能够衡量我们研究中两个变量所遇到的技术难题似乎很难克服。我们可以使用哪种类型的文学文献呢？谁又同时能够代表印度、日本、葡萄牙、德国、美国、意大利等国家民众的动机水平呢？出于许多原因，我们决定使用儿童书籍；在所有的现代国家中，它们具有可比较的形式，因为这些国家都已经引入了阅读教育，而且为了实现这一目标人们出版了专门给孩子使用的小故事书。此外，这些故事都是被想象出来的，而且它们都是被选出来用于小班教学的，因此常常不需要屈从政治的影响（需要指出的是，在阅读方面，苏联小学使用的故事从风格或者是从内容上来看，和西方小学生阅读的故事并无不同）。

因此，我们分别收集了小学一、二、三年级孩子们的阅读教材（1925年和1950年，在所有我们能找到的、由国家出版的教材）。我们集中了大约1300则已经全部被翻译成英语的故事书，它们的分布情况如下：1925年选择了23个国家各自出版的21本故事书，1950年选择了39个国家各自出版的21本故事书。为了避免我们的分析员得知所选故事书的原出版国，我们使用一种专有名称构成的编码。

接下来，我们找到了一种衡量经济发展程度的方法。难点在于要确保正确的比较。为了消除不均匀的情况，我们研究了1925至1950年间以千瓦每小时来计算的居民平均电力生产增长情况。

　　1925年儿童故事书里追求成就的需求水平与1925至1950年间电力生产增长（参照理论上的增长）的相对系数为0.53，从统计的角度来看这是非常重要的。这肯定不是因为偶然因素。而且，和居民平均实际收入增长（参照科林·克拉克用来研究购买力的理论实际收入增长）进行对比的相对系数也非常令人满意。为了让这个结果更有说服力，我们还运用了对1950年儿童书籍中追求成就需求水平的估算（40个国家）；我们参照1952年的水平，计算了1952至1958年间电力生产增长的方程式。值得注意的是，以对数单位表现出来的曲线变成了直线，就如同简单的增长函数经常出现的情况一样。进一步说，我们发现追求成就的需求水平意味深长地（r=0.43）指出了哪些国家比我们依据所有国家平均增长预测而得的情况发展得更快或者更慢。这个结果比之前的还要吸引人，因为许多共产主义国家或不发达国家也都被囊括在样本中。很明显，追求成就的需求既可以预示基于具体企业的西方资本主义国家经济发展，也可以说明由政府主导经济发展之国家的情况。

　　更有意思的是，让经济决定论的支持者了解到，

1950年的追求成就需求水平既与1925年至1950年间的经济增长无关，也与1950年的经济繁荣无关。这会让人承认追求成就需求是一个"诱导"因素，一次人类精神方面的变革。它决定了经济增长，而不是被后者决定。在一个多世纪的时间里，经济决定论控制着西方的思想，如同共产主义思想一样。令人激动的是，我们找到了心理决定机制的具体证明，以及承认了心理变化的价值，它先于而且很可能决定着经济变革。

多亏了我们对儿童故事的研究，已经获得的大量有趣结果成功地让我们相信，我们对分析材料的选择是正确的。而且，成年人通过推荐给孩子们看的故事书来传播自己认为最重要的那些立场、愿望、价值和动机。……让我们试着详细说明，追求成就的更高需求如何促进经济更快速的增长，以及为什么是经济增长而不是其他例如军事或者艺术的发展。我们必须详细研究一种机制，即通过该机制，在国民内部汇聚而成的如此特别的动机指引着一种和经济发展同样复杂的社会现象。而这两种社会现象之间的铰链很明显就是事业家。我并非是在资本主义的意义上使用这个词汇。事实上，我想用这个词来完全消解财产的观念。

事业家是指某个主导生产的人，这种生产确切地说不是用于他的个人消费。因此，根据我的定义，苏联钢铁生产企业的领导也是事业家。

选自麦克莱兰，《追求成就的社会》，范·诺斯特朗出版社，1961年（法文版来自菲利普·贝斯纳尔，《新教与资本主义，后韦伯时期的论战》，巴黎：阿尔芒·科林出版社，1970年）

阶序人与平等人，整体论与个体论

路易·杜蒙

  在二十多年的时间里，我曾致力于把社会人类学的理论运用于研究复杂类型的社会。该社会属于世界伟大的文明之一，即印度社会；或者从其形态的主要特点来看，也可以把它称之为种姓社会。然而，从价值观的角度来看，这个社会似乎与现代类型的社会有着巨大的反差。至少，这就是我在一本书中最终得出的结论。那本书就是《阶序人》，它得出了两点结论：首先，我们在人类这一物种内部发现，人类名副其实的多样性其实是社会的多样性；另外，符合种姓社会的特征是它把服从等级作为最高价值，这与西方现代类型社会中把平均主义作为主要价值之一的情况是相反的。

但是这种等级／平等的对比即便显而易见，也只是事实的一部分。还存在着另一个一开始就隐藏起来、被运用得更加普遍的对比：大部分社会都把秩序放在第一位，因此，每个元素都要适应自己在整体中的角色，简言之，就是社会被视为整体。我把这种价值的总体导向称为"整体论"，这个词语在法语中用得不多，但是在英语中非常流行。其他社会，至少是西方社会，把个人放在第一位：在我们看来，每个人都是作为整体之人的体现，而且正因为如此，他和任何其他人相比都是平等的，而且也是自由的。我把这种情况称之为"个体论"。在整体论概念中，个人的需要被无视了，或者说被视为第二位；正相反，个体论的概念无视或者看低了社会的需要。然而，恰好在所有已知的伟大文明中，整体论类型的社会也占多数。甚至这一切就像是规则，唯一的例外是西方现代文明及其个体论类型的社会。

在整体论／个体论和等级／平等这两组对照之间的关系是怎样的？在逻辑层面上，整体论要求等级，而个体论需要平等。但是，在现实当中，并非所有的整体论社会都同等程度地强调等级，个体论社会和平等之间的关系亦是如此。这是因为一方面个体论不仅要求平等，同样还要求自由，然而平等和自由并非总是相互靠拢，二者的结合随着社会类型的不同而有所差异；另一方面，几乎以相似的方式，等级在大多数时候还与其他要素紧密相连。根据我的分析，印度文化的特点很可能是唯一具有等级和权力彻底分离的现象，也正是因此，印度社会的等级是以自我纯粹、排他的形式毫无混杂地出现的。总之，印度凭借其对等级的强调而体现出整体论社会最极端的模型。同样，在托克维尔看来，与英美相比，大革命时期的法国因特别强调平等而属于个体论社会最极端的案例，哪怕以损害自由为代价。也许，这两种极端所形成的对称让法国研究者尤其对印度的等级感兴趣。

必须注意以下这一点：即这里所涉及的普遍性和总括性的社会价值明显不同于简单地呈现出来的某一社会层级的某个特征或者观念。在广义上，平等与等级一定是通过某种方式与社会体系相联系。比如说，每个身份层级都需要平等，至少是在每种身份地位的内部。因此，在某些限度下，即使与个体论无关，平等也会得到加强。古希腊就是如此。公民是平等的，然而价值观主要还是强调城邦，亚里士多德亦不认为奴隶制与理性相反。很可能在伊斯兰文明中也是一样的情况，如同亚尔曼（Yalman）这位热情的专家兼批评家在谈及中东社会时所确认的那样。

如同上文的定义，个体论具有一两个重要的特征。我们将在下文中具体展开讨论，因此有必要在此提前谈一谈。在大部分社会中，而且首先是在高级文明中，或者如同我常说的那样，在传统社会中，人与人之间的关系更加重要，比人和物的关系更加有价值。这种人际关系至上权在现代类型社会中被推翻了。正相反，在这种社会里，人与人的关系附属于人和物的关系。马克思曾以他的方式指明了这一特征，我们在下文中将会更清楚地了解这一点。与这种至上权的倒置紧密相关，我们在现代社会中发现了新的财富概念。通常，在传统社会中，不动产财富与动产财富被清晰地区分开来。土地财产是一类，可动财产、金钱又是另一类。确实，土地权紧密联系在社会组织当中：即土地的高级权力亦兼有对人的权力。因为这些权力，这种"财富"涉及人与人之间的关系，它们也就内在地高于动产财富，后者只被视为是人和物之间的关系。

在现代人当中，革命也就是在这一点上爆发了：

不动产财富和其所兼有的人际权力之间的关系被打破了。而且动产财富已经变得充分独立，它不仅仅停留在原有的意义上，而且还通常被视为是财富的高级形式，然而不动产财富则变成不怎么完美的低级形式；总而言之，我们已经发现，一种独立而且相对统一的财富类型诞生了。然而，只有从那时起，才能明确区分我们称之为"政治的"和"经济的"两种类型。这种区分在传统社会里闻所未闻。

选自路易·杜蒙，《阶序人：论种姓体系》，伽里玛出版社，1979年（1966年初版），第11—14页

追求自由与热爱平等

亚历西斯·德·托克维尔

　　身份平等所产生的第一个也是最强烈的激情，其实已经不需要我多说，就是对这种平等本身的热爱。因此，在此我就首先来讨论它，大家也不会感到惊讶。

　　每个人都已经注意到，在我们的时代，特别是在法国，这种热爱平等的激情，每天都在人心之中扩大地位。人们已经不厌其烦地说，我们同时代的人对平等的热爱要比对自由的热爱更加强烈和执着。但是，我还没有发现有人充分探讨这一事实的缘由。那么，我将试着谈谈这一点。

　　我们可以想象存在着某个终极点。在这个点上，自由和平等相互接触，相互融合。

我在这里先做一个假设，即所有的公民都参与政府的管理工作，而且人人都有平等的权利去这么做。

没有人和其他人不同，也没有人能要求享有专制权；人们将完全自由，因为人们也将完全平等；而且因为人们都将完全自由，所以人们也将完全平等。民主国家的人民所追求的，就是实现这个理想。

这是平等在人世间可以采用的最好形式；然而，其他的诸多形式虽不完美，但对于民主国家的人民而言也是珍贵的。

平等可以建立在公民社会里，但无法在政治界流行。人们可以有权在社会上享用同样的娱乐，从事同样的职业，在同样的地方聚会。总而言之，他们有权以同样的方式生活和用同样的手段去追求财富，但是却并非人人都能在政府中占有同样的地位。

有一种平等甚至可以在政治界建立起来，尽管那里不存在政治自由。也就是说，除了某个人以外，所有人都是平等的，而那个人则无差别地充当所有人的主人，并在所有的人当中平等地选择他的办事员。

还可以很容易地做另一些假设，例如存在着一种程度极高的平等，它可以很好地和多少有些自由的制度，或者甚至和完全没有自由的制度相结合。

尽管如果人们不是完全自由的话，也就不可能变得绝对平等，而且尽管在平等达到极限时又会与自由相混淆，然而我们还是有理由把两者区分开来。

人对自由的追求和对平等的爱好，实际上是两件不同的事情。我大胆补充一点：在民主国家里，二者之间并不对等。

如果我们愿意关注这一点，我们将会发现任何世纪都存在一个占据支配地位的独特事实，而其他事实则附属于它。这个事实产生了那个时代的基本思潮，或激发随后引起的并且将所有人的感情和观念汇集起来的主要激情。这就像是汇聚两岸小溪的大河。

在诸多不同的时代，自由曾以各种不同的形式，出现在人们的面前。它并非唯独与某种社会情况相联系，我们也会在民主国家之外的地方发现它。因此，自由并不构成民主时代的专属特点。

专属民主时代的特点，并占有支配地位的独特事实是身份的平等。在民主时代里鼓动人心的主要激情，就是对这种平等的热爱。

我们不必询问到底是什么特殊的魅力在促使民主时代的人去平等地生活，也不必询问哪些特殊的原因让他们宁可放弃社会提供的其他财富也要执着地追求平等：平等是他们生活之时代的独有特点。这一点也就足以说明他们喜爱平等更甚于其他一切。

但是，除了这项理由，还有许多其他理由在各个时代让人们往往更喜欢平等而非自由。

即使某一民族有一天能够亲自破坏或者只是在他们内部缩小占支配地位的平等，也得经过长期而艰苦的努力。它得改变自己的社会状态，废除自己的法律，放弃自己的观念，改变自己的习惯，改造自己的风俗。但是，要想抛弃政治自由，只要不实行它就可以了，这样政治自由也就消失了。

因此，人们热爱平等不仅仅是因为他们认为平等可贵，而且还因为他们相信平等应该一直延续下去。

政治自由如果被过分地运用，则可能危害个人的安全、财产和生命，哪怕是能力有限、眼光肤浅的人也会发现这一点。至于平等给我们带来的危险，则只有专注认真、洞察力强的人才能发现，而且通常他们还总是刻意避免指出这种危险。他们知道他们所担心的灾难还在遥远的将来，还自以为这些灾难只会触及以后的几代人，而且同时代的人完全不必担心。然而，自由偶尔造成的灾难，则是直接的。所有人都会看到这些灾难，而且所有人或多或少都会感受到它们。极端平等产生的灾难只会一点点地显示出来，逐渐地渗入社会机体。只有经过很长时间人们才能发现这些灾难，而且在它们变得最厉害的时候，习惯反而已经让人们感受不到它们了。

只有经过很长时间，自由带来的好处才能显现。而且人们总是容易忽视产生这些好处的原因。

平等带来的好处立即就会让人们感受到，而且每天人们都能明白这种好处的来源。

政治自由只能时不时地给某些公民带来极大的快乐。

平等则可以每天向每个人提供大量的小快乐。平等的魅力时时刻刻都能被人感受到，并施及每一个人；最高贵的心灵不能对它毫无感觉，最平庸的灵魂更是把它当作自己的乐事。因此，平等产生的激情既强烈，又普遍。

如果不做出一定的牺牲，人们是无法享受政治自由的；而要获得政治自由，就只能付出巨大的努力。然而，平等带来的快乐会自动产生。私人生活中的每一件小事都能让人感受到这些快乐，而且只要活着就能体会到它们。

在任何时代，民主国家的人民都爱平等。但是在某个时期，他们追求平等的激情可能达到狂热的地步。这往往发生在旧的社会等级制度即将毁灭之时。此时，经过一次内部的决战，人们终于推翻旧制度，而把公民相互隔离开的壁垒也终于被打破。于是，人们争取平等就像争取战利品一样，就像担心被人抢走宝物似地紧抱着平等。追求平等的激情完全进入人心，并在其中扩展和蔓延。这时，不要告诉人们如此盲目地刻意追求平等将会失去最宝贵的权益，因为他们根本听不进去；也别向他们指出如此只顾其他终究会让自由从手中流失，因为他们根本看不到，或者说在世界上他们所能看到的、值得羡慕的财富就只是平等。

上述的一切适用于所有的民主国家。下面我只谈谈我们法国自己。

在大部分的现代国家，尤其是在欧洲大陆的所有国家里，关于自由的追求和观念，只是在身份开始实现平等的时候才开始诞生和发展起来的，而且是作为平等的结果而出现。正是那些专权的君主为拉平自己臣民的等级而付出了最大的努力。在这些国家中，平等在自由之前就已经存在。因此，当自由还很新奇的时候，平等已经是存在很久的事实。当前者刚刚出现、初见天日之时，后者已经创造了属于自己的观念、习惯和法律。因此，当自由还只是人们的想法和爱好时，平等已经深入人们的习惯，控制着风俗，并影响生活中的每个行为细节。因此，如果说我们今天的人更加喜欢平等而非自由，又怎会让人惊讶呢？

我认为，民主国家的人民对自由有一种天生的喜好；如果放任他们，他们就会自己去寻找自由、喜爱自由，如果被剥夺了自由他们就会感到痛苦。但是，他们追求平等的激情更为热烈，难以满足，持久延续，无法遏止。他们希望在自由之中拥有平等，而且，如果不能这样，他们也愿意在奴役之中享有平等。他们可以忍受贫穷、奴役和野蛮，但是他们不能忍受贵族。

在任何时代都是如此，在我们的时代更甚。所有想与这种强大力量对抗的个人和权力，都终究会被它打倒和摧毁。在今天，没有它的支持，自由就不可能得以建立。而且没有它，专制制度本身也无法统治。

选自亚历西斯·德·托克维尔，《论美国的民主》，第二卷，拉封出版社，书籍丛书系列，1986年（1840年初版），第24-33页

禁欲主义与享乐主义

丹尼尔 · 贝尔

资本主义的矛盾与某种裂痕相关，它就是经济领域所要求的标准和组织形式与现代文化领域存在的自我实现规范之间的断裂。这两大领域（在历史上，为了形成独一无二的精神结构即新教精神结构，它们曾相互联合）现在已经分离了。经济领域的原则和文化领域的原则正把人们带向相反的方向。

......

从16世纪起，现代主义就开始在西方文明中传播开来，它的基本观念是：社会的基本单位不再是群体、行会、部落或城市，而是个人。这是西方理想中的独立个体，他拥有自我决定权，获得完全自由。伴随着这类"新人"的诞生，人们开始批判各种机构（这是宗教改革的显著后果之一，这场改革首次把个人意识视为判断之源），开拓地理和社会的新边界。同时人们希望能够掌控自然，完善自我，甚至拒绝寻根，总而言之，就是完全地改变自我。开始变得重要的不再是过去，而是未来。

这就带来了双重的进步。首先，在经济领域里出现了资产阶级企业主。当摆脱了传统世界之束缚即获利的禁锢和封闭的地位之后，他就开始再造经济世界以寻求财富。商品与金钱的自由流通，社会与经济流动性是其理想之一。放任自流变成一种"过度的个人主义"。于是，在文化领域也出现了独立的艺术家。他们摆脱教会和王室的赞助和保护，开始按照自己的意愿创作，而不再是为了赞助者而工作。他的自由归功于市场。伴随着文化的发展，这种追求独立以及要求摆脱庇护人和一切习俗的意愿，都在现代主义当中得以表达，并且走向极端，表现在追求无拘无束之自我的观念当中。

企业家和艺术家双双都被导向了新奇：他们想改变自然，改造意识。

······

从历史角度看，这两种趋势都起源于同一种社会学潮流，即现代主义。它们彻底地改变了西方世界。然而违背常理的是，这两种趋势很快就开始相互提防对方，害怕对方，并且试图摧毁对方。资产阶级企业家在经济上积极进取，在道德与文化方面却变成了保守派。资产阶级经济具有高度的约束性，把自己限定在商品生产上，并表现出一种怀疑甚至害怕自发的、随心所欲的工作态度。在美国清教的极端统治下，人们曾投票制定了惩处任何放纵行为的法律，资产阶级的趣味也热衷于英雄崇拜和平淡无奇。

然而，文化运动（波德莱尔是其中的典型表现）却愤怒地展开了对资产阶级价值的抗争。波德莱尔宣告："那种做一个有用之人的想法对我来说是一件可憎的事情。"功利性、理性主义和物质主义是枯燥无味的。资产阶级瞧不上放纵，而且也没有精神生活。生意世界制造了一种"残忍、无情之规律性"的工业："机械化过程将让我们也变得机械化，进步将使我们萎缩，它将完全摧毁我们的灵魂……"

令人惊讶的是当资产阶级社会把激进的个人主义引入经济领域时，而且当它准备好消除所有传统的社会关系时，它却害怕文化领域中现代个人主义的各种试验。与此相对，从波德莱尔到兰波，再到艾尔弗雷德·杰瑞，这些文化领域的革新者热情地进行着各种尺度的试验，同时又厌恶资产阶级的生活。直到现在也没有人描写该社会学问题的历史，亦没有人解释这一对立。

……

……人们呼吁艺术自主，并形成了以个人经验本身为最高价值的观念。必须探索一切，并且允许所有的试验，即使不在现实当中至少也可以在想象领域。为了让行为合法，历史的钟摆朝着放纵的一端倾斜，而非是尝试约束它。

因此，现代主义就是诱惑者。它的力量来自对自我的狂热崇拜。它的吸引力在于，它认为生活本身就应该是艺术品，而艺术只能在对抗社会的约定俗成中，尤其是对抗资产阶级习俗的过程中得以自我表达。现代主义有时会与政治扯上关系，就像历史上曾经上演的那样，它在现代社会中具有颠覆性，它既表现在右翼人物（如温德姆·刘易斯）的愤怒和暴力中，也表现在左翼人物（如布赖顿和超现实主义者们）的嘲讽里。

今天，现代主义已经筋疲力尽。紧张氛围已经不存在，创造的冲动也失去了它的热情。现代主义变成了一个空花瓶。"文化大众"实现了反叛的制度化。它的试验形式也变成了广告和流行时装的语句与符号。它作为一种文化风格继续存在，并且让文化大众能一边享受更加自由的奢侈生活方式，一边又在动机完全改变的经济体制中拥有舒适的职位。

如果我们考察一下经济运动，我们会发现个人具有双重身份，他同时作为公民和资产者而存在。这种双重身份已经引起了道德的问题。作为公民，他对身处其中的政治制度负有义务。而作为资产者，它又关注自己的私人利益。杰里米·边沁（Jeremy Bentham）不认为共同体构成了一个整体。他认为这是一种虚构的机体。但是在社会决策和所有的个人决定之间毕竟存在着真实的差别。为了降低支出平衡赤字，一个社会可能会决定节约石油，然而某一个体会出于自己的需要去增购油料。同样，可以明确的是，满足一己之需的东西（比如说修建一条高速公路）对于集体来说则可能是一场噩梦。

因此，必须在个人欲望和公共责任之间保持一种平衡。可是，怎样才能保持这种平衡呢?

在资本主义的早期，清教约束和新教伦理扼制了经济的自由运动。当时，人们工作是因为人生来如此，或者是为了履行对群体的义务。然而，破坏新教伦理的不是现代主义，而是资本主义自己。给新教伦理带来最严重伤害的破坏工具是信用制度的发明。从前，为了购买，人必须先存钱。可是，凭借信用卡，人们可以立即满足自己的欲望。生产和大众消费造就了这种制度，新产生的欲望以及满足欲望的新方法也促成了这一点。

新教伦理曾限制个人支出（不是限制资本支出）。当新教伦理被资产阶级社会抛弃之后，剩下的便只有享乐主义了。因此，资本主义制度也就失去了它的先验伦理。有人可能会提出资本主义为自由奠定了基础，也为提高生活水平和消灭贫困奠定了基础。但是，假设这些论据是对的（因为很明显，自由本身对某一社会历史传统的依赖要大于对资本主义制度的依赖；而资本主义带来经济增长的能力在今天甚至也被人们质疑），可是当社会失去了和超验之物之间的纽带，当它的思想、劳动和文化不再具有"高尚的意义"时，整个制度就被动摇了。

享乐主义，以快乐作为生活方式的观念已经成为资本主义的文化正当性（如果不是道德方面的话）。

今天已经占据优势的自由思想把现代主义运动当作文
化理想，它的意识形态主线就是把冲动的追求当作行
为方式。这就是资本主义文化矛盾。也正是这一点导
致了资本主义的双重束缚。

选自丹尼尔·贝尔，《资本主义的文化矛
盾》法文版，法国大学出版社，1979年（1976年初
版），第24-33页

第八章

理论与方法

本章引言

　　本章以黑格尔的文章开篇。该文提醒社会学初学者要警惕错误的抽象，这个大危险潜伏在每个社会研究者身旁。错误的抽象会把个人简化为抽象的特征，从而不可避免地导致一种极端思想（选文1）。

　　19世纪，社会学逐渐从哲学中独立出来。它得为自己在社会科学内部开辟一条道路，而社会科学中的某些学科，尤其是经济学和历史学，已经获得了至高的地位。经济学声称要通过经济人精打细算的行为演绎出一套法则系统，而历史学认为只存在独特事件。与这两个学科不同，涂尔干的追随者赋予新生的社会学一个特殊使命，即通过比较的方法去研究社会的规律性（选文2）。

　　通过优先理解社会行为的诸多意义，马克斯·韦伯创建了另一种社会学传统。在经济学和历史学前景的交叉口，他建立了理想类型，并以此来和经验现实相对照（选文3）。通过深入研究普遍常识和科学阐释之间的关系，阿尔弗雷德·舒茨探索了日常生活参与者实践的标准化和社会学家建立的理想类型之间形成的复杂关系（选文4）。

　　同样，在与马克斯·韦伯相近的视角上，诞生了两种当代社会学思潮，一种是20世纪30年代形成于美国的符号互动论，另一种是今天法国社会学最重要的代表人物雷蒙·布东提出的个体主义方法论。从1937年开始，赫伯特·布鲁默就缔造了符号互动论的概念，其研究项目专注于分析互动的过程。他认为个体就是通过互动的过程来演绎和互相调节着自己的行为，并以此形成社会（选文5）。通过批判那些以社会结构或价值内化之约束来了解参与者行为的社会学解释，雷蒙·布东提出了参与者的理性，并把它的定义延伸为参与者行动或相信某事时拥有的"好理由"（选文6）。

　　罗伯特·莫顿则希望社会学家能表现得谦虚一些。与他的老师帕森斯相反，他认为社会学还没有成熟到足以产生普遍理论。如果缺乏足够的经验数据以支持普遍理论的有效性，后者可能有完全脱离实际的危险。他也同样批判那种没有严谨概念、不断复制的经验研究倾向。对于这位哥伦比亚大学的大师而言，社会学要想发展就必须满足下列条件，即发展"范围适中"的理论，它们可以在目标明确的研究领域提供严格定义的概念，并且能够让田野研究更加丰富（选文7）。他的同事兼学术伙伴保罗·拉扎斯菲尔德提倡对行为进行经验分析，并致力于让社会学考察中所使用的概念更有操作性。他把这些概念依照各自不同的维度分解开，以便给每个概念确定一些可以衡量的指数（选文8）。

最后，雷蒙·阿隆质疑了社会学家及其所研究社会之间的复杂关系。无论是否愿意，每位社会科学研究者都无法阻止自己的研究对社会生活产生影响，他得冒着被指责为支持革命或者支持社会保守主义的危险。因此，社会学家不应该试图保持无法实现的中立性，而应该有意识地承担起引导自己研究选择的先决条件，以及确保这些条件与科学的要求相兼容（选文9）。

作为对雷蒙·阿隆的回应，托尼·布莱尔的顾问兼社会学家安东尼·吉登斯把镜子的游戏称为社会科学的"自反性"，这种镜子游戏建立在社会科学和个体对所属社会的意识之间，反之亦然。他总结道，更好地了解社会可能并不能促使人们更好地掌控现代社会（选文10）。

谁在抽象地思考

格奥尔格·威廉·弗里德里希·黑格尔

思考？以抽象的方式思考？Rette sich， wer kann！各自逃命吧！我已经听见被敌人收买的叛徒如此大声高喊，这个敌人之所以诽谤这篇随笔是因为它将涉及形而上学的问题。因为，每个人面对"形而上学"（就像"抽象"，甚至像"思考"一样）这个词的时候，就会或多或少像面对鼠疫病人一样，赶紧夺路而逃。

但是，我们还是不要在此自讨没趣地解释思考是什么，抽象又是什么。在上流社会里，没有什么比解释更加令人难以忍受。对我而言，听见某人夸夸其谈地解释真的让我非常痛苦，因为如果有必要我会自己去弄明白一切。无论如何，解释思考是什么以及抽象是什么在这里似乎完全多余；确切地说，正是因为上流社会完全知道抽象是什么，才会逃离它的视野。正如我们不渴望我们不认识的事物一样，我们也就无法讨厌它。我们不打算通过让思考和抽象偷偷地以轻松对话的方式进入上流社会，以此来让它们重归于好，从而让思考和抽象悄悄地、隐姓埋名地溜进上流社会，并且避免激起人们的厌恶。而且，上流社会的圈子本身也通过难以察觉的方式把它们吸引过来，或者如同施瓦本人所说的，在没有觉察的情况下把它们"关"起来。关于这一点，该复杂剧情的作者要当着大伙的面揭开这位奇怪宾客的身份，然而大伙已经以另一种身份标签的方式认识他，并把他当作老相识。诸多重归于好的相同场景以违反其意愿的方式建立了这个社会，它们有一个不可原谅的缺点，即让自己卑躬屈膝。与此同时，操控这一切的人却在试图为自己寻求小小的声望。卑躬屈膝和沽名钓誉都破坏了教训的效果，因此其代价也就变得无法接受。

　　另外，这种打算可能已经提前受到损害。因为把它付诸实践要求我们不能一开始就清楚地提出这个谜一般的词汇。然而，在标题里，我们却已经这样做了：假如这篇随笔要借助某种欺骗手段，这个被讨论的词汇就本不应该从第一幕就进入舞台，而是应该如同喜剧里的大臣一样，在整部剧中都裹着大礼服表演，只有在最后一幕才脱掉它，让智慧之星光彩夺目地出现。而且，在解开大衣纽扣之时，剧中形而上的东西甚至表现得不如这个大臣巧妙：启示性的话三言两语就总结完了，这场闹剧里最搞笑的事情可能就是大伙似乎早已掌握这个东西。它最后也就只是个名字而已，于是大臣那颗智慧之星也就意味着某个更加实际的东西，即一袋金钱。

思考是什么，抽象是什么，我们假设上流社会所有的人都知道它，而且我们也身处这个上流社会之中。那么，留下来的唯一问题就是：那个抽象思考的人是谁？我们绝不打算（我们还记得）让上流社会迁就这些事情，我们不会要求它从事某件难办的事情，我们也不愿意对它说教，即向它解释它的轻浮会忽视某种与理性之人的等级和地位相符合的东西。我们宁愿让上流社会迁就它自己，如果（不顾虑上述忽视的问题）它在面对抽象思考时（内在地）感受到对某种崇高事物的尊重，如果它转移自己的目光不是因为对于它来说这种事物过于微不足道，而是因为该事物过于卓越；或者正相反，因为它形成了一个种类因为它看上去是一种特别的东西。这种东西不会如新衣服一样让您在社会中突显出来，而是把您排除出这个社会或者让您变得可笑，如同破衣服或者是过于奢华、上面布满古式珠宝的衣服，亦或者是绣工复杂但已过时的衣服……

谁在抽象地思维？是没有教养的人，而不是有教养的人。如果上流社会没有抽象思维，是因为这过于简单，或者过于粗俗（但是，不是指社会条件方面的粗俗）；这并非因为它被徒劳无益地指派去做超出它能力的事，而是因为这件事内在的低俗性。

偏见以及对抽象思考的尊重是如此大，以致那些鼻子灵敏之人会从中嗅到一种讽刺，或者某种奚落。当他们读《早报》时，他们就知道有一笔奖金是提供给讽刺的，而且知道我想赢得这笔奖金并因此参加竞赛，而并非只是在这里把我的商品陈列出来。

为了证明我的命题，我只需要举几个例子就可以。每个人都会承认这些例子将证实该命题。先说一个杀人犯被押往刑场的例子。对于普通人来说，他不过是个杀人犯。一些女士也许会评论道，他的身体强壮，外表英俊，风趣十足。那个普通人却认为这种说法骇人听闻：什么？杀人犯英俊？怎么能想入非非，说杀人犯英俊呢？你们大概比杀人犯也好不到哪里去！这是上流人士道德沦丧的表现！了解事物和人心本质的神父也许会加上这一句。

研究人类的专家将会考察这个人变成罪犯的过程，他会在这个人的生活和教育经历中，发现他父母之间的关系紧张，发现他曾经因为轻微过失而受到严厉惩罚，于是对社会秩序愤愤不平，接着还发现他刚刚违反这个秩序，便被社会排斥，以致没有其他可能性，只能靠犯罪过活。也许有些人听了这番话会说：他是想替杀人犯辩护吧！我还记得年轻时候曾听人说过，一位市长抱怨作家把事情弄得太远了，竟然想找基督教和淳厚风俗的麻烦：作家甚至写小说为自杀行为辩护，可怕，真是太可怕了！经过进一步询问，原来他借此想说的是《少年维特之烦恼》。

这就是我们称为抽象思考之处：在杀人犯身上，除了他是杀人犯这一抽象品质外，再也没有任何别的东西，而且拿这个简单品质抹杀了他所有其他人性。

再举一个更为高雅和更加感性之世界的例子，如同我们在莱比锡所见。那里的人在车轮周围装饰上鲜花，然后就把犯人绑在这个车轮上，周边布满鲜花。这又是一种抽象，然而是一种相反的抽象。基督教徒会用玫瑰十字架，或者确切地说，用十字架加上玫瑰花，即用玫瑰花把十字架围起来。十字架是一种很早就成为圣物的绞架、车轮。它已经失去单方的意义，不再只是那种使人名誉扫地的刑具，相反，它把极大的痛苦和极深的耻辱同极大的幸福和上帝的荣誉结合在一起。莱比锡那个缠着紫罗兰和月季花的十字架，是柯策布（Kotzebue）式的调和手段，是敏感与罪恶之间一种粗鲁的和解。

我曾听说养老院老太婆这样的普通妇女用另一种办法消除了"杀人犯"这个抽象，让他恢复了名誉。断头台上有个被砍下来的人头，阳光照耀在上面。这位老太婆说道："这多么漂亮啊！上帝太阳般的仁慈照耀着宾德尔的头呢！""你不配让阳光照耀着！"——人们对罪犯说，因为他们对他非常气愤。这位老妇人看到杀人犯的人头被太阳照耀着，因此觉得，这是应该的。她把杀人犯从断头台过渡到上帝太阳般的仁慈，从而达到和解的目的，但不是借助紫罗兰，也不是出于她徒劳的多愁善感，而是由于她在太阳的伟大光辉下看到他得到了上帝的恩惠。

　　"老太太，你的鸡蛋已经坏了！"一位女顾客对上了年纪的女商贩说。这个女商贩反驳道："什么，我的鸡蛋坏掉了？我看你才坏掉了呢！你敢这样说我的鸡蛋？你！你爸爸没有在大路上给虱子吞掉？你妈妈没有跟法国人跑掉？你奶奶没有在医院里死掉吗？那你就该为你花里胡哨的围巾买件合身的衬衫呀。谁不知道，你的围巾和帽子是从哪里来的；要是没有那些军官，你们这些人才不会打扮成现在这个样子；要是太太们多管管家务，你们这些人都该被关起来——还是补补你自己袜子上的窟窿吧。——总而言之，她把那个女顾客骂得五体投地。她这就是在抽象地思维，仅仅因为女顾客发现她的鸡蛋坏掉，惹怒了她，于是就让女顾客淹没在一片数落声中——从围脖儿、帽子到衬衫，等等，从头到脚，还连带上爸爸和所有其他亲人，等等，她的一切都具有了那些坏鸡蛋的色彩；可是，女商贩谈到的那些军官（如果他们当真和这件事有什么关系，尽管这一点大可怀疑）说不定在她身上发现的东西完全不同。

　　现在让我们从女仆转到男仆。在为地位低、收入少的人服务时，仆人的境遇比在任何地方都更糟糕；相反，主人越是高贵，仆人的境遇就越好。在这方面，一般人又会有更加抽象的思维了，他对仆人摆架子，把他只当作仆人看待；他只知道"仆人"这个唯一的称呼。然而，在法国，仆人的待遇最好。贵族对仆人都很随和，法国人甚至和仆人交朋友；主仆二人在一起时，仆人甚至可以高谈阔论。狄德罗《雅克和他的主人》一书中便是如此，主人除了嗅嗅鼻烟，看看表，别的什么也不管，全部交给仆人打理。这位贵族知道，仆人不仅仅是仆人，他还了解城里各种新闻，认识许多姑娘，脑袋里点子很多；他还得向仆人打听这些，而仆人会把打听到的一切告诉主人。在法国主人那里，仆人不仅有这样的自由，他甚至敢于主动提出话题，表明情感，并为之辩护。如果主人要让仆人干点什么，不能采用命令的方式，他得首先说明理由，引导仆人的理智，好好说话让后者心甘情愿。

在军队生活中，我们也能发现同样的差别。在奥地利，决定要教训一个士兵，那么，这个士兵就一定是个恶徒。因为，谁有挨打的消极权利谁就是恶徒。在军官眼里，士兵只是一个应该挨打的抽象主体，但是穿着军服、配着军刀的老爷又不得不管着他们——这就相当于让他被迫向魔鬼妥协。

格奥尔格·威廉·弗里德里希·黑格尔

选自格奥尔格·威廉·弗里德里希·黑格尔，《谁在抽象地思考？》（由埃里克·德·丹皮埃尔译成法文），法国水星出版社，1963年，第746-751页

社会学与社会科学

保罗·福科奈，马塞尔·莫斯

在演变成所谓的社会学之前，历史哲学曾经具有社会学思辨的形式。也就是说，社会学是在历史哲学当中诞生的。孔德（Comte）是孔多塞（Condorcet）的直接继承者，而且他自己也建立了一套历史哲学，而并非做出了一些社会学发现。哲学解释的特点就在于，它认为通常情况下人的本质预先让人乃至人类习惯于某种特定的发展，而且通过概括历史事实以试图找到该发展的全部方向。因此，根据其原则和方法，人们可以为了把握一些最普遍的特点而忽视细节。这种历史哲学的研究并非试图解释为什么在某类社会中、在它们的某个发展时期，会出现这样或那样的制度。其所探寻的只是人类发展的目标是什么，以及为了实现这个目标哪些阶段被认为是必需的。

证明上述解释的不足之处并没有什么实际用处。它不仅武断地把历史事实的主要部分抛在一边，而且还因为今天不再可能证明人类将沿着唯一的道路和方向发展，于是让所有这些体系都因此失去基础。但是，我们今天仍然发现某些社会学学说中的解释与前人的解释相差并不大，可能除了在表面上有些不同之外。它们借口社会只能是由个体组成的，认为我们将只能在个体的本质中去寻找解释社会行为的决定性因素。例如，斯宾塞（Spencer）和塔尔德（Tarde）就用的是这种方式。斯宾塞几乎把他《社会学》一书的整个第一卷都用于研究原始人的身体、情感和文化；通过这种原始本质的一些特性，他解释了在最古老或者最野蛮的族群中所观察到的社会制度；根据普遍的"进化法则"，这些制度后来在历史中也发生了变化。塔尔德则是在"模仿法则"中发现了社会学的最高原则：社会现象通常是一些有用的行为方式，它们由某些人创造出来，然后被其他人所模仿。在属于社会学或者本应属于社会学的某些专门研究中，我们也发现了相同的解释方法。例如，古典经济学家在"经济人"

个体的本性中发现了足以解释所有经济事实的原则：人总是以最小的代价寻求最大的利益，经济关系也一定如此。同样，自然法的理论家寻求人类本性的法律和道德特征，而且，在他们看来，法律制度是为了满足这一严格本性所做出的或完美或不完美的尝试。人一点点地开始意识到自我，实在法近似地实现了他自身所拥有的权利。

这些方法的不足之处很明显是在人们承认存在着社会事实、社会实存之后才出现的，也就是说，是在人们发现了社会学自己的研究对象之后才出现的。如果社会现象的确是作为群体的群体生活之表现的话，它们就太过于复杂，以致关于人之普遍本性的诸多思考就无法了解它们。

由于历史学家受到自己研究条件本身的限制而特别专注于某个特定的社会和时代，而且他非常了解这个社会和时代的精神、语言以及特征，所以在这些事实中，他很自然地倾向于发现那些让事实相互不同的事物，那些在每个独立个案中赋予这些事实某种专门面貌的东西，总而言之，就是那些让事实无从比较的事物。由于他研究了这些民族的历史，并试图探寻这些民族的思想，所以他自然会倾向于以不聪明、无能力等罪名指责所有和他一样并未在这些民族内部生活过的那些人。于是，他也就倾向于不相信任何的比较，不相信任何的普遍化。他之所以研究一个制度，是因为该制度那些最独特的特点吸引了他的注意力。这些特点来自于该制度独有的环境，而且它也正是在这些环境中产生和变化。历史学家认为，制度与环境不可分离。例如，父系家庭基本上就是古罗马的一项制度，封建制也是专属于西方中世纪社会的一项制度等。根据这样的观点，这些制度就只能被视为一些偶然性与地方性相结合的产物，它们也同样取决于一些具有偶然性和地方性的条件。哲学家和心理学家为我们提供了所谓适用于所有人的理论，然而历史学家认为可能的唯一解释却只能运用于某个处于特定发展阶段的特定社会。他们不承认存在着能够让研究有效进行的、而且在所有地方都能适用的普遍因素。他们认为自己的任务就是把一些独特的事件和另一些独特的事件串联起来。事实上，他们认为在这些事实中，存在着无限的多样性和偶然性。

首先，必须提倡鼓励比较方法的教学，以此来避免对社会事实进行狭隘的历史解释。从现在起，宗教、法律和习俗相比较的历史已经揭示，在完全不同的民族中也存在着一些不容置疑的相同制度。很难想象人们可以用其他社会对某个社会的模仿来解释这些相同点。但是，也不可能把它们视为偶然。很明显，相似的制度不可能在某个野蛮部落中有着一类地方性的和偶然性的因素，而在某个文明社会中又有着另一类地方性的和偶然性的因素。其次，所涉及的制度不仅是某些人声称在相同环境中自然地被发明出来的、非常普遍的实践；也不仅是一些重要的神话（如洪水神话）、仪式（如祭祀仪式）、家庭组织（如母系家庭）、法律审判（如以血还血）等；还有相当复杂的传说、迷信、非常特别的习俗，和苦娃达或娶寡嫂等现象同样奇特的实践活动等。一旦我们注意到这些相似性，就很难接受用某个社会和时代的某些特殊原因去解释类似的现象了；思想也就拒绝把规律性和相似性的事物视为偶然。

因此，通过良好地观察某些事实（为了某个明确的问题而观察），我们就可以创造性地提出一些假设，并且论证它们。当然，这些假设并非一定都得正确，它们中相当大一部分即使在我们今天看来显而易见，在将来的某一天也有可能被推翻。但是，即使这些假设并非绝对真理，它们也具有科学推论的所有特征。首先，它们的确是阐释性的；它们解释了事物的原因和路径。例如，我们并非依照传统的"立法者意志"或者依照那些理性地创造该制度之人类本性的普遍"道德"，把一项法律规则解释为民事责任规则。我们是依照责任体系的整体演变来解释它。其次，这些假设还具有一种必要性，以及由此而来的普遍性。这种普遍性是有条理的归纳，甚至它也许在某些情况下还具有精确性。例如，我们几乎可以提出以下规律，即在世界性宗教的发展过程中，仪式性实践倾向于变得稀有化和精神化。再次，在我们看来，最重要的一点是这些假设完全都是可批判的，也是可检验的。我们要远离那些不可触摸的琐碎事实和那些虚幻的观点及词藻，大众往往把这些视为社会学的内容。但是，这些既没有明确的观点，也没有理性的系统，更没有严密的社会事实研究。假设成为一个精确讨论的要素，我们可以质疑和修正所用方法、初始定义、援引之事以及比较类比。对于科学来说，只有这样才可能取得进步。

选自保罗·福科奈、马塞尔·莫斯，《社会学》，《法国大百科全书》第30卷，1901年

理想类型的构建

马克斯·韦伯

　　经济学的抽象理论刚好为我们提供了通常被称为历史现象"理念"之综合的一个案例。的确，它为我们提供了诸多事件的理想图像。这些事件发生在商品市场中，发生在依据交换、自由竞争和合理行动原则组织起来的社会状况中。这种思想图像将历史生活某些确定事件和关系汇聚到一个非矛盾的世界中，而且这个世界是由想象出来的各种联系组成。在内容上，这一构想具有乌托邦的性质，而且这种乌托邦是通过思想强调现实的某些特定因素而获得的。它与经验意义上给定的事实之间的关系仅仅在于：凡由上述结构抽象地呈现出的那种关系，也就是依赖于"市场"的各种事件被发现或被猜想到实际上在某种程度发挥作用的地方，我们就能够以直观易懂的方式，根据理想类型实际地说明这些关系的特征。这种可能的做法对于研究和陈述事实来说都是珍贵的，甚至是不可或缺的。至于研究方面，理想类型的概念将形成一种归因判断：即它自身不是一种"假设"，但是它试图引导假设构成的方向。它不是现实的某种描述，但是它将赋予这种描述一些明确的表达方式。因此，它也是历史意义上给定的现代社会交换经济组织的"观念"，对于我们而言，建立这个观念所使用的逻辑原则与人们以"发生学"概念建构中世纪城市经济学观念所使用的逻辑原则完全一样。在后面这个案例中，人们所构造的"城市经济"概念不是整个被观察城市中事实存在的经济原则之平均状况，而是形成一种理想类型。人们获得这种理想类型，要么是通过片面地强调一种或几种观点，要么是把一种混乱分散、时多时少、甚至有些地方根本不存在的个别现象组合在同质化的思想图像之中，而且这些个别现象从属于那些被片面地强调的观点。这一概念的纯粹性导致这种思想图像不可能经验地存在于任何现实当中。它是乌托邦，而历史研究的任务就在于在每个特定情况下确定现实接近或远离这种思想图像的程度。如果举例说明的话，就是在概念意义上，某一城市的经济条件在多大程度上应该被归类为"城市经济的"特点。如果运用得当，这个概念就有利于我们的研究和阐述。

为了分析另一个案例，人们完全可以用同样的手法以乌托邦的形式来描绘"手工业"的"观念"，而所用的方式正是把乱七八糟地存在于不同时代和国家手工业者身上被片面地强调的某些特点，结合在一个不会自相矛盾的理想图像中，并且把它们与表达理想图像的思想程式联系起来。另外，人们可以试图描述这样一个社会，在其中所有的经济活动部门乃至精神活动部门都受到某些准则的支配。这些准则也就是把"手工业"的特征拔高为理想类型的同一原则的运用。为了与手工业的理想类型进行对比，人们还可以尝试提出一个从现代大工业的某些特征中抽象出来、与资本主义生产体系相对应的理想类型。同时，在此基础上尝试描绘"资本主义"文明的乌托邦，也就是说受私人资本投资利润控制的文明之乌托邦。它致力于强调现代物质和精神文化生活中分散地存在的一些个别特征，并把它们汇集在从我们的研究效果来看并无矛盾的理想图像之中。于是，这种图像就是描绘资本主义文明之"理念"，我们在这里暂且不必追问它是否能够成功以及怎样才能取得成功。现在很可能，或者说必须认定的情况是，绘制诸多的而且的确数目众多的此类乌托邦是可能的，而且其中任何一个都与其他的乌托邦不同，任何一个都不能真正地在经验现实中以社会真实有效之秩序被观察到。然而，其中每个乌托邦都声称自己描绘出了资本主义文明之"理念"。而且，即使如此，也只是局限于它们已经从现实那里获得了某些富有意义的特征，然后把它们汇集在一个同质性的理想图像之中。的确，作为文化表现而让我们感兴趣的现象，通常是由于我们将其联系到特别多样之价值观念时才获得了它们的利益——即它们的文化指称意义。同样，也就存在着非常多样的观点。依照这些观点，我们可以把这些现象视为是指称性的，我们同样也可以借助于最为多样化的原则去选择那些能够适用于一种既定文化理想类型的关系。

现在，这些理想类型的概念对于我们尝试实践的经验科学到底有什么意义呢？首先我们想强调，必须把有关应当存在或者"模式"的概念与我们在这里所讨论的纯粹逻辑意义上"理想的"思想图像严格地区别开来。因此，这里所涉及的只是建构关系的问题，这些关系在我们的想象看来是有充分理由的，因此也就是"客观可能的"，是符合我们的"规律学"知识的。

谁相信认识历史实存应该或者可能是对"客观"事实的"无前提条件的"复制，谁就将否认这些构建过程的任何价值。而且甚至有些人已经认识到在现实层面不存在逻辑意义上的"无前提"，即使最简单的文件和文献摘要，也只有在参考其"指称意义"，因而归根结底参考其"价值观念"时，才能具备某种科学意义，然而他们却仍然倾向于把无论哪种类型的历史"乌托邦"之构建看成是一种可能给科学研究客观性带来危害的阐释手段，而且更多的时候把它视为一种简单的游戏。然而，事实上，我们从来都不能先验地决定，这究竟是一种纯粹的思想游戏还是对科学而言意义丰富的概念构成。这里也只存在一个有效的标准：即从文化具体现象之间的关系，从它们原因的局限性和它们的指称意义去认识。因此，抽象的理想类型不是作为目的，而是作为认识方法去建构的。任何对历史描述之概念要素的仔细审查都可以指明：一旦历史学家试图超越对具体关系的简单察觉，从而确定一个无论多么简单的单独事件之文化指称意义并进一

步描述其特征时，他就使用并且必须使用通常只是以
理想类型的形式才能严格地和单义地确定的概念。

选自马克斯·韦伯，《论科学的理论》（法文
版），普隆出版社，1965年，第170-175页

自然的科学与社会的科学

阿尔弗雷德·舒茨

　　在研究对象或者认知推理的体系方面，社会科学与自然科学之间存在着根本性的差异。这取决于自然科学领域的研究人员，并且由他根据专业的程序规则来确定自己的观察领域，以及在该领域中确定与研究问题或科学目标相关的事实、数据和事件。这些事实和事件都并非预选，观察领域也不能预先得以阐释。自然的世界正如自然科学研究者所探索的那样，无论是什么最终都意味着分子、原子和电子等。但是，社会科学研究者的观察领域（社会现实）对于人类而言具有独特意义和相关结构，而且人类也是在这个观察领域之内行动和思考。他们通过建构一系列常识来预选和预先阐释这个世界，而且他们把这个世界作为日常生活现实来检验。他们自己的思考对象通过论证的方式确定了他们的行为。为了了解社会现实，社会科学研究者建构的思考对象应该基于人们在社会世界里日常生活常识所形成的思考对象之上。这样，我们可以说社会科学的建构是二次建构，也就是说是根据社会舞台上演员们之建构而形成的再建构，而研究者正是观察这种社会舞台上的行为，并依据其专业的程序规则来解释它。

从此，社会科学首要的方法论任务就是去探寻一些普遍原理，人类正是依据这些原则来组织他们日常生活的经验，尤其是社会世界中的经验。在此，我们并不展开运用现象学分析的程序去讨论我们称之为自然态度的事物。我们只是简要地涉及几个相关的问题。

如同胡塞尔所指出的那样，世界一开始是根据典型性的模式，在日常生活中被前科学思想所检验的。独一无二的客体和表面独一无二的事件在典型的和预知的日常维度里也是唯一的。例如，它们可以是一些山、树、动物、狗，再具体一点可以是爱尔兰猎犬以及那条属于我的爱尔兰猎犬（我给它取名为罗孚）。我可以把罗孚视为是一个独一无二的个体，我的朋友，我每天的伙伴，也可以仅仅把它视为是"爱尔兰猎犬""狗""哺乳动物""动物""机制"或者"外在世界的客体"的典型案例。无论我选择哪一种视角，都取决于我当下的兴趣和相关的系统，简而言之就是取决于"我所处理的问题"，无论是理论上还是实践上。如果我把接下来发生的事件或客体视为唯一的个体或者视为是某一类型的代表，其特征或者品质也是一样的。这个"我所处理的问题"扎根于我在日常生活中任何时候（我打算把它称之为"确定的生平处境"）所处的环境。如此，类型化过程就取决于所处理的问题，而类型也已经按照该问题的定义和解决方法被建立起来。接下来，我们将指出，由生活经历和处境所决定的兴趣点和相关系统中至少有一个方面是作为行为的动机、拟做出的选择、拟实现的计划和拟期待的目标等系统在日常生活的思考中被主观地体验的。行动者正是在这种情况中才把行为动机和目标关联起来，而且当谈论起行动者给自己行为"赋予"或者"联系"的主观意义时，社会科学研究者所想到的也正是行动者生活经历中的处境。这就意味着，严格意义上说，行动者而且也只有行动者才知道自己在做什么，为何而做，以及自己的行为在何时何地开始和结束。

但是，日常生活世界一开始也是一个文化世界。在这个文化世界中，我和或认识或不认识的同类维系着许多关系。直到足以了解诸多具体目标，同时知晓源于生活环境的动机、目标、选择和计划时，我才能理解他们的行为。但是，只有在某些特殊环境中，甚至只有通过碎片化的方式我才能体验到他者的动机和目标——简言之就是他在行为的唯一性中赋予行为的主观意义。然而，我可以通过行为的类型性去体验它们。为了实现这一点，我建立了行动者动机、目标甚至态度和个性的典型模式，他们当下的行为只是这些典型模式的体现或者个案。他者行为的典型化模式成为我本人行为的动机，而且这最终走向社会科学研究者众所周知、名目众多的自我典型化现象。……

接下来，我们得思考，对日常生活的普遍认识在许多方面从一开始就被社会化了。

第一，既然它是建立在基本的理想化过程之上的，那么它就在自己的结构中被社会化。这种基本的理想化过程是指如果我将自己置于同类的位置上，我就能体验到类似于他的世界，我们各自的生平环境对于我们所涉及的实际目标而言也就不适当。我建议把这个情况称为"相互视角的理想化过程"。

第二，因为我们大部分认识及其内容和形成该认识的典型化独特形式都来自社会，而且处于社会化认可的关系中，所以它在自身起源中就被社会化了。

第三，在认识的社会分配意义上，它也被社会化了。每个个体只能认识世界的一部分。而且由于个体不同，就辨析、清晰、熟悉和信赖等程度而言，对该部分的认识也不尽相同。

这些日常认识的社会化原则，尤其是认识的社会分配原则至少在一定程度上解释了当社会科学研究者谈及人类事件的功能性和结构性研究方法时脑袋里所想的内容。功能主义的概念——至少在现代社会科学领域——并不是来自如纳热尔（Nagel）所主张的某个机体运作功能的生物学概念。它指的是典型的个性、态度、目标和动机之模式在社会分配意义上的建构，这些建构被视为不变量，而且被解释为社会系统自身的结构或者功能。这些嵌在其中的行为模式越是标准化和制度化，也就是说它们的典型性越是被法律、民俗、风俗和习惯所认可，对于科学思考和日常思考中人类行为的解释纲要而言，它们也就越有用。

通过对日常生活跨主体世界普遍经验中所涉及的重要建构进行粗略地概括，我们可以得出以上这些主要特点。这些重要建构又被称为"理解"。正如我们之前的解释，第一层建构是存在的，而且社会科学的第二层建构应建立在第一层建构之上。但是，这里出现了一个重要问题。一方面，我们已经指出第一层建构，即常识的建构，指的是一些主观要素，尤其是行动者本人对自我行为的理解。因此，如果社会科学的目标是致力于解释社会现实，那么第二层科学建构就得自己去了解对于行动者而言行为所具有的主观意义。我认为，这就是马克斯·韦伯在其著名的主观阐释公设中所指的意义。事实上，在社会科学理论的形成过程中，该公设一直以来都受到人们关注。人们应该在下列意义中去理解主观阐释公设，即所有有关社会世界的科学解释可以，而且在某些情况下也必须参照人类行为的主观意义，因为社会现实就扎根于人类之中。

选自阿尔弗雷德·舒茨，《研究者和日常生活》法文版，科林克谢克出版社，1987年（法文译自1954年英文版），第78—83页

什么是符号互动理论

赫伯特·布鲁默

符号互动理论具有以下三个简单的原则：

一、人们是依据自己对事物所持有的形象来行动的：物质对象，例如树或者椅子；其他人，例如一位母亲或者售货员；人的类别，例如朋友或者敌人；机构，例如学校或者政府；理念，例如独立或者诚实；其他人的活动、欲望和命令；最后是自己所处的处境。

二、通过和他者互动，这些事物产生了意义。

三、这些意义是通过参与者的阐释来得以掌控和调整。

没有人能够质疑以上三个原则，而且它们还可以归纳成一条：人们在面对事物时依据它们带来的象征意义而行动。然而，这条明显的公理似乎被所有当代社会科学所忽视。学者们要么认为这种象征显而易见，因此没有必要分析；要么这种象征被当成支配人类行为要素之间的中性关联，于是人们就只是对这些要素感兴趣。例如，心理学家讨论的是刺激、态度、有意识或无意识的动机、感知或认知，以及个人特征等。同样，社会学家谈论的是社会地位、身份、角色、文化感知、准则与价值、社会压力、群体关系等。由此我们可以明白，这些分析并没有考虑事物对于参与者而言的象征意义；人们只是满足于关注源自象征的因素和行为，最多只是把象征当作一个因素或者一种中性关联来对待，这其实也是一种无视。

正相反，符号互动理论认为事物的象征意义最为基本，它有两个源头。有人认为象征意义内在于事物本身，也就构成了事物的本质。例如，椅子的象征意义是椅子，奶牛是奶牛，云是云，叛乱是叛乱，等等。象征意义源自于事物，并足以让它能够被辨识出来。与此相反，也有人认为可以把象征意义视为是人赋予事物的心理补充，其构成要素有感觉、情感、观念、记忆、动机和态度。事物的象征意义是诸多心理要素的表达，对事物的感知把它们都调动起来。这是心理学家分析对象意义所惯用的手法，即识别那些进入其感知的感觉；社会学家的套路是根据观察事物之人的态度去给该事物定性，例如研究对卖淫的态度。……

符号互动理论与这些观察的方法都不同，它并不认为象征意义源自于事物本身，也不认为它是观察事物之人的个人心理聚合。正相反，它把意义视为是诸多个体互动的结果。一个事物的意义是通过个体眼中其他人对于该事物的行为方式而产生的。其他人的行为也就催生了某个人对某个事物的定义。如此，象征意义就被当作"社会产物"来分析，也就被视为社会互动行为的创造物。

当然，事物的象征意义是在社会互动的过程中形成，因此，认为人们只是把这种象征当作工具来使用的看法也就错了。不幸的是，这种错误也逐渐渗透到被视为是互动论者的诸多学者之研究当中。他们没有看到某个人对象征的使用带来了一个阐释过程。和那些把象征意义视为是对象之特征的人，以及那些认为表现是心理因素之产物的人一样，他们也陷入相同的分析困境中。所有上述三类学者在参与者对象征的使用上都只看到了长期以来系统化的象征意义。他们都没有明白，象征意义的使用是通过阐释过程来显现的，该过程分为两个阶段。首先，参与者给自己指明了那些成为其行为对象的事物。参与者在和自己互—动（inter-agit），他在内在和社会的机制中和自己交流，这不是一种心理要素的游戏。然后，参与者选择、核实、中断、重组和改变着象征意义，这一切都要考虑到他行为的处境和行动的方向。阐释也不应该被当作对系统化象征意义的自动运用，而是应该被看作形成过程。该过程促使人们修正象征意义，并把它们运用到引导和组织行为的目标中。

我们这里讨论的并非上述三种路径的价值。如同我们已经反复说明的那样，它们把象征意义放在事物、心理和行为三者当中。我仅仅想强调的是，符号互动理论是分析社会以及人类行为举止的第四种方式。

选自赫伯特·布鲁默，《符号互动理论》，普伦提斯·霍尔出版社，1969年，第2-6页（由亨利·孟德拉斯译成法文）

社会角色真如人们所说的那样不合理吗

雷蒙·布东

　　古典和现代社会科学同时使用两种"社会人"（homo sociologicus）的模式。它们对这两种模式的使用有时是明确的，有时又是含混的。

　　我把第一种模式称为"合理性的"模式。它的基本原则是为了解释社会角色的行为、态度或者信仰，必须试图指明鉴于他的经历、资源和环境，该社会角色有"合理的理由"去采用上述行为、态度或者信仰。

　　举个简单的例子：历史学家和社会学家曾疑惑，为什么俄共在掌权之后废除了的资产阶级婚姻制度后来又被迅速地恢复了？答案在于废除婚姻制度的做法迅速地带来了一场严重的住房危机：鉴于同居关系的不确定性，新方式结合的男女不再确定能够享有共同的住所。因此，这种结合方式的双方都有合理的理由去试图拥有自己可支配的住房。如此，对住房的需求就突然增加了，并导致了住房危机。另外，权力机关也转向了，这也可以通过以下理由来解释：毕竟，资产阶级的婚姻制度在民众当中的受欢迎程度比在俄共当中要高。恢复这一制度，后者也就简单又快速地结束了一场让自己不受欢迎的危机。

但是，我必须明确地指出一个基本观点。

我刚刚提到的合理理由，即民众的理由以及后来俄共政权恢复婚姻制度的理由都是功利主义的类型。英国学者把它称作"功利合理性"，马克斯·韦伯把它称作"目的合理性"。在这两种情况下，即权力机关和基层公民，他们都做出了决定。这些决定既在他们自身的能力范围内，又满足了他们最明显的利益。然而，社会角色的合理理由并非总是功利性的。而且实际上，用这种类型的合理性也无法描述我在此处引为例子的历史之"全部"。因为权力机关一开始废除婚姻的决定是无法用新执政者的直接利益来解释：对于俄共而言，这更像是实践恩格斯给他们指明的一种理念，即资产阶级婚姻是一种必须批判的制度。因此，他们就有了废除婚姻的"合理理由"，但是这些理由不是功利性的。韦伯可能会把它们称为价值合理性。

我在上文之所以要指出这一点，是为了强调在这里讨论的合理性模式无论如何不能被简化为一种功利模式，或者如我们看到的那样也不能被简化为韦伯的模式。我所说的合理性模式特征是，为了解释社会角色的行为（还有态度、信仰，等等），必须要重新找到激发它的"合理理由"。这并不是说这些理由总是功利性的。

这种合理性模式的定义是如此广泛，以致许多社会学家都认为它是不充分的。我们看到的事实是他们往往使用另一种模式，我把该模式称为"不合理的"。当似乎无法为社会角色的行为、态度和信仰等找到合理的"理由"时，他们就常常借助这种模式：因为"理由"一词的概念在这种情况下不再有效，所以必须用另一种"解释要素"来替换它，那么最自然的替换者就是"原因"的概念。因此，当某一行为似乎没有"理由"时，人们将会寻找它的"原因"。但是，在这种情况下，必须或明显或暗含地引入关于这些原因本质的补充假设，必须承认它们与支配对象且不受对象影响的力量相类似；否则的话，人们就又要寻找另一种"解释要素"了。

在此，我还是举一个简单的例子来阐明我的论述。在30年代的瑞典，政府试图说服农民放弃一个持续了数百年的传统做法，希望他们能把自己的田地圈围起来。农学家也的确发现，在矮树丛中吃草的牲口把嫩芽都毁了，这给森林的延续带来了灾难性的后果。此外，农学家还指出，在圈围的牧场里吃草的奶牛能够产出更多的牛奶。因此，农民的集体利益以及个人利益都建议他们把自己的田地圈起来。可是，为了说服他们，瑞典政府不仅开展了声势浩大的宣传，而且还承诺农民圈围费将由政府支付。尽管如此，农民们还是固执己见，大概等了三十多年后，大部分的田地才被圈起来。

乍一看，在上述事件中，很难用第一种类型的模式去解释农民的行为：人们到底可以用什么理由去解释这个甚至也会妨碍社会角色本人的固执行为呢？因此，人们就用第二种模式来解释：瑞典农民受到了几百年传统的支配，这些传统对他们产生了如此巨大的"影响"以至于他们无法察觉自己的利益。

　　我认为，这两个例子都足以阐明已经讨论过的两种模式，而且也同时提出它们的确都被广泛地使用着。在第一种情况中，人们用"理由"来解释行为。这种模式假定社会角色或多或少都是意识清晰之人。在第二种情况中，人们用"原因"来解释行为，这些原因会在社会角色不自知的情况下对其产生影响。

　　在进一步深入讨论之前，我还想指出两点。第一，我在此称之为不合理的模式几乎只能通过隐喻的方法被提出：即农民可能受到传统的支配；他们向"传统的压力"让步，这在他们身上激起了对变革的"抗拒"。另外，人们很容易就明白为什么从一开始使用这种模式时就几乎不可避免地要借助于隐喻（通常这些隐喻来自于实物），借助于条件判断，借助于"好像"和"犹如"等词汇。的确，这种模式中，行为被阐释为诸多原因的结果。这些原因本身是无法被观察到的，而且这些原因的存在也是从对行为本身的观察中归纳出来的。这就是为什么它们只能是以有用的虚构来呈现。

　　第二，我上文提到的两种模式都包含许多变量。从合理性模式的角度看，我们已经能够注意到功利主义的变量只是特殊情况，而且解释社会角色行为的合理理由可能完全与他的利益无关。同样，我们也不难发现不合理模式的许多变量。因此，有些学者认为传统可以对社会角色的行为、态度和信仰产生因果性的影响。还有一些学者，例如塔尔德（Tarde）或者勒内·吉拉尔（Girard）更倾向于认为社会角色服从于一种模仿"本能"（这种观点也很难逃出隐喻类型的论述），或者用希腊语来说是一种"拟态"。根据另一些学者的观点，社会化过程可能在社会角色的思想中植入了多种程序（借用信息学的概念），这些程序可能决定了他根据周围环境提供的数据而做出行为。

因此，在社会科学各种各样的主题中，我们能够发现上述两种经典模式之间的对抗。另一方面，在受不合理模式启发的诸多理论当中，我们经常能够觉察到社会中心论的观点以及逻辑学、心理学和社会学上的不足。最后，如上述例子表明的那样，在原理上，而且通常在实践上，用源自另一类型的模式来代替上述模式是可行的，而且也能够解决上述模式遇到的难题。

为了总结，而且也为了避免可能的误解，我想复述一下前文中我非常乐意提及的一点。在想象状态下，如同我所定义的那样，"社会人"（homo sociologicus）的合理性模式以下列公设为特征：即解释社会角色的行为（以及态度、信仰等），就是阐明激发该行为的"合理理由"。与此相反，不合理模式排斥这一公设及其限制。更确切地说，不合理模式的特点是把社会角色的行为（以及态度、信仰等）正当地解释为是无意识原因的结果。关于这一模式，我们也可以说是遵守习俗，因为通常情况下，它都是被用于解释为什么社会角色会根据情况与传统、社会秩序、风尚保持一致，等等。

我想强调的观点无法如我预计的那样长篇大论地展开，因此我快速地在下文中把它指出来：当谈到"合理理由"时，我要强调的是我在此处提到的合理性概念无论如何都不能简化为英国学者的那种"合理选择模式"。对于社会科学来说这种模式至关重要，而且尽管经常激起社会学家的排斥，它的繁殖力依然很明显。尽管如此，出于多种原因它也无法声称自己具有普遍性。

首先是因为某些现象意味着为了像舒茨所说的那样，我们分析的不应该是社会角色的"目的动机"，而应该是他的"原因动机"。再举一个我在别处使用的例子，假定我想给16世纪做生意的资产阶级解释伊拉斯谟的成功，如果我试图证明通过支持伊拉斯谟他们可以获得什么样的结果，我也许就不会偏离太远。
"为了什么"在这里并非是最好的问题，而"因为
什么"的问题才和该情况直接相关。另外，我们可以
非常简单地回答这个问题：伊拉斯谟提出通过诚实勤
恳地处理此世的事情，人们才能为上帝的荣誉尽责。
因此，他认为如占统治地位的天主教意识形态所希望
的，资产阶级以及其他人，穷人和富人都可以在此世
找到自己的位置。因此，生意人就有"合理理由"接
受伊拉斯谟的启示。但是，这些合理理由并不是目的
论的，至少刚开始时不是的。因为，在给予资产阶级
相应的社会承认之前，伊拉斯谟的启示就已经赋予他
们的活动一个"意义"了。

　　其次，当我们试图解释社会角色的行为（态度
等）时，如果他的利益（物质上和象征上的）常常值
得被重视的话，那就必须提防把一个普遍的有效性赋
予行为的功利主义概念，这是所有功利主义学说的伟
大学者（亚当·斯密是第一位）都曾强调的一点。因
此，用功利主义的术语无法分析，当社会角色感觉到
自己相信的某些原则不受惩罚地被侵犯后，他所做出
的"愤怒"行为，也就是从此类发现出发，韦伯提出
要区分价值合理性和目的合理性。但是，这里还是要

确定让社会参与者感到愤怒的那些"合理理由"。这也就是为什么韦伯毫不犹豫地把"合理性"分成两种情况。

但是，还有其他情况。在这些情况中，社会角色的行为可以被视为"可理解的"，而且可以被归因于一些脱离韦伯类型的"合理理由"。我们可以回想一下马克思对重商主义意识形态进行的分析。商人都有"合理理由"去相信贸易是财富的创造者：每个人都是通过贸易来致富或者渴望致富的；但是他们没有任何"理由"去了解这在局部层面上来说是正确的，但是在整体层面上来说就不可能是正确的了。然而，经济学理论却没有让他们注意到这一点。

关于上述评论，我无法更多地展开。它们仅仅是为了表明，首先我在此处称之为"合理的"模式不可能被视为和它的某些变体一样具有相同的外延性，既无法和功利主义的变体相同，也无法和韦伯式变体一致。另外，这种超级模式的不确定性还没有完全表露出来，它仍然确确实实地存在着。它所有变体共有的公理是从正面定义它的，而从反面来看，则相对应着不合理模式。的确，通过上述不同例子，我们能够认清一个共同要素：解释社会角色行为（态度、信仰

等）所依据的公理几乎一直以来都是确定他的"合理
理由"。如果不否认存在着冲动或者反射动作，如果
它们对社会角色来说具有相当大的重要性，而且如果
它们通常情况下并没有让社会科学感兴趣，那么如同
韦伯和帕累托（Pareto）所言，这些类型的行为就会
被当成残渣处理掉。

最后，可能还有一点需要讨论。但是我仅限于提
出以下看法：我在此概述的理性理论不仅不排除传统
的"秉性"概念，而且甚至要求考虑这一点。

可是，必须赋予它自亚里士多德至维特根斯坦以
来这些优秀学者所赋予它的可接受意义。而且尤其不
要把这些秉性构思成一些在其不自知情况下决定社会
角色行为（态度、信仰等等）的程序。另一方面，也
不要把这些行为、态度和信仰看成是只有秉性才具有
的功能。

另外，秉性的概念（在这个词的常用意义上）
暗含在我提及的许多例子当中。因此，瑞典农民就被
认为具有谨慎的秉性。同样，马克思分析的重商主义
者拥有和我们不同的秉性（在这种情况下指的是认知
类型方面），因为他们不知道我们今天习以为常的经
济学理论。它们在马克思的时代已经诞生了，然而在

17世纪还没有完全被建立起来。这也就是为什么在马克思看来他们拥有"合理的理由"把直接明显的事情（如贸易让我致富）扩大到更广泛的维度（贸易让整个集体致富）。

但是，在这两个案例以及在更加广泛的合理性理论中，所使用的秉性概念无论如何都不需要一种在社会角色不自知的情况下操纵自己的"灵魂装置"。我在这里参考的文章中如亚里士多德、维特根斯坦和马克思等人都提出，秉性不应该被视为是在社会角色不自知的情况下发挥作用的力量，而是内在的组成部分。它们与外部的环境相互结合，为个体行为的展开提供背景。

选自雷蒙·布东，《社会角色真如人们所说的那样不合理（而且因循守旧）吗？》《个体与社会公正》（合集），瑟伊出版社，1988年，第219-222页和第239-243页

范围适中的理论

罗伯特·莫顿

如同其他经常提到的词汇一样，"理论"一词也面临着意义空洞化的威胁。人们把它应用于各不相同的事物中，以至于不仅没有阐明观点，反而把它们弄得更模糊。在这里，我们用"社会学理论"是指一些逻辑上相互联系的概念，它们的范围并非包罗万象，而是刻意做出了限制。我们试图把注意力集中在我们称之为"范围适中的理论"上，这些理论居于小型假设和宏大思辨之间。前者每天都在日常的研究工作中大量涌现，而后者来自概念性的宏大结构，从中人们试图提取出观察者可以发现的众多社会行为之规律性。

　　我们认为，在对社会学理论某个整体系统的研究中，各种各样的观察都可能立即找到各自的显著地位。但是，这和普世性的哲学系统一样，包含着许多风险以及贫乏的成果，这些哲学系统也已陷入名副其实的放任自流。有些人期待我们能够毫不费力地提出一个社会学理论，它完全符合被细致观察到的一系列社会行为，而且丰富到足以引导成千上万的学者去探求经验研究中的重要问题。我们认为这其实是一种过于早熟的看法，而且我们还没有做好准备，预备工作也并没有完成。

　　如果历史脚步的正确方向让人保持谦逊，这些不知悔改的乐观主义者就不会投入到重复的、过度提前的工作中。否则，他们就不会看见爱因斯坦沿着开普勒的道路前进。不能追求不可能之事。

　　……

　　因此，我们可以总结，社会学主要关注那些有待形成的专门理论，这将会带来社会学的进步。而且如果它朝着普遍理论前行，反而有可能原地踏步，无法前进。我认为，"今天"，我们的主要任务是去发展适用于有限材料的理论，例如社会阶层的动力、冲突中的社会压力、威权、权力和跨人际影响等，而不是马上追求一种概念性的、"整体"的、能够延伸出所有上述理论的大框架。我们既需要专门理论又需要普遍理论，这种说法既真实又普通，问题是得好好利用我们贫乏的资源。我们相信，为了在社会学领域开辟有效的、概念性的普遍理论，必须首先在专门理论上下功夫，如果我们不想遭遇严重缺陷的话。这也是马歇尔（T. H. Marshall）在伦敦大学开幕式上所说，"千里之行，始于足下"。

这种必要的研究导向很明显是源于对社会学理论著作的回顾。我们注意到从概念性的大框架中"得出"的社会学假说很少，也非常分散，而且这些假说也无法让人满意。概念性理论（或者思辨）远远地跑在了专门性理论的前面，以至于它仍然是未实现的理想，而并非看上去是诸多有限理论的整合。

选自罗伯特·莫顿，《社会学理论与方法的要素》，普隆出版社，1965年（初版发行于1953年），第9-14页

如何让概念变得可操作？

保罗·拉扎斯菲尔德

一、将概念转换成指数

经验性社会研究的主要任务之一就是把概念转换成指数。有时候，人们直接对特定问题研究所需要的某些指数感兴趣。例如，当我们研究收入分布情况时，当地货币就是必要的指数。如果我们关心"生活水平"，问题就会变得更加复杂。所有研究生活水平不同指标的著作都表明把这一概念转换成指数是多么困难。如果不从一系列更加基本的数据出发去仔细检查各种数字组合，我们就无法确认收入相同的办公室职员和工人拥有不同的生活水平。当我们谈论体质人类学上的体态类型，或者谈论社会学上的初级群体或者次级群体时，亦是如此。从概念到指数的过渡通常来说分为四个阶段。

（一）概念的形象化再现

思考和分析从相当模糊的形象或者再现出发，最终形成一种分类工具。社会调查人员将会在不一致的现象中发现共同的、隐性的特征。或者，在观察到某些常量后，试图去解释它们。无论如何，自概念诞生之日起，它就是一个模糊的实体，并为观察到的关系提供意义。

假如我们想"衡量"社群的"整合"程度。我们首先可以想到一些个人，它们融洽地生活在一起，共同为建设他们的美丽城市而劳动，平静地在城市中漫步，并且可能还讨厌去别的地方生活。从精确的形象化再现来看，这些参与者相互之间各不相同。他们在各自的脑袋里也有不同的问题。那么，造成整合程度不同的原因是什么？对于公民生活而言，这会有哪些后果？无论出发点何在，在建立指数的过程中，第二个必要阶段就会逐渐显现出来。

（二）概念的具体化过程

这个阶段基于把形象化的再现分解成各个组成部分。概念是由它的各个"方面"、各个"维度"等确定的。有时，这些组成部分是社会学意义上从囊括它们的总体概念演绎而来；有时，它们是在经验的意义上，从观察到的关联中推导而来。概念对应着整体的复杂现象，而不是可直接观察到的某个单一现象。

例如，在社群整合案例中，朗戴克（Landecker）就曾表达了以下观点。社会群体的基本单位是准则和个人。于是，整合就得从两个维度出发："文化维度"要求现存的准则不能过于矛盾，而"个人维度"与个人之间的关系有关；第二个维度又催生了"交际维度"和"功能维度"。前者让符号的交流变得有必要，后者涉及财产和服务交换。最后，必不可少的是个人要严格遵守准则，这凸显了整合的"规范维度"。接下来的步骤就是给上述维度找到具体的指标。

（三）指标的选择

准确地说，指标是什么？这个问题并不新鲜。

威廉·詹姆斯（William James）在《真理的意义》中写道："当我们谈论某人并说他是谨慎的，我们借此……想表达的是他会订立一些保险合同，他不会把所有的鸡蛋放在同一个篮子里，他不会盲目地投入到一件事情中去……因此，'谨慎'这个词语就是抽象地表达他习惯性行为中某个共同特征的方式。"詹姆斯的方法是从某个形象到日常生活经验所直接启发的一整套指标。事实上，我们并不指望一个"谨慎的"人在打赌之前能够非常小心地分配他的赌注，或者他会提防所有可能的风险。我们能预料的仅仅是他将很可能做谨慎之人该做之事。我们也就知道适合的指标会在很大程度上根据个人的社会环境而变化。

对整合观念而言，分析维度让寻找指标变得更加简单。例如，在文学中，在法庭判决中，存在哪些相互冲突的准则呢？在何种程度上，个体之间相互交流呢？群体之间，偏见的重要程度如何？在何种程度上，个人的日常生活会依赖其他人？某项服务被中断的频率和难易度如何？犯罪率如何？人们对公共慈善的慷慨程度如何？

（四）指数的形成

对于每个维度，当选择了诸多指标后就必须对它进行综合，因为我们无法分开处理所有的维度和所有的指标。

在某些情况下，分析者会得出一个整体指数。例如，如果一位老师有六个学生，但是他只有一份奖学金可以提供，于是他就得对这六个学生进行整体的评估。在其他情况下，更令分析者感兴趣的是，诸多维度中的每一个是怎样和外在指数相联系的。

城市的品质产生了许多指标，有些是单一维度的，有些是多维度的，还有些甚至共同对应一个确定的维度。通常，只有在相当长的时间里加以运用之后，我们才能最后决定某个指数的价值。所有这一切取决于最后能够得出的命题的价值，同时取决于这些命题相互结合以形成更广泛体系的方式。我们经常听说某个指数没有"真实地"反映我们想让它表达的概念。因此，在许多情况下，我们就不得不面对一些更加可信的维度或者其他指标。但是，这也不可能保证绝对性。

眼下这份摘要很明显只是概述了一些已经运用的

操作方法，并且还有许多问题并未涉及。但是，这足以阐明令我们感兴趣的那些要点。它呼吁要注意以下几点：1.这里所涉及的操作已经被运用在个人、群体和无生命的对象上，因此，必须设计分类体系以便我们能够把具体给出的对象归类。2.这些分类方法是刻意的，或者是潜在的，必须把许多指标组合在一起，以便把适合的位置交给某个对象。3.外显的观察和刻意的分类之间的关系具有概率的特征。

我称之为调查分析的第一步操作就是建构指数。这些指数构成了能够推导出最终结论的数据。对于普通社会学而言，该工作的重要性在于它具有一定的明晰度和精确度，而这是其他方法可能无法比拟的。其中，我们可以说社会环境被视为具有可确定特征之对象的集合体。事实是以连续指数之间关联的方式显现。适合这种表现方式的词汇就是"指数语言"，而且，尽管它听上去很奇怪，但是在我们的论证中不可或缺。

选自保罗·拉扎斯菲尔德，《社会学是什么？》，伽里玛出版社，1970年，第20-24页

社会的意识与科学

雷蒙·阿隆

　　社会与社会学的关系问题可以通过两个方面来思考。要么一开始，我们就提出认识理想的概念，这是从自然科学中借用的。而且我们要如马克斯·韦伯那样焦虑地发问，历史学家、经济学家或者社会学家在何种程度上才能达到严格的、唯一与学者职业目标相符合的客观性呢？在这个层面上，扎根于社会的社会学在通往无私的道路上遇到了一个有待克服的障碍。要么，我们就指出，对社会的认识是社会现象，而且它会对学者研究的社会产生影响（产生影响是必然的）。在第二个方面，我们就要思考社会学之社会功能的可能方式。社会学是保守主义、革命主义还是改良主义的呢？社会学家的研究成果是有利还是不利于他们身处其中的政治体制呢？

这两个问题相互之间并非独立存在，但是也不能混淆在一起。无论对错，付诸实践和提出理论都会产生保守性或者革命性的影响。在既定的环境中，某种社会学的内容并非单独地决定着它所履行的功能。

所有对社会的认识，哪怕是科学认识，都会产生社会作用，它们弱化或者强化了制度，弘扬或者贬低了习俗，为某一政党或者其他政党提供论据。

在它的第一个阶段，社会学常常是其所处社会或者其声称所认知社会的破坏者。的确，我们很容易就可以指出社会学如何有意无意地成为革命者之典型机制。

1.社会学能够揭开某个社会声称的价值和群体生活现实之间的差距（例如，机会不平等一直以来都很严重）。

2.社会学能够揭露对于实现个人（社会成功的技巧）或者集体目标（集体的力量）而言有效的手段与学校或教会所鼓吹的伦理之间的直接矛盾。

3.社会学可以揭示如果不能适应经济和知识的要求，传承了几个世纪的某种社会生活组织注定要消亡。

为了"揭露"，只需要科学来把常常被掩饰的事实拨云见日就够了；为了滑向"犬儒主义"，只需要它明确成功的条件就可以；为了"预见未来"，只需要它延长通往未来的因果关系就足矣。然而，哪种科学有发现"事实""条件"和"原因"的功能呢？

19世纪的三个重要社会学体系指出了三个重要概念。通过它们，我们可以发现社会学的三个可能趋势：马克思主义社会学揭露了资本主义——资产阶级社会；帕累托（Pareto）的社会学似乎为独裁者和活跃的少数派提供了犬儒主义的教程；奥古斯特·孔德的社会学宣告了人类统一和实证宗教的到来。这三个体系中有两个同时起到了上述的各个功能：马克思主义者从他们的导师那里学到了反抗精神，至少当涉及领导无产阶级行动的时候是这样的。而且，他们从未怀疑社会主义胜利的预言必将实现。帕累托倾向于预言暴力精英的上升，他们将占据衰落的资产阶级的位置。而且他用于揭露的热情并不比马克思本人要少。

马克思回避了帕累托的犬儒主义，因为他要揭露的是资本主义社会而非所有的社会，而且还因为他认为无产阶级的事业在本质上与其他阶级的事业不同。

他关于无阶级社会的预言在不贬低无产阶级斗士之价值观的同时，还揭露了无产阶级的敌人。

帕累托写道，如果他认为自己厚厚的普通社会学论文能够拥有众多读者，他就不会把它发表出来。因此，他毫不犹豫地提出了科学真理性和社会有用性之间的矛盾。他认为，如果不弱化控制社会秩序的义务和禁忌机制，就不可能科学地分析社会运作。他的读者数量也的确很少。那些自认为是其学生的读者应该依照导师的教导，而非依靠他的名气。这个学说禁止犬儒主义者四处显摆犬儒主义。马基雅维利在一定程度上也是依靠这种矛盾的做法来获取吸引力。不过，帕累托大约1500页的著作没有相同的魔力。

的确，在19世纪，社会学学说是以总体的形式呈现，它们包含了政治和伦理，对社会的影响也并非偶然，而是本质，因为它们本意如此。奥古斯特·孔德很可能最清晰地表达了方法论的概念，而且当时社会学的意图就是源于这个概念。

在奥古斯特·孔德看来，生物学层面发生了认知方法的巨大改变。先于生物学的科学是从要素到整体，后来的科学首先抓住的是整体，而且如果要素没有被包含在整体中那么它们就没有意义。从重视整体的优先权出发，奥古斯特·孔德得出了他的结论，即社会学家要从最普遍的法则开始（如三阶段定律、从军事活动到工业活动的过渡等）。这些法则能够解决一切历时性社会学最基本的问题，要素和社会整体之间的关系、社会秩序主要类型的确定、这些类型的发展顺序、现有社会和未来社会的本质，等等。

抽象地说，这种综合的社会学可能没有指出行动规则，必然的未来可能与我们的欲望或者道德相反。事实上，奥古斯特·孔德宣告的必然未来，以及马克思宣告的未来都是有待实现的理想，即孔德的和平社会和博爱，以及马克思的无阶级社会。

所有提出历史发展规律的综合社会学都能够引导这些社会学家的读者们不可避免地做出相应的行动。把现有社会置于历史变化中的社会学预言了未来社会的模样，打击了它预言将会灭亡的社会，加强了它宣告注定会成功的社会。

但是，自从社会学放弃了综合研究和预言未来的野心后，我们也不能就此认为社会学不再对某个社会或政党有用了。分析的和经验的社会学就先后被右派和左派人士谴责，这是因为它公布的事实让这两派人士感到不快，它们与这些人士宣称的价值和诠释的事实相反。客观的社会学也会带来价值判断，这是因为当人们立即能够判断社会事实的好坏时，公布这些事实也就体现了或支持或批判的意图。

另外，经验社会学也不限于呈现事实，它还要把这些事实汇聚起来，撰写成文。在奥古斯特·孔德的格言中有一部分是正确的，尽管它已经被过度使用了。只有把社会的一部分放在整体之中，我们才能真正地了解它。如果我们忽视工厂在某地区以及在工业体系中的位置，如果我们不考虑生产工具的所有权、工人和雇员的职业组织关系等，对该工厂工人的心理进行调查就没有意义。再进一步说，如果对国家的阐释是置于封闭的花瓶，如果忽视了把它和外国进行比较，这种阐释就有可能是错误的。哪怕是对于分析社会学所要探寻的真理而言，对整体的考虑和对相关情况的比较也是必不可少的。

让我们把上述分析总结一下。社会学家不可能不参与到身处其中的社会冲突中。无论他是局限于局部研究还是尝试总体视角，他都会对社会秩序做出判断，而这一秩序的支持者和反对者都会为了自己的目的而使用这些判断。历史的、综合的马克思主义社会学自身就已经审判了某些社会，颂扬了另一些社会。

经验和分析社会学并不和任何政党意识形态混在一起。意识形态论者认为拒绝意识形态也具有意识形态的特征。即使不提这一点，上述社会学也会为某个政党或者其他政党提供论据。由此，我们不想总结说，所有的社会学都是意识形态的和具有党派观念的（我们认为正相反），也不想说无法保持中立的社会学家没有任何理由去抑制自己的激情或者强制自己保持节制。与此相反，我们想得出的结论是社会学家应该同时意识到他的偏向和他理论的社会影响，并且试图在任何条件下让自己对社会的认识符合科学的要求。……

选自雷蒙·阿隆，《社会学的欧洲档案》，第一卷，1960年，第1页

现代性的组成部分——社会学

安东尼·吉登斯

　　由于启蒙运动和颂扬理性之间的紧密关系，自然科学通常被认为是现代观念与古代观念之间最主要的区分。鉴于科学发现在技术进步中发挥了巨大的功能，甚至那些偏爱阐释型社会学而非科学型社会学的人也认为社会科学与精确科学之间存在一点关联。但是事实上，社会科学比自然科学更深入地蕴含在现代性之中，因为不断修正社会实践的依据，恰恰是关于这些实践的知识，这正是现代制度肌理的内在组成部分。

　　尽管社会学在社会科学中占据着特别中心的位置，但是所有的社会科学都具有上述反思关系的性质。以经济学论述为例，"资本""投资""市场""工业"以及其他许多概念所具有的现代意义，在作为独立学科的经济学的早期发展中（18、19世纪）就已经被反复讨论过。这些概念，以及相对应的经验性结论都被程式化了，以便分析那些伴随现代制度的出现而产生的变化。但是它们并不能离开它们相联系的活动和事件。它们已经成为"现代经济生活"的一部分，并且与之密不可分。如果不是所有的人都已经掌握了这些以及许多其他概念，现代经济活动就不会是现在这个样子。

普通人无法规范化定义"资本"或"投资"等概念，但是使用过存折的人都能证明，他们实际上已经暗自掌握了这些概念。此类概念，以及与之相关的理论和经验信息，不只是能让行动者更好地理解自己行为的实际工具。它们还是经济行为的积极组成部分，并展示出促使经济活动合理化的理由。在经济学家专用文献和利益相关的当事人（如企业领导，政府官员或某些公众）所能阅读或以其方式了解的材料之间并不存在明显的分野。这些概念的参与导致经济环境不断变化，从而在经济学理论和与之相对应的经济行为之间带来了一种互相干涉的局面。

社会学在反思现代性过程中所占据的中心地位，

源于它以最普遍化的类型来反思现代社会生活。例如，官方统计所涉及的人口、婚姻与离婚、犯罪与青少年违法等数据，似乎是精确研究社会生活的工具。对科学型社会学的先行者如涂尔干而言，这些统计结果代表着可靠数据，它们能够对现代社会的相关方面进行更准确的分析。然而，官方统计数据并非只能用来分析社会活动的特征，同时它们也常常会重新进入到原来计算它们的社会领域。因此，从最早的统计开始，官方统计本身就是国家权力和其他许多社会组织形式的组成部分。现代国家承担的总体行政控制，与经常性掌控这些"官方数据"密不可分。

收集统计数据本身就是一种反思性的事业，它还运用了社会科学依靠数据所获得的每一项发现。例如，司法警察的报告会收集有关自杀的统计数据。但是，官员在解释死亡原因和动机时，又受到阐释自杀性质的概念和理论的指导。在该领域，我们发现读过涂尔干作品的官员并不罕见。

官方统计的反思性并未止步于国家层面。在西方国家，所有准备结婚的人都知道离婚率很高（而且，他们也许还并非全面或者说只是部分地了解更多有关婚姻和家庭的人口统计）。知道离婚率很高这一事实可能会影响人们结婚与否的最终决定。同样，这也许还会影响一些其他的附带考虑，例如关于财产的规定等。此外，关于高离婚率比意识到离婚这一事实要重要得多。社会学思考影响了普通个体对该问题的理论化过程。因此，实际上，在家庭制度的演变以及两性社会地位和权力的变化、性风俗的变迁等问题上，任何准备结婚的人都会形成自己的观点。而所有这一切，又都会再进入随后以反思阐明的诸多变化过程之中。如果婚姻与家庭没有完全被"社会学化"和"心理学化"，它们就不会是今天这个模样。

社会学论述以及其他的社会科学概念、理论和发现会不断"反复穿梭"于它们研究的对象之中。它们重新建构自己的研究对象，而研究对象也从自己的角度学会用社会学术语去思考。从深入和内在的角度来看，现代性就是社会学的。这对于作为社会生活知识提供者的职业社会学家来说，也是一种沉重的痛苦，因为他仅仅比受启发的普通实践者领先一步而已。

因此，对社会生活了解得越好（即便这种了解已是尽可能地来自经验）就可以更好地掌控我们的命运，这个论题是错误的。对于物质世界而言，该论题也许有效（而且这也有待论证），但在社会现象领域并非如此。假如社会生活的确能够与相关的人类知识区分开来，或者，假如这种关于社会生活的知识能够长期调动人的行为，一步步增加与特定需求相关的行为"合理化"程度，那么，提高我们对社会的认识，也许就能逐渐促进我们更清晰地了解制度，提高对这些制度的"技术性"掌控。

事实上，这两种条件在实际中都适用社会行动的诸多情况和背景。但是，其中任何一条都无法实现总体效果，而这种总体效果正是启蒙思想继承者的目标。这需要以下四类因素。

第一类因素是权力带来的差异。知识的适用并非以同质的方式实现。只有对那些持有权力和将权力服务于某些利益的人而言，知识才触手可及。

第二类因素涉及价值的功能。价值秩序的变迁并不独立于社会世界前景不断变化而带来的认知导向革新。假如带来新知识能够与先验的理性价值基础相关，这种情况也许就行不通。但是这样的理性价值基础并不存在，而且，知识输入导致观点变化与价值导向变化之间的关系并不固定。

第三类因素是非预期后果的影响。人们积累的社会生活知识无法完全覆盖实际运用的所有情况，即使这些知识完全源自它所运用的环境。假如我们关于社会领域的知识能够不断完善，预期后果就会越来越精确，非预期后果也就越来越少。

但是，对现代社会生活的反思阻碍了这种可能性，这种反思本身构成了第四类因素。尽管对启蒙理性之局限的研究不够，但是它无疑也与其他因素一样具有重要意义。问题不在于缺乏稳定的、有待认识的社会世界，而在于对这个世界的认识本身具有不稳定和多变的特点。

现代性的反思性与系统化之自我认识的不断产生直接相关，它并没有让专业知识和运用于日常行动的知识之间的关系固定下来。专业观察者所要求的知识重新又回到它所指涉的对象之中，并且完全改变了它所指涉的对象。在自然科学中就不存在类似该过程的情况；在量子物理领域，观察者也改变着他正在观察的东西，但是这与社会世界的情况没有任何关系。

选自安东尼·吉登斯，《现代性的后果》（法文版），1994年（1990年初版），阿尔马丹出版社，第47—51页

译后记

　　本书法文名为Les grands thèmes de la sociologie par les grands sociologues，系法国社会学家让·埃蒂安（Jean Etienne）和亨利·孟德拉斯（Henri Mendras）合作编撰而成，1999年由法国出版社Armand Colin出版。原书出版后深受法国社会学研究者、爱好者和青年学生的喜爱，很快便销售一空。该书的畅销，自然得益于两位法国编者在社会学领域高超的学术水准和眼光。

　　中国社会学界比较熟悉的是法国著名社会学家亨利·孟德拉斯（Henri Mendras）。他是巴黎政治学院社会学教授，曾任巴黎十大社会学研究所所长、法国国家科学研究院（CNRS）农村社会学研究组负责人和法国应用社会学学会主席，代表作有《农民的终结》《社会学要素》《第二次法国革命》《农民社会》《欧洲人之欧洲》等。而让·埃蒂安（Jean

Etienne）的成就主要在法国社会科学教育领域。他早年获得法国社会科学教师资格后，便进入法国教育部任督学总署社会科学教育专员。从2003年开始，让·埃蒂安升任法国教育部社会科学教育督学，并两度被任命为法国教育部经济和社会科学教育署主任，退休后任法国教育部荣誉总督学，主要作品都是法国社会学教学经典用书，如《经济学论文写作》《社会学领域中的四位伟大作家：托克维尔、马克思、涂尔干和韦伯》《社会学辞典：概念、机制与作者》等。

我与此书结缘于2016年11月。感谢我的导师徐新建教授！他把我推荐给北京大学人类学系蔡华教授，并建议将该书翻译成中文。当时，我刚刚跟随徐老师学习人类学。2017年，本人前往法国国家科学研究院比较社会学与民族学研究所访学，并在法国导师阿尔伯特·皮耶特（Albert Piette）教授指导下系统学习法国社会人类学。与此同时，我与法国Armand Colin出版社衍生版权主管盖尔·马卡姆（Gail Markham）女士取得联系，获得此书在中国翻译出版的授权。由于亨利·孟德拉斯先生已经辞世，我在巴黎认识了本书另一位主要编者让·埃蒂安先生，并在其许可、鼓励和帮助下启动了翻译工作。在此一并向法国编者和出版社表示感谢!

在翻译过程中,我得到了诸多学友的热情帮助。电子科技大学法语系主任刘文玲博士、四川大学国际关系学院副研究员张帆博士、兰州大学哲学社会学院副教授刘宏涛博士等优秀学者皆于百忙中拨冗通读书稿,给我提出许多宝贵建议。2018年,我获得国家社科基金资助,顺利完成了本书翻译。之后,各种原因让我将译稿束之高阁,出版事宜一再延后。后来,有幸认识四川人民出版社文学出版中心一行,尤其是本书的责任编辑唐婧女士。在我交付译稿后,唐婧女士便不辞辛劳,为本书出版解决了诸多困难。特此真诚致谢!

我要特别感谢蔡华教授!在法访学期间,我深深了解到法国人类学界对蔡华教授的赞誉。这位享有国际声望的中国人类学家,充分信任我这个愚钝后生,给我以严师慈长的悉心教导,在文字语句、知识术语等各个方面倾囊相授,甚至直接帮助我修订其中的部分内容。在蔡华教授身旁,我不仅感受到编外学生的幸福,而且在翻译能力和知识储备上俱获益良多!教诲之恩,铭记于心!

虽然本书系从法文原书直接翻译而来,但是在翻译过程中，我参阅了西方社会学著作诸多中文译本，在此向前辈译者表示崇高的敬意和真诚的致谢！最后，我要感谢我的妻子胡娴女士。多亏她全心照顾幼女，我才能在书房沉迷译事。

严几道在《天演论》"译例言"中讲译事三难，故译文若有误皆因本人学力不逮，颟此就正于方家！

2022年11月

译者于成都龙泉驿

图书在版编目（CIP）数据

逻各思logos：多维视域下的社会学手册 / (法) 让·埃蒂安，(法) 亨利·孟德拉斯编；佘振华译. — 成都：四川人民出版社，2023.1

ISBN 978-7-220-12820-2

Ⅰ.①逻… Ⅱ.①让… ②亨… ③佘… Ⅲ.①社会学－文集 Ⅳ.①C91-53

中国版本图书馆CIP数据核字（2022）第174249号

LUOGESI LOGOS: DUOWEI SHIYU XIA DE SHEHUIXUE SHOUCE

逻各思logos：多维视域下的社会学手册

［法］让·埃蒂安　　［法］亨利·孟德拉斯　编
佘振华　译

出 版 人	黄立新
策划统筹	唐婧 封龙
责任编辑	唐婧
版式设计	戴雨虹
封面设计	周伟伟
责任印制	周奇
出版发行	四川人民出版社（成都三色路238号）
网 址	http://www.scpph.com
E-mail	scrmcbs@sina.com
新浪微博	@四川人民出版社
微信公众号	四川人民出版社
发行部业务电话	（028）86361653 86361656
防盗版举报电话	（028）86361653
照 排	四川最近文化传播有限公司
印 刷	四川五洲彩印有限责任公司
成品尺寸	140mm × 210mm
印 张	18.25
字 数	285 千
版 次	2023 年 1 月第 1 版
印 次	2023 年 1 月第 1 次印刷
书 号	ISBN 978-7-220-12820-2
定 价	86.00 元

YE BOOK

让 思 想 流 动 起 来

官 方 微 博: @壹卷YeBook

官 方 豆 瓣: 壹卷YeBook

微 信 公 众 号: 壹卷YeBook

媒 体 联 系: yebook2019@163.com

壹卷工作室
微信公众号